삼성어린이집

유아 프로그램

3세

삼성복지재단지음

다음세대

머리말

삼성복지재단이 설립되고 보육사업이 시작된 지도 벌써 십수년이 되었다.

영유아의 밝고 건강한 성장을 도모하고 우수 여성 인력의 안정된 사회 참여를 지원함으로써 가정복지 증진은 물론 함께 사는 건강한 사회를 만들어 보고자 삼성의 보육사업이 시작되었다. 이러한 이념에 기초하여 설립된 삼성 어린이집은 전국 각 지역에서 모범 시설로서의 역할을 담당하고자 최선을 다해 노력하고 있다.

삼성의 보육 프로그램은 중산층 영유아와 직장여성의 자녀를 위한 아동 중심 프로그램과 저소득층의 영유아를 위한 포괄적 보육서비스 두 종류로 개발되었다.

본 프로그램은 중산층 영유아를 위한 아동 중심 프로그램으로, 지난 1997년 삼성 어린이집 영유아 프로그램으로 처음 개발되어 삼성 어린이집뿐만 아니라 일반 어린이집에서도 활용해 왔다. 그러나 사회적·교육적 환경의 급속한 변화로 인해 본 프로그램도 개정되어야 할 필요성을 느끼게 되었다. 또한 5세 프로그램의 경우 유치원 프로그램과의 중복 개발을 피하기 위해 초기 개발에서 제외되었으나, 종일제 프로그램에서 적용하기에 한계를 느끼게 되면서 삼성 어린이집 5세 반에서 실시하였던 프로그램에 기초하여 개발하게 되었다.

이번 작업에는 대부분의 삼성 어린이집의 원장과 교사들이 집필진으로 함께 참여하여 삼성 어린이집의 장점과 특징을 모두 적용시키고자 노력하였고 이 과정을 통해 함께 연구하고 성장할 수 있었던 것에 큰 의의를 두고 싶다.

각 권의 완성도를 높이기 위해 바쁜 일정 중에도 꼼꼼히 지도해 주시고 집필해주신 성신여자대학교 유아교육과 장영희 교수, 경원대학교 아동학과 정미라 교수, 연세대학교 아동학과 김명순 교수께 진심으로 감사를 드린다. 집필 팀장으로 각 권의 원고 집필부터 마지막 교정까지 애써주신 정진화, 이한영, 손순복, 조혜진 원장과 임춘금 전 삼성 어린이집 원장께도 마음으로부터 감사드린다.

또한 집필진으로 수고하신 삼성 어린이집 김애자, 박성경, 이춘수, 강인자, 이혜옥, 박귀엽, 한인순, 송혜린, 박화문, 윤정현, 박정원, 최은주, 김양애, 신혜영 원장, 조미선, 이옥주, 김현희, 이길동 전 삼성 어린이집 원장, 이윤선 선임교사, 덕성여자대학교 부속 유치원의 이금구 교사, 연세대학교 어린이생활지도 연구원의 우현경, 신은주 교사, 마나모로의 서문옥 교사에게 깊은 감사를 드린다.

끝으로 삼성 어린이집 영유아 프로그램이 국내 보육현장의 질적 수준을 앞당기는 데 기여하게 되길 바라며 앞으로도 삼성복지재단은 우리나라의 보육학계와 현장의 발전을 위해 최선의 노력을 다 할 것을 약속드린다.

2003년 4월
삼성복지재단 어린이개발센터

CONTENTS

1장

교수-학습방법

1 하루일과에서의 교사 역할

유아를 위한 하루일과는 연간계획안에서의 주제와 주간보육계획안의 소주제를 중심으로 진행하되 유아의 흥미와 일과 중 일어나는 상황을 고려하여 융통성 있게 운영한다. 하루의 일과를 통해 가정과 같은 따뜻한 보호와 교육적 경험이 동시에 이루어져야 하며 풍부한 환경을 구성하여 교사-유아, 유아-유아, 유아-교구 간의 상호작용이 다양하게 일어나도록 계획해야 한다. 하루일과에서 정적인 활동과 동적인 활동, 개인활동과 소집단활동, 실내놀이와 실외놀이, 일상적인 생리적 활동과 교육활동 등이 균형있게 실시되어야 한다. 또한 유아의 발달 수준을 고려한 개별적 교육과정을 전개해야 한다. 집단활동의 경우 유아의 연령이나 발달수준에 따른 차이를 바탕으로 각 집단에 맞는 활동을 제공해야 한다. 3세의 경우는 집단활동보다 개별적인 학습활동을 중심으로 하되 점차적으로 소집단활동을 늘려나가도록 한다. 매일매일의 활동은 일과표를 참고하되 융통성 있게 실시한다.

일반적인 3세반 하루일과의 예를 살펴보면 다음과 같다.

3세반의 하루일과표

시간	주요일과	주요 활동 내용
7:30 ~ 9:00	등원 및 통합보육	맞아들이기 부모와 간단한 대화 나누기 통합보육교실에서 놀이하기
9:00 ~ 10:50	자유선택활동 및 오전간식	개별적 혹은 소집단으로 각 영역에서 준비된 놀이를 선택하여 놀이하기 손씻기, 함께 간식 먹기
10:50 ~ 11:10	정리정돈 및 전이활동	가지고 놀던 놀잇감을 제자리에 정돈한 후 화장실 가기 다음 활동으로 이동을 위한 활동하기(손유희, 간단한 놀이, 동화 등)
11:10 ~ 12:00	실외자유선택활동	대근육활동, 물·모래 활동, 동·식물 기르기, 관찰 등을 개별적 혹은 소집단으로 선택하여 놀이하기
12:00 ~ 13:00	점심준비 및 점심	실외놀이 후 비누로 손 씻고 식사하기 양치질을 한 다음 휴식을 취하며 VTR시청이나 그림책 보기 등 조용한 놀이하기
13:00 ~ 15:30	낮잠준비 및 낮잠	낮잠 자기에 편한 옷으로 갈아입고 화장실 다녀오기 조용한 음악듣기 잠이 오지 않는 유아는 그림동화 및 그림책 보기
15:30 ~ 16:00	낮잠깨기 및 정리정돈	먼저 깬 유아는 화장실에 다녀온 후 일상복으로 갈아입고 조용한 놀이하기
16:00 ~ 16:30	오후 간식	손 씻고 간식 먹기
16:30 ~ 18:00	실내외 자유선택활동	개별적으로 선택하여 자유놀이하기 날씨와 유아의 흥미에 따라 유희실 또는 옥상, 실외에서 자유놀이하기
18:00 ~ 19:30	통합보육 및 귀가	통합보육교실에서 놀이하며 부모님이 오시는 대로 귀가하기

· 이야기 나누기, 새노래 등 대·소집단활동 계획시 전이활동 시간을 활용하여 운영함
· 계절에 따라 일과 운영을 융통적으로 계획함. 일조량이 많은 하절기 실외놀이는 아침시간 또는 간식시간 후에 계획할 수 있음

1) 등원 및 통합보육

교사는 등원시간에 유아가 어린이집에서 건강하고 즐거운 하루를 지낼 수 있도록 밝은 표정으로 유아와 부모를 맞이한다. 교사는 유아를 부드럽게 안아주거나 이름을 불러주는 등 개별적으로 관심을 보이며 유아의 건강상태, 심리상태 등을 자연스럽게 시진하고 긍정적인 내용에 대해 대화하며 맞아준다. 부모에게는 유아에 대한 그 날의 정보를 경청해 듣고 메모해두거나 일일보고서의 작성을 확인한다. 유아에 대한 정보는 같은 반을 맡고 있는 교사에게 전해주어 하루일과에 반영할 수 있도록 한다. 통합보육 시간에는 여러 연령의 영유아들이 함께 만나는 시간이므로 서로 어울릴 수 있는 분위기를 조성해주도록 하고 통합시간의 장점을 충분히 살릴 수 있도록 지도한다. 즉, 유아들이 영아들을 돌볼 수 있는 기회를 제공하거나 자신들의 능력을 동생들에게 보여줌으로써 자신감을 얻을 수 있는 기회를 갖도록 한다. 또한 영아들이 유아들 사이에서 활동하다가 다치는 일이 없도록 주의해야 한다.

2) 실내 자유선택활동

유아는 실내자유선택활동 시간을 통해 교사, 또래, 놀잇감과 상호작용함으로써 지식을 형성해가고 경험의 폭을 넓혀간다. 그러므로 교사는 전개되고 있는 생활주제나 유아의 흥미, 발달 정도를 고려하여 잘 준비된 환경을 제공해준다. 또한 유아가 활동을 스스로 선택하여 자유롭게 놀이하도록 흥미영역을 구성해준다. 다음은 교사가 실내자유선택활동 시간에 유아를 도울 수 있는 구체적인 방법이다.

▶ 유아들이 스스로 활동을 선택하고 자료와 교구를 탐색하여 놀이에 몰두할 수 있도록 유아의 발달 수준과 흥미에 기초하여 놀이환경을 제공한다.
▶ 자유롭게 선택한 놀이를 가치 있게 인정해 준다.
▶ 교사는 다양한 영역의 참여를 통해 유아와 상호작용할 기회를 가능한 많이 가진다.
▶ 놀이를 통해 자연스러운 학습이 이루어질 수 있도록 언어적 자극과 함께 놀이에 적절히 개입한다.
▶ 교사는 관찰을 통해 유아의 특성을 파악하고 관찰기록을 하며 이를 기초로 유아에게 개별적으로 적합한 활동을 선택하고 제시한다.
▶ 같은 종류의 장난감을 충분히 준비하여 유아들간의 다툼을 사전에 방지한다.
▶ 놀이 환경을 항상 점검하여 안전하게 놀 수 있도록 한다.
▶ 실내자유선택활동 시간 중에 소집단활동을 짧게 진행할 수 있다.
▶ 오후 실내자유선택활동은 지나친 자극을 줄이고 오전 활동의 연계나 자유로운 선택놀이가 이루어지도록 한다.

다음은 유아의 놀이를 돕기 위한 영역별 교사의 역할이다.

① 쌓기놀이영역

유아는 다양한 블록과 소품들을 이용하여 생각이나 경험을 표현한다. 이러한 놀이를 통해 유아는 다양한 사물의 형태와 크기, 공간 구성력이나 분류 능력 등을 형성하게 된다. 또한 자신이 만든 구조물을 쓰러뜨리면서 정서적 긴장이나 공격적 욕구 등을 자연스럽게 해소하기도 하며, 블록을 나르고 쌓는 과정을 통해 신체 대·소근육을 발달시키게 된다. 3세 유아들은 단순한 구조물을 반복적으로 만들고 자신이 만든 구조물을 이용하여 극놀이를 즐긴다. 따라서 교사는 3세 유아들이 쉽게 다룰 수 있는 종류의 블록과 소품들을 제시해주어 쌓기놀이를 촉진시켜준다. 유아의 쌓기놀이를 원활히 도와주기 위한 교사의 역할은 다음과 같다.

▷ 다양한 블록과 소품을 적절하게 제공함으로써 자유롭고 창의적인 구성을 할 수있도록 한다.
▷ 블록 구성물의 결과보다는 과정을 중시한다.
▷ 적절한 의견을 제시함으로써 사고력과 구성 능력을 촉진한다.
▷ 극화놀이로 연결하여 확장되도록 돕는다.
▷ 유아들의 놀이를 주의깊게 관찰하여 갈등 상황이나 위험 및 사고를 미연에 방지한다.
▷ 다른 영역보다 정리하는 시간이 많이 필요하므로 개별 혹은 소집단으로 정리시간을 미리 알려주어 유아들이 충분한 시간을 가지고 정리할 수 있도록 하며, 구조물을 보관하고 싶어 할 때는 별도로 장소를 마련해주어 보관·전시하도록 한다.
▷ 유아들의 정리를 돕기 위해 교구장에 블록 모양의 밑그림을 붙여준다.

② 역할놀이영역

유아는 가족의 역할이나 자신이 흥미롭게 느꼈던 다양한 사건이나 경험을 재현하며 놀이 속에서 다른 유아들과 역할을 분담하고 언어적 상호작용을 하면서 언어와 사회성을 발달시켜간다. 또한 다양한 역할을 맡아봄으로써 사회적 역할을 배우게 되고 점차 자기중심성에서 벗어나게 된다. 교사는 유아들의 놀이가 활발하게 일어날 수 있도록 가정과 같이 아늑한 분위기의 환경을 구성해주고, 도구와 소품을 적절히 준비한다. 유아의 역할놀이를 원활히 도와주기 위한 교사의 역할은 다음과 같다. 역할놀이영역의 교구들은 유아들이 주변에서 직접 접할 수 있는 도구와 소품들을 유아들이 사용하기에 편리한 형태로 제공한다.

▷ 교사는 유아의 놀이를 촉진시키기 위해 경험을 제공하고 경험과 관계된 소품을 제시해준다.
▷ 교사는 유아의 놀이에 함께 참여하거나 놀이하는 것을 지켜보면서 도움이 필요할 때 적절히 개입한다.
▷ 교사는 놀이 상황을 유지 또는 확장시켜줄 수 있는 질문을 한다.
▷ 극놀이가 익숙하지 않거나 경험이 적은 유아에게는 교사가 직접 역할을 맡아 놀이를 지도

할 수 있다. 그러나 유아가 놀이에 익숙해지면 교사의 역할을 줄여간다.

▶ 다른 영역과 연계하여 놀이가 진행될 수 있도록 돕는다.

③ 미술영역

유아는 만들기, 그리기, 칠하기, 자르기, 구성하기 등 다양한 미술활동을 통해 즐거움을 느낀다. 또한 다양한 재료를 탐색하고 재료를 이용하여 자유롭게 표현하는 과정을 통해 신체기관과 감각기관의 협응력을 증진시켜나간다. 뿐만 아니라 다양한 작품에 대한 느낌이나 생각을 자유롭게 표현할 수 있는 기회를 가짐으로써 창의성과 심미감을 발달시킨다. 미술영역에서는 미술활동과 더불어 이야기 나누기, 나누어 쓰기, 탐색하기 등의 활동이 함께 이루어지므로 유아의 활동과정에 대한 세심한 관찰과 적절한 개입이 필요하다. 유아의 미술활동을 촉진시키기 위한 교사의 역할은 다음과 같다.

▶ 작업의 결과보다는 자신의 생각과 느낌, 경험 등을 표현하거나 제작해보는 과정을 중시한다.
▶ 창의적인 아이디어가 표현될 수 있도록 격려한다.
▶ 시작한 것을 끝까지 충분히 즐길 수 있도록 도와준다.
▶ 유아의 작품을 존중해주고 게시판이나 복도에 잘 전시해주거나 스스로 보관하게 한다.
▶ 다른 친구의 작품을 감상하고 서로의 의견을 주고 받으면서 감상의 기회를 갖는다.
▶ 다양한 재료를 준비하며 유아가 자유롭게 재료를 탐색하고 활용하도록 한다.
▶ 소모성 물품들은 수시로 점검해 채워 준다.
▶ 도구는 학기 초부터 한 가지씩 사용법과 관리법을 소개해 익히도록 한다.
▶ 충분한 공간과 자유로운 분위기를 조성하여 유아가 심리적인 부담없이 즐겁게 표현할 수 있도록 한다.
▶ 날씨가 좋은 날은 실외로 연장하여 울타리나 벽에 종이를 붙이고 물감칠하기, 핑거 페인팅 등이 이루어질 수 있도록 한다.
▶ 작업 후 도구와 재료를 보관하고 제자리에 정리정돈하는 습관을 길러준다.

④ 언어영역

유아는 듣기, 말하기, 읽기, 쓰기에 기초가 되는 다양한 활동을 통해 언어능력을 발달시켜 나간다. 유아는 점차 주변 글자에 관심을 나타내면서 언어를 습득해 나가고 바르게 의사소통하는 태도와 습관을 형성하여 사회성을 발달시킨다. 유아의 다양한 언어활동을 위한 교사의 역할은 다음과 같다.

▶ 안락하고 조용한 분위기를 조성해준다.
▶ 유아의 흥미와 언어발달 수준, 이해 능력, 주제의 적합성 등을 고려한 책을 선정한다.
▶ 읽기, 쓰기, 말하기, 듣기 등 언어활동의 기초가 되는 다양한 놀잇감과 교재·교구를 제공한다.

▷ 동화나 동시 자료들을 제시하여 유아들이 개별적으로 재구성해볼 수 있도록 한다.

▷ 막대, 융판, 테이블 동화자료 등 다양한 자료를 이용해 동화에 대한 유아들의 이해와 흥미를 높인다.

▷ 교사는 책을 읽는 동안 유아가 보이는 의견에 적극적으로 반응해준다.

▷ 유아가 부적합한 어휘나 표현을 사용할 경우 올바른 형태로 반응해줌으로써 언어적 모델이 되어준다.

▷ 교사는 책이나 자료를 소중히 다루고, 사용 후에는 반드시 제자리에 꽂아놓을 수 있도록 한다.

⑤ 탐색·조작영역

유아는 여러 가지 조작물이나 카드자료 등을 이용하여 짝짓기, 분류, 비교, 기본 수세기 등 놀잇감과의 상호작용을 통한 활동을 한다. 이러한 활동을 통해 유아는 소근육, 수 개념, 모양과 크기 개념, 언어 등을 발달시키고 유아가 탐색하고 스스로 조작하는 과정에서 집중력과 지구력을 증진시키게 된다. 또한 동·식물 기르기, 관찰하기, 여러 가지 기구와 재료들을 실험·탐색해봄으로써 과학적인 개념을 형성하게 된다. 따라서 교사는 유아의 탐색·조작 활동이 활발히 일어날 수 있도록 다음과 같은 사항을 고려한다.

▷ 수 개념을 포함한 인지 발달, 감각기능 발달, 소근육 발달을 위해 직접 조작할 수 있는 교구를 제공한다.

▷ 교사는 유아들이 놀이를 하면서 좌절을 느끼지 않도록 발달에 적합한 교구를 제공하며, 유아가 스스로 문제 해결하는 경험을 할 수 있도록 돕는다.

▷ 교사는 유아가 관찰·탐색할 때 많은 감각을 사용할 수 있도록 격려한다.

▷ 탐색·조작영역은 교사가 창의적으로 개발한 교구들을 많이 활용할 수 있는 곳이므로 매력적인 교구들을 제공하여 유아의 흥미를 유발한다.

▷ 새로운 교구를 제시할 때는 유아들이 조작하고 탐색해보게 한 후 각자의 경험을 바탕으로 유아와 교사가 함께 놀이 방법과 규칙을 정해볼 수 있다.

▷ 교구와 교구장에는 정리정돈을 돕기 위한 자리 표시를 해주어 유아들이 일대일 대응을 통해 정리할 수 있도록 한다.

▷ 일과 후에는 교사가 교구의 정리상태를 확인하여 분실되거나 파손된 부분들을 보수 및 대체한다.

⑥ 음률영역

유아는 음악을 듣고 몸을 마음대로 움직여보며 노래를 부르고 여러 가지 악기를 자유롭게 탐색한다. 이러한 음률활동을 통해 유아는 정서적 감정을 풍부히 할 수 있고, 감각 기능을 발달시킬 뿐만 아니라 언어발달과 창의성 및 사회성을 발달시킬 수 있는 기회를 갖는다. 교사는 유아의 다양한 음률활동을 위해 다음과 같은 사항을 고려한다.

▶ 노래 부르기, 리듬 탐색하기, 악기 탐색하기, 다양한 음악 감상하기, 몸 움직이기, 창의적 표현하기 등 다양한 경험을 제공한다.

▶ 유아의 경험을 토대로 한 내용의 노래, 율동적이고 박자와 리듬이 분명하고 강한 리듬을 가진 곡, 반복이 있거나 대화체로 된 부분이 있는 노래 등을 선택해 유아의 흥미를 유발시킨다.

▶ 노래를 부르면서 자기의 음성을 조절해 보는 경험을 하고 아름다운 음이 듣기 좋다는 것을 알고 즐기도록 돕는다.

▶ 소리를 탐색하고 표현해보는 과정을 중시한다.

▶ 음악적인 분위기 속에서 일과활동이 이루어질 수 있도록 자발적인 놀이와 학습과정에 음률활동을 자연스럽게 연결한다.

▶ 악기를 정리할 때 악기 모양 밑그림으로 자리 표시를 해주어 유아들의 정리를 도울 수 있다.

3) 정리정돈 및 전이활동

정리정돈 시간은 다음 활동을 위해 유아들이 자신이 놀이하던 놀잇감을 모두 제자리에 정리하는 시간이다. 정리정돈 시간은 청결이나 기본생활습관의 차원 뿐만 아니라 유아들의 일대일 대응이나 분류 개념 학습을 위한 좋은 기회도 된다. 3세 유아들은 놀이하던 것을 금방 중단하지 못하고 처음에는 어떻게 정리정돈을 하는지 몰라 서성일 수 있으므로 다음과 같은 교사의 세심한 배려와 안내가 필요하다.

▶ 정리정돈 시간 5분전쯤에 유아들에게 잠시 후 정리해야 됨을 미리 알려주어서 유아로 하여금 진행하고 있는 활동을 마무리해야한다는 것을 인식시키고 활동을 새로 시작하지 않도록 배려한다.

▶ 유아가 물건이나 놀잇감을 어려움 없이 제자리에 놓을 수 있도록 유아의 손이 닿을 수 있는 선반에 놀잇감의 그림이나 사진을 붙여놓는다.

▶ 정리하는 시간임을 유아들이 알 수 있도록 일정한 노래나 표시(정리음악 틀어주기, 악기로 정리시간임을 알리기 등)를 정해놓는다.

▶ 유아들이 재미있게 정리할 수 있도록 친절하게 안내해주고 정리할 곳을 손으로 가리켜주면서 도와줄 수 있다.

▶ 정리정돈이 끝날 쯤 모일 장소 및 다음 일과를 알려주어 유아들이 스스로 준비할 수 있도록 한다.

한 활동이 끝나고 다음 활동으로 이어지는 때를 전이시간이라고 한다. 대체로 매우 짧은 시간이기 때문에 대부분 중요하지 않게 생각하기 쉬우나 이 시간도 다른 활동에서처럼 개념과 기술을 학습하고 생활습관을 익히며 강화할 수 있으므로 다음과 같은 교사의 적절한 안내와 지도로 안정적인 운영이 되도록 한다.

▸ 다음 활동에 대한 예고를 통해 전이시간 동안 유아들이 자신이 무엇을 해야 하는지 알 수 있도록 명확하게 제시한다.
▸ 대집단 활동이 끝난 다음 활동으로 연결하기 위해서는 소집단으로 나누어 이동할 수 있 다.
▸ 전이방법의 다양한 계획과 상황에 맞는 적절한 적용을 통해 유아들이 혼잡해하거나 충돌, 분쟁이 생기지 않도록 여러 가지 전략을 가지고 개입한다.
▸ 시간차를 이용하거나 주의집중을 위해 손유희, 노래 부르기, 동시 읊기, 수놀이, 관찰력 게임, 동작 따라하기, 수수께끼 등의 간단한 활동을 한다.

4) 실외자유선택활동

실외놀이에서 유아들은 신선한 공기를 마시며 마음껏 달리고 외치며 자연물을 탐색한다. 실외의 개방된 공간과 자유로움은 유아의 긴장감을 완화시키며 즐거움을 제공한다. 특히 어린이집에서는 오랜 시간을 같은 공간에서 생활하므로 실외놀이를 많이 하도록 배려해 주는 것이 중요하다. 실외자유선택활동도 실내자유선택활동과 함께 균형있게 할 수 있어야 하며 교사가 유아의 발달 수준을 고려하여 신체적 놀이 외에도 사회극놀이, 게임, 동·식물 기르기, 그리기, 물감놀이, 책읽기 등의 활동들을 계획하고 준비하여 유아들이 다양한 경험을 할 수 있도록 한다. 과잉 자극으로 인해 유아가 긴장하거나 흥분하여 다툼이 발생하거나 유아 자신이 안전에 대한 주의가 소홀해질 수 있으므로 교사는 항상 안전에 유의하여 지도해야 한다. 실외자유선택활동 시 교사가 고려해야 할 사항은 다음과 같다.

▸ 교사는 유아들이 실외에서 마음껏 움직이고 놀이 활동을 자유롭게 즐길 수 있도록 장려한다. 그러나 실외에서는 유아의 움직임이 커지고 빨라지므로 각별히 유의해서 관찰하도록 한다. 오르기, 미끄럼틀, 그네 등과 같이 사고 위험이 따르는 곳은 다른 교사와 분담하여 계획된 관찰과 감독으로 유아가 안전함 속에서 활동을 할 수 있도록 한다.
▸ 교사는 유아의 안전한 실외놀이를 위해 사전에 유아들과 실외 놀이기구의 안전한 사용방법에 관해 이야기를 나누어 유아 스스로 안전의 필요성을 인식하고 안전하게 놀이기구를 사용할 수 있도록 한다.
▸ 실외놀이 공간이 넉넉하지 않다면 3세 유아들의 경우, 아직 신체 움직임이 민첩하지 못해서 유치반과 함께 실외놀이가 계획될 경우 다칠 위험이 있으므로 유치반과 실외놀이 시간이 겹치지 않도록 계획한다.
▸ 물·모래놀이를 통해 감각적인 경험을 제공하여 탐구심을 길러주고, 감정을 발산할 수 있는 기회를 제공한다.

▶ 기어 오르기, 달리기, 위·아래로 오르내리기, 여러 공간을 통과하기 등 다양한 신체활동을 제공한다.

▶ 나무, 꽃, 채소, 동물 등의 자연환경을 직접 탐색하고 관찰하는 경험을 제공한다.

▶ 물감 그림 그리기, 동화 듣기, 밀가루 반죽 놀이 등의 정적인 활동도 실외놀이 영역에서 경험할 수 있도록 배려하고 휴식할 수 있는 공간을 준비해 준다.

▶ 실내에서 활동하기에 부담스러운 풀, 모래, 물감을 이용한 활동을 제공하여 유아가 공간에 제약 받지 않고 놀이에 집중할 수 있도록 한다.

▶ 실외놀이장의 시설 및 기구를 매일 점검하여 위험한 요소를 미연에 제거한다.

5) 배변 및 손씻기

배변은 하루일과 중 수시로 일어나며 배변훈련 여부에 따라 개별적인 배려와 특별한 주의가 필요하다. 정리정돈 시간 후와 실외놀이 나가기 전, 식사, 낮잠 후에 친구들과 함께 화장실에 가는 시간을 가짐으로써 유아의 주의를 환기시켜주고 자연스럽게 대소변 가리기를 도와줄 수 있다. 유아의 배변 및 손씻기를 위한 교사의 역할은 다음과 같다.

▶ 용변보기, 손씻기 순서나 사용방법의 그림을 적절한 장소에 붙여 놓는 것이 좋다.

▶ 용변보기, 손씻기와 같이 화장실에 많은 유아가 몰리는 시간에는 유아들이 부딪히거나 서로 장난을 칠 위험이 있으므로 인원을 조정해준다.

▶ 3세 유아들은 대부분 대소변 가리기가 가능하지만 놀이에 열중하여 간혹 실수하는 경우가 있으므로 교사가 화장실 가는 시간임을 알려주는 것이 좋다.

▶ 화장실에서 스스로 옷을 내리고 올리도록 격려해주고 도움이 필요한 경우에는 개별적으로 도와준다. 교사는 어린이집에 올 때 유아 혼자서 쉽게 입고 벗을 수 있는 옷을 입고 오도록 부모에게 요청하고, 유아가 멜방 바지나 지퍼를 내리지 못하여 실수하는 일이 없도록 즉시 도움을 준다.

▶ 변기나 세면대에 올라가서 높은 곳에 있는 것을 꺼내거나 장난치는 일은 금지한다.

▶ 교사는 유아가 스스로 옷을 적시지 않고 손을 씻을 수 있도록 옷소매를 올려주고, 도움이 필요할 때 도와주도록 한다.

▶ 손을 씻을 때는 비누와 흐르는 물을 이용하도록 하며 물을 뿌리는 등의 물장난을 하지 않도록 지도한다.

▶ 유아의 실수로 옷이 젖거나 더럽혀진 경우, 준비해둔 여유분의 옷으로 갈아 입히고 젖거나 더러워진 옷은 비닐백에 넣어두었다가 귀가시 부모에게 상황을 이야기하며 전달한다.

▶ 화장실 바닥과 세면대는 매일 청소하되 비누나 물기로 인해 유아가 미끄러지는 일이 없도록 주의한다.

6) 간식 및 점심

어린이집에 다니는 유아들은 하루 중 대부분의 시간을 기관에서 생활하므로 영양 필요량을 고려한 균형된 간식과 식사 제공이 매우 중요하다. 간식과 식사시간에는 스스로 음식을 먹고 치우는 것이 즐거운 경험이 되도록 편안한 분위기를 만들어주고, 교사도 유아들과 함께 간식 및 점심을 먹으며 도와준다. 유아들의 간식 및 점심식사를 위한 교사의 역할은 다음과 같다.

▹ 식사 전에 손을 씻도록 한다.
▹ 점심이나 간식에 필요한 식기나 음식을 미리 준비하여 유아가 스스로 들고 올 수 있도록한다.
▹ 교사가 유아에게 올바른 식생활 태도의 모델이 된다.
▹ 유아가 먹는 양을 조절하지 못하는 경우에는 교사가 조금씩 그릇에 덜어주고 다 먹은 후에 더 먹을 수 있도록 한다.
▹ 따뜻하고 안정된 분위기를 느낄 수 있도록 자연스럽게 대화를 나누며 음식을 먹고, 혼자서 먹기 힘든 유아의 경우 교사가 도와준다.
▹ 점심 식사를 마친 유아들은 이를 닦고 휴식을 취하도록 한다. 이가 썩기 시작하는 때이므로 간식을 먹은 후에도 물양치를 하도록 하며 이닦기를 생활화 하도록 한다.
▹ 유아들이 음식을 입안에 물고 있거나 지나치게 오랫동안 먹는 경우가 아니라면 서두르지 말고 식사 시간을 기다려 주도록 한다.

7) 낮잠 및 휴식

대부분 유아들은 매일 일정한 휴식이 필요하고 하루종일 생활하는 어린이집에서는 휴식을 위해 낮잠이 꼭 필요하다. 하지만 때로 재미있게 놀던 놀이를 그치고 조용히 쉬거나 자야한다는 사실을 받아들이기 힘들어하는 유아도 있다. 교사는 유아에게 낮잠을 무조건 강요하기 보다는 자연스럽게 낮잠시간임을 알려주고 다른 유아들이 모두 휴식을 취해야 함을 이야기해준다. 각 유아의 개별적인 낮잠 습관을 파악하여 적절히 반응해주고 개인 담요, 베개, 인형 등 개인 사물을 허용해 줌으로써 정서적 안정감을 느끼게 한다. 교사는 유아가 편안한 낮잠과 휴식을 취할 수 있도록 다음과 같은 사항을 고려한다.

▹ 매일 같은 시간에 낮잠을 계획한다.
▹ 낮잠용 침구는 일정한 위치에 준비하여 유아가 자신의 잠자리를 알게 한다. 다른 유아를 방해하지 않도록 침구 간에 어느 정도 간격을 두어 나란히 눕히고 환기가 잘 되게 한다.
▹ 긴장완화를 위해 낮잠 전에 조용한 활동을 계획하고 조용한 음악을 틀어준다.
▹ 낮잠을 자기 전에 화장실에 다녀오도록 해서 낮잠 자는 중간에 왔다갔다 하는 일이 없도록

한다.

▶ 낮잠을 조금 자거나 자지 않는 유아에게는 휴식을 위해 조용한 공간을 배려하고 그림책이나 조용히 즐길 수 있는 활동을 준비해준다. 그러나 3세 때는 낮잠 자는 것이 유아의 성장을 위해 매우 중요한 일과이므로 낮잠시간에 빨리 익숙해질 수 있도록 배려한다.

▶ 교사는 수시로 유아들이 자는 것을 점검하고 잠든 시간과 깬 시간을 기록한다.

▶ 유아가 원하는 만큼 자게 하고 깨울 때는 잠에서 서서히 깨어나도록 배려한다.

▶ 잠이 들 때와 깰 때 잠투정하는 유아들이 많으므로 교사와 일대일 상호작용 시간이 많이 필요하다. 특히, 잠을 푹 자고 나서도 잠이 깨고 난 직후에는 유아들이 예민하므로 옆에서 안아주거나 같이 거울을 보면서 관심을 돌려보는 등 유아의 기분이 편안해질 때까지 기다려주는 것이 좋다.

▶ 낮잠 후 화장실에 다녀오게 하고 다른 유아들이 모두 깰 때까지 조용한 놀이를 계획한다.

▶ 교사는 유아가 모두 깰 때쯤 커튼을 걷어 밝게 한 후에 창문을 열어 환기를 시켜주고, 이불을 정돈하여 이불장에 넣는다.

8) 대 · 소집단 활동

대 · 소집단활동이란 유아들이 함께 모여서 여러 가지 교육활동을 하는 것을 말한다. 유아는 대 · 소집단활동을 통해 교사가 계획한 어떤 개념이나 정보를 제공받고 다른 유아들과 함께 여러 가지 활동을 해봄으로써 집단 상호작용의 경험을 가질 수 있으며 또래와의 사회적 기술을 습득할 수 있게 된다. 대 · 소집단활동은 유아의 수, 교사의 수, 교실의 활용도, 자료의 분배, 교사의 능력 등을 고려하여 결정한다. 특히 3세 유아의 경우, 학기 초에는 소집단 활동으로 일주일에 1회 정도 계획하다가 점차 횟수를 2~3회로 늘려가는 것이 효과적이다. 소집단 활동은 대집단보다 개별 유아에게 적합한 활동을 계획·실시할 수 있으며, 각 유아의 행동에 적절한 반응이 가능하다. 3세 유아들은 집중시간이 짧으므로 가능한 짧게 진행하는 것이 효과적이다. 대 · 소집단활동의 계획 및 진행을 위한 교사의 역할은 다음과 같다.

▶ 소집단 활동은 대집단보다 개별 유아에게 적합한 활동을 계획, 실시하고 각 유아의 행동에 적절히 반응할 수 있어서 바람직하다.

▶ 유아의 집중도를 높일 수 있도록 교사가 유아 전체를 볼 수 있고, 주의가 산만하지 않은 조용한 공간에서 진행한다.

▶ 집단 활동을 시작하기 전에 유아의 집중도를 높일 수 있도록 좌석 배열을 고려하되 좌석배치에 긴 시간을 소요하지 않아야 하며, 유아들이 자연스럽게 모이도록 간단한 손유희, 노래 부르기 등을 한다.

▶ 유아가 집중되면 계획된 활동을 진행하되 자연스러운 상호작용으로 진행한다. 적절하게 질

문하여 유아에게 생각할 기회를 주고, 유아의 반응에 따라 적절한 행동은 인정해주며, 유아가 알고 있는 것과 경험한 것을 연관지어 이야기하게 한다.

▶ 교사는 음성을 크게, 작게, 속삭이듯 또는 빠르게 하고 표정도 변화를 주어 지루하지 않게 진행한다.

▶ 집단에 모이기 힘든 유아는 개별적으로 다른 놀이를 할 수 있도록 준비해준다.

▶ 집단활동을 방해하는 유아의 경우, 자신의 행동이 어떻게 영향을 미치는지 이야기해주고, 유아가 교사의 역할을 도와주거나 대신해볼 수 있도록 기회를 준다.

▶ 소심하거나 두려워하는 특성을 가진 유아는 집단 활동에 참여하는 자체가 큰 부담이므로 교사는 천천히 기다려주어야 하며, 때때로 집단 활동을 하기 전에 개별적으로 활동 내용을 소개하여 흥미를 가지도록 도와준다.

▶ 집단 활동이 끝난 다음에는 자연스럽게 다음 활동을 알려주고, 혼잡을 피하기 위해 소집단으로 나누어 다음 활동이 이루어지는 곳으로 보낸다.

9) 귀가

하루일과를 마감하는 귀가시간은 유아마다 일정하지 않고, 유아와 교사 모두가 긴장이 풀어지는 시간이므로 교사는 유아를 보호자에게 인계하는 순간까지 안전에 유의해야 한다. 교사는 조용하고 활동량이 적은 놀이를 계획하고, 특히 유아가 다른 유아의 보호자들이 오는 것을 보면서 심리적으로 불안해지지 않도록 정서적으로 지지해주어야 한다. 교사는 유아가 편안하고 안전하게 귀가할 수 있도록 다음과 같은 사항을 고려한다.

▶ 귀가 전에 교사는 유아가 안정되어 있는가, 피곤하지 않은가, 감기나 외상 등 아픈 곳은 없는가, 유아의 겉옷이나 젖은 옷·작품·자기물건 등의 소지품이 있는가를 살펴본다.

▶ 놀이하던 중 귀가하게 될 때는 놀잇감 정리를 마치고 갈 수 있도록 부모로 하여금 기다리게 하거나 부모가 함께 도와 정리를 마치고 갈 수 있도록 한다.

▶ 귀가시 출입구나 현관이 혼잡스러워 위험할 수 있으므로 유아의 안전에 주의한다.

▶ 보호자와 일과 외 특별한 전달사항(간식·식사량·수면시간의 변화·사고 등)이나 재미있었던 일화 등 간단한 이야기를 나눈다.

▶ 귀가시 부모와 대화할 때 유아에게 바람직하지 않은 이야기는 유아가 듣지 않도록 주의한다.

▶ 유아들은 반드시 직접 부모에게 인계하고 그 외의 보호자가 올 때는 미리 전화 확인을 하도록 한다.

2 영역별 환경구성

1) 환경구성의 원리

3세아는 끊임없는 흥미와 호기심, 왕성한 활동력을 가지고 주변환경을 적극적으로 탐색하며 발달해간다. 또한 이 시기의 유아는 독립심이 증가되고 의사결정을 통해 주도적으로 활동에 참여하려 한다. 그러므로 교사는 유아의 놀이에 적절하게 개입하는 것은 물론 유아에게 선택의 기회를 주고, 자발적으로 놀이 및 활동에 참여하여 스스로 탐색하고 학습할 수 있는 환경을 구성해 주어야한다.

어린이집에서의 3세를 위한 환경구성은 유아의 행동에 많은 영향을 주게 되므로 조직적이고 합리적이어야 한다. 또 바람직한 학습을 위한 장소가 되어야 할 뿐만 아니라 하루종일 기관에서 생활해야 하는 특성을 고려하여 집과 같이 편안한 곳이 되도록 한다. 놀잇감과 자료는 여러 가지 다양한 방법으로 사용할 수 있도록 제시되어야 하며, 새로운 인지적·신체적·사회적 기술을 학습시키고 촉진시킬 수 있는 것이어야 한다.

3세를 위한 실내환경은 3~4명의 유아들이 놀이할 수 있도록 분명하게 구분된 흥미영역별로 배치한다. 미술, 언어, 역할놀이, 쌓기놀이, 음률, 탐색·조작 등이 그 예이다. 놀잇감과 자료는 유아가 놀이나 활동을 위해 너무 오래 기다리지 않도록 수량을 충분히 준비하도록 하고, 유아가 스스로 선택하고 정리하는 데 불편이 없도록 비치해놓아야 한다. 또한 교사가 전체적인 놀이실 상황을 파악하여 운영할 수 있도록 모든 영역을 한눈에 볼 수 있게 구성하는 것도 중요하다.

실외놀이 공간은 큰 유아들을 위한 공간과는 분리되는 것이 바람직하다. 그러나 실외 면적이 넓지 않아 이러한 구성이 불가능한 경우 큰 유아와 이용 시간의 차이를 두고 3세아를 위한 시설을 별도로 갖추어서 이용하는 것이 바람직하다. 3세 유아들의 경우에는 신체조절이 미숙하므로 큰 유아들의 시설을 그대로 이용한다면 안전사고가 발생할 가능성이 있다.

3세아를 위해 환경구성을 할 때 고려해야 할 구체적 사항은 다음과 같다.

▶ 흥미영역별로 환경을 구성한다. 유아는 다양하고 흥미있는 환경구성에서 자신이 하고 싶은 것을 스스로 선택하고 다른 유아들과 함께 놀이를 함으로써 독립성을 키울 수 있다.
▶ 정적 활동영역과 동적 활동영역들이 서로 구분되어 떨어지도록 배치한다. 서로 소음으로 방해받지 않아야 조용한 활동에도 쉽게 집중할 수 있고, 영역이 잘 구분되어 있을 때 유아는 여러 활동에서 만족스럽게 놀 수 있다. 특히, 휴식을 위한 사적인 공간은 동적 활동 영역과

멀리 떨어지게 배치하여 유아들이 안정된 분위기 속에서 휴식을 취할 수 있도록 한다.

▷ 놀이영역은 적어도 세 가지 형태를 제공할 수 있게 한다. 자유롭게 움직일 수 있는 개방된 공간, 소집단으로 퍼즐·역할놀이·쌓기놀이 등을 할 수 있는 부분적으로 닫혀진 공간, 혼자서 관찰하거나 쉴 수 있는 작은 공간이 포함되도록 한다.

▷ 연령에 맞는 놀잇감을 제공하되 유아의 발달수준에는 개별적인 차이가 있으므로 다양한 수준의 놀잇감과 자료를 준비한다. 또한 신체발달이 활발한 시기이므로 대근육 활동 및 신체활동을 위한 자료를 제공하도록 한다.

▷ 화판에 그리기, 감각놀이, 물·모래놀이는 매일 할 수 있도록 한다. 붓으로 그리는 것은 운동발달, 창의성, 자신감을 길러주게 된다. 물·모래놀이는 부드러운 감각적 경험을 제공하며, 탐구심을 길러준다. 놀이실 바닥이 물청소를 할 수 있는 경우라면 이러한 놀이를 좀 더 많이 제공하면 좋다.

▷ 친숙한 물건이나 동물, 가족, 유아의 사진, 주제 관련 화보 등을 유아의 눈높이에 맞게 게시한다. 유아는 자기 눈높이보다 높이 걸려 있는 것들을 볼 수 없으므로 유아의 눈높이를 고려하는 것이 중요하다. 친숙한 물건, 동물, 가족, 유아의 사진과 같은 게시물은 유아로 하여금 안정감을 느낄 수 있도록 도와주며, 주제 관련 화보는 유아들이 주제에 관심과 흥미를 가질 수 있도록 한다.

▷ 놀이실 안이나 복도에 개인 사물함이나 개인의 물건을 넣어둘 수 있는 공간을 고려한다. 유아는 하루 중 대부분의 시간을 다른 유아와 함께 보내게 되므로 때때로 개인적인 공간이 배려되어야 한다. 집에서 좋아하는 물건을 가져올 경우 보관할 공간이 있다는 것은 유아로 하여금 집과 같은 편안함을 느낄 수 있게 한다.

▷ 실외자유선택활동 영역은 유아의 신체 크기를 고려하여 구성한다. 유아의 신체 크기가 고려된 실외놀이 환경에서 유아는 스스로 이용하고 싶은 흥미와 자신감을 갖고, 안전하게 시설을 이용할 수 있는 기술을 익힐 수 있다.

2) 흥미영역별 환경구성

유아의 놀이활동과 학습은 잘 조직된 실내·외 환경에서 통합적으로 이루어지게 된다. 놀이를 활성화하고 실내·외 환경을 효율적으로 사용하도록 하기 위해서는 유아가 자신의 흥미나 계획에 따라 자유롭게 놀이나 활동을 하도록 흥미영역별로 설비와 자료를 잘 선택하여 구성해 주어야 한다.

3세를 위해 구성할 수 있는 흥미영역의 종류로 실내 영역에는 언어, 미술, 역할놀이, 쌓기놀이, 탐색·조작, 음률 등이 포함될 수 있다. 실외영역도 대근육 활동을 위한 영역, 물·모래 영역, 탐구영역, 작업영역, 휴식영역 등의 흥미영역으로 구성할 수 있다. 이와 같은 흥미영역은 어떤 원칙에 의해 일단 배치되었더라도 고정불변의 것이 아니며, 유아의 흥미나 반응에 따라 융통성 있게 변형될 수 있는 것임을 고려한다. 3세 유아를 위한 영역별 환경구성 원리와 기본 자료들의 목록은 다음과 같다.

〈전체 교실 영역 배치〉

① 쌓기놀이영역

　쌓기놀이영역은 유아들이 다양한 모양과 크기의 블록을 이용하여 생활 속의 경험들을 재구성해보는 공간이다. 유아는 자신의 생각이나 느낌을 블록을 통하여 구성하고 표현하며, 자신이 만든 구성물을 이용하여 다양한 사회극적 놀이를 한다. 또한 다른 유아의 구성물을 감상하고 구성 과정을 관찰하기도 한다.

　쌓기놀이영역은 놀이실의 모든 곳에서 볼 수 있는 개방적이고 동적인 공간에 배치한다. 쌓기놀이는 활동량이 많으므로 특히 안전에 유의해야 한다. 이 영역에는 위험이나 다툼, 소음 등의 문제상황을 방지하기 위해 넓은 공간을 확보하고 바닥에는 카펫을 깔아주는 것이 좋다. 쌓기놀이영역을 역할놀이영역과 인접해서 배치하면 서로 연계되어 놀이가 활발히 진행된다.

　블록은 여러 명이 동시에 놀이할 수 있도록 충분히 준비해준다. 주제에 따라 소품들을 첨가하거나 교체시켜주면 블록놀이의 소재가 다양해져서 유아들의 블록 구성이 활발 질 수 있다.

　다음은 쌓기놀이영역에서 제시될 수 있는 기본 자료들이다.

자료

- 카펫이나 영역을 표시할 색테이프
- 스펀지 블록, 우레탄 블록
- 큰 종이벽돌 블록
- 공간 블록
- 단위 블록
- 코코 블록
- 나무로 된 자동차류
- 끌수 있는 놀잇감
- 소품들(주제에 따라 교체해줄 수 있는 것들)
  (예: 가족 구성원, 동물 모형들, 나무, 의자, 소방대원, 소방차,
      직업인 요리사, 집배원, 미용사 등)

〈쌓기놀이영역의 환경구성〉

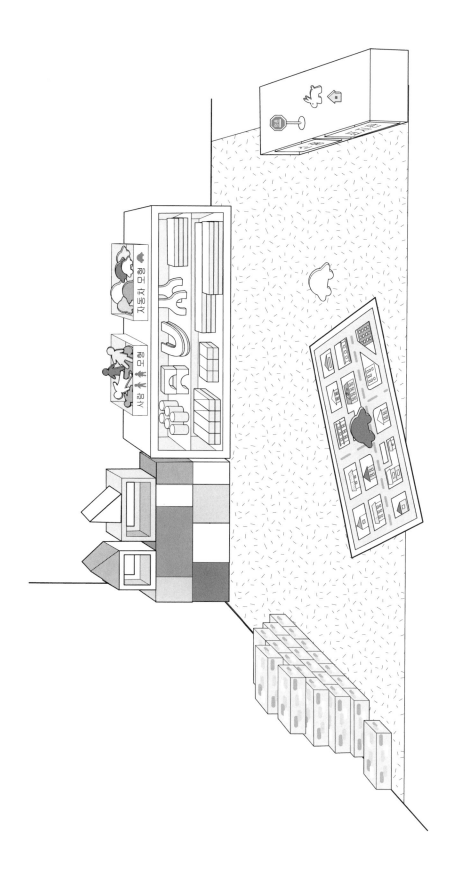

〈쌓기놀이영역의 환경구성〉

② 역할놀이영역

　역할놀이영역은 유아가 가정과 같은 분위기를 느끼면서 가족의 역할을 해보고, 자신이 흥미롭게 느꼈던 경험을 재현해보는 곳이다. 또한 유아의 발달에 따라 자신의 생각이나 상상으로 집, 병원, 가게, 미장원, 음식점 등의 사회극적 놀이가 이루어지기도 한다. 역할놀이영역은 유아들이 빈번하게 참여하고, 흥미를 보이는 영역이므로 충분한 공간을 확보하도록 한다. 또한 움직임이 많고 활동이 다양하므로 동적인 놀이영역에 위치하는 것이 좋으며 쌓기놀이영역과 인접하여 배치하는 것이 좋다.

　역할놀이영역에서 유아들은 밀폐된 공간을 좋아하므로 헌 상자나 헌 커튼 등을 활용하여 조용하고 아늑한 공간을 만들어주는 것도 효과적이며, 역할놀이영역의 자료들은 유아가 스스로 꺼내 쓰고 정리할 수 있도록 그림이나 사진으로 표시를 해두는 것이 좋다.

　다음은 역할놀이영역에서 제시될 수 있는 기본 자료들이다.

자료

- 모형싱크대, 모형 냉장고, 가스레인지
- 놀이용 울타리
- 도마, 플라스틱 칼   · 수저, 포크, 국자, 뒤집개
- 소꿉용 그릇들, 깨지지 않는 찻잔세트
- 주전자, 쟁반, 후라이팬, 냄비
- 밀대와 찍기틀   · 밀가루 점토
- 모형 음식, 과일, 채소
- 옷장, 화장대, 작은 침대
- 인형류(깨지지 않는 재질로 부드럽고 세탁가능한 다양한 종류의 사람, 동물인형)
- 남, 여 의상(엄마·아빠 의상, 드레스류, 한복 등)
- 액세서리류(모자, 넥타이, 스카프, 구두, 렌즈없는 안경 등)
- 지갑과 메는 가방 · 빈 화장품 병, 빗, 드라이어
- 안전거울
- 전화
- 주제에 따른 소품들(병원놀이, 가게놀이, 미용실 놀이 등)
- 유모차   · 포대기

〈역할놀이영역의 환경구성〉

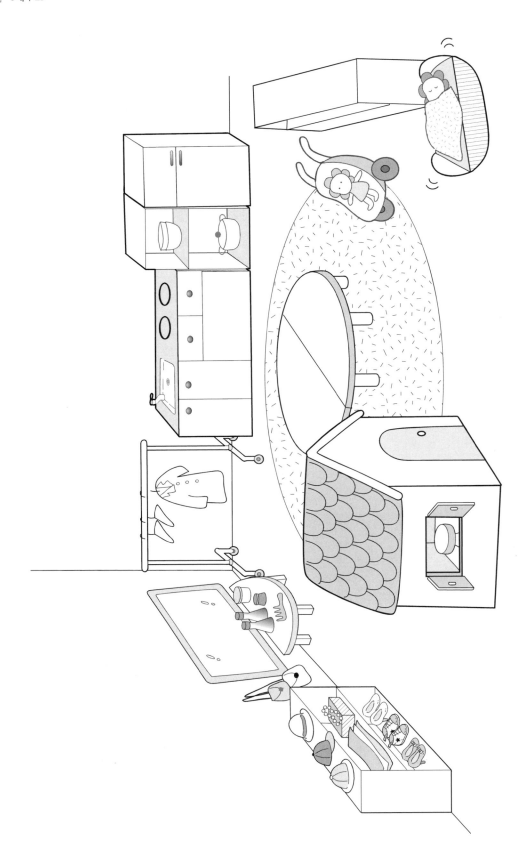

〈역할놀이영역의 환경구성〉

③ 미술영역

미술영역은 유아가 자신의 생각이나 느낌을 다양한 매체를 이용하여 표현하고, 감상할 수 있는 영역이다. 그리기뿐만 아니라 만들기, 꾸미기 등과 같이 평면 및 입체 조형을 통한 창의적 표현활동이 이루어지며 유아들의 작품전시 및 감상활동이 실시된다.

미술영역은 놀이실의 조용하고 밝은 곳에 위치하는 것이 좋다. 다양한 작업활동을 위한 낮은 책상, 자료를 넣을 수 있는 장, 작품의 보관과 전시를 위한 설비 등을 갖추도록 한다. 또한 활동에 따라 책상용 비닐보나 유아용 비닐 앞치마 등을 준비하고, 물의 사용이 용이하도록 배치하여 유아들이 마음껏 미술활동을 즐길 수 있게 한다. 바닥은 물이나 물감을 흘렸을 때 유아가 닦고 정리할 수 있도록 쉽게 닦고 지울 수 있는 재질로 설비하는 것이 바람직하다.

자료는 유아가 스스로 활동에 따라 선택할 수 있도록 다양하게 준비하여 준다. 그리기 활동의 기본자료 외에도 꾸미기 자료로 여러 종류의 폐품이나 조각난 종이류도 만들기 영역에서 다양하게 활용될 수 있다. 모든 자료는 독성이 없고 튼튼한 것으로 준비한다.

다음은 미술영역에서 제시될 수 있는 기본 자료들이다.

자료

· 작업 앞치마, 비닐 앞치마
· 화판, 이젤
· 그림물감, 굵은 붓
· 여러 종류의 종이 도화지, 색도화지, 색종이, 셀로판지, 포장지 조각 등
· 크레파스, 색연필, 사인펜
· 점토(밀가루 반죽)와 도구
· 손가락 풀그림 재료와 종이, 넓은 쟁반
· 각종 폐품(빈 상자, 빈 플라스틱 통, 우유곽, 신문 혹은 광고종이 등)
· 풀, 테이프
· 안전가위
· 작품 건조대
· 닦을 수 있는 도구(종이, 마른 수건 등)

〈미술영역의 환경구성〉

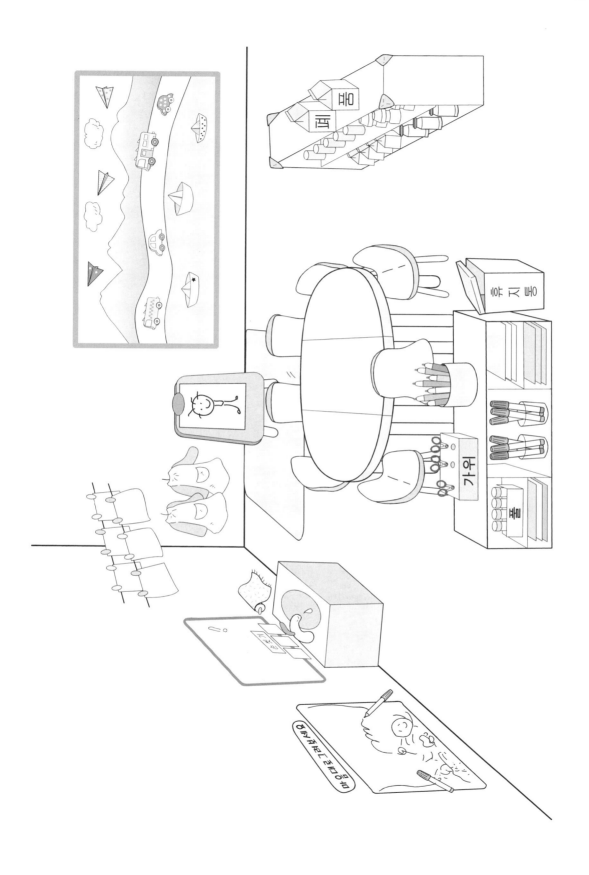

〈미술영역의 환경구성〉

④ 언어영역

언어영역은 동화나 동시 등 문학작품을 감상하고 말하기·듣기 활동, 문자와 관련된 기초 활동, 인형극 놀이 등이 이루어지는 통합된 곳이다. 그러므로 유아들이 조용하고 밝고 안정된 분위기에서 집중할 수 있도록 환경적인 배려를 해야 한다. 바닥은 전체적으로 카펫을 깔아서 소음을 흡수하게 한다. 먼지, 진드기가 우려되는 경우는 카펫 대신에 러그나 누비천을 이용하여 바닥에 깔도록 한다. 편안한 의자나 낮은 탁자, 카펫 등으로 아늑하게 구성하고 쿠션에 편안하게 기대어 책을 볼 수 있도록 해준다.

언어영역 내에 듣기·말하기 영역을 두어서 교사가 막대 자료나 융판 자료로 유아에게 들려주었던 동화 자료들을 내주어 활용할 수 있게 한다. 또한 언어영역 내의 화이트보드를 낮은 탁장에 놓거나 벽면에 붙여주어 유아들이 긁적거리거나 쓰기를 위한 기초 활동을 할 수 있도록 배려한다. 책꽂이에는 유아들이 흥미있어 하는 내용으로 실제 경험과 연관된 선명한 그림의 그림책을 갖추어 주고, 주제가 전환되거나 유아의 흥미를 고려하여 책을 첨가하거나 바꾸어준다. 동화책은 책표지의 전면이 보이도록 놓아주어 유아 스스로 책을 선택할 수 있게 한다. 언어영역은 조용한 활동이나 휴식을 취할 수 있는 공간이므로 활동량이 많고 소음이 유발되는 영역으로부터 멀리 떨어뜨려 배치한다.

다음은 언어영역에서 제시될 수 있는 기본 자료들이다.

자료

- 책표지가 보이도록 책을 꽂을 수 있는 책꽂이
- 흔들의자, 푹신한 의자, 쿠션, 매트리스
- 카펫이나 러그, 누비천이 깔려진 바닥 · 녹음기와 테이프
- 만들거나 구입한 책들
  - 느낌과 태도에 관한 책   - 가족과 친구에 관한 책
  - 매일매일의 생활 경험에 관한 책
  - 자연에 관한 책 (동물, 채소, 과일, 꽃, 곤충 등)
  - 재미있는 그림 이야기   - 그림사전
  - 동시집
- 선명하게 그려진 그림카드(가족, 친숙한 물건, 동물그림 등)
- 같은 모양 짝짓기, 모양 변별카드
- 이름카드, 언어카드   · 융판과 융판자료
- 화이트보드와 펜, 지우개
- 모양 종이
- 쓰기 도구(색연필, 크레파스, 사인펜 등)
- 손인형, 손가락인형, 막대인형 등   · 낮은 책상

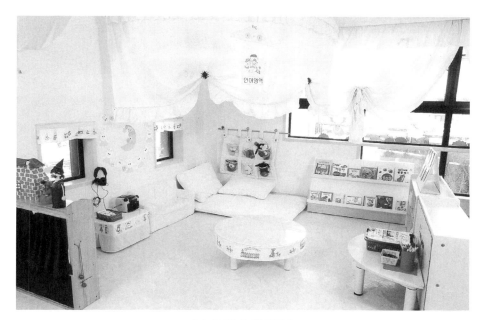

〈언어영역의 환경구성〉

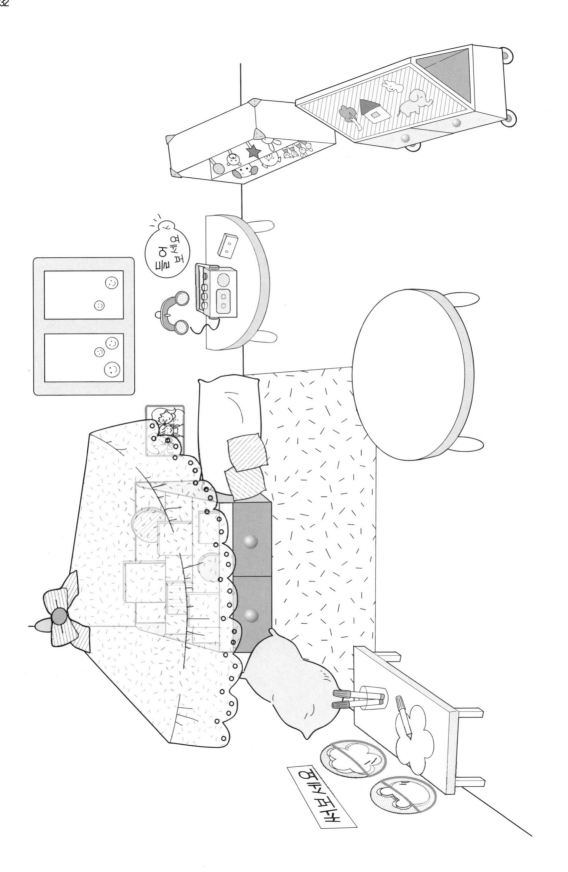

〈언어영역의 환경구성〉

⑤ 탐색·조작영역

　탐색·조작영역은 유아가 주변환경에 대한 호기심으로 관찰하거나 탐구할 수 있는 활동, 조작놀이, 논리적 사고의 기초가 되는 수 활동 등이 이루어지는 곳이다. 탐색·조작영역은 동적영역과 분리된 밝고 조용하며 물이 있는 곳에 인접하여 배치한다. 이 영역에는 유아 혼자서 사물 간의 관계를 파악할 수 있는 개인적인 공간과 여럿이 함께 활동을 할 수 있는 소집단활동의 공간을 동시에 제공하는 것이 바람직하다. 탐색·조작 활동상의 특성을 고려할 때 낮은 책상을 배치하는 것이 좋고, 유아가 관찰하고 탐색하기 쉽도록 관찰대나 낮은 탁자를 사용할 수도 있다.

　탐색·조작영역의 자료는 전시 위주로 하기보다는 유아들이 직접 만져보고 탐색해볼 수 있도록 해야 한다. 계절과 교육주제에 따라 변화를 주도록 하며, 3세 유아들의 발달수준에 적절하게 교사가 의도적으로 준비한 자료뿐만 아니라 유아들의 호기심을 유발하는 생활주변의 다양한 자료들을 마련해줄 수 있다. 그러므로 이 영역의 자료는 교사의 계획에 따라 제공되면서도 유아의 즉흥적인 호기심이나 흥미를 고려하여 제공되도록 하며, 그에 맞는 환경을 꾸미고 활동을 전개해 나가도록 한다.

　다음은 탐색·조작영역에서 제시될 수 있는 기본 자료들이다.

자료

탐색활동 자료
- 감각상자
- 자석, 자석에 붙고 붙지 않는 물체들
- 측정도구(저울, 온도계, 계량컵 등)
- 기르는 동물과 동물집(새, 금붕어, 거북이, 개구리 등)
- 곤충과 곤충집(개미, 나비, 매미 등)
- 식물(콩, 감자, 양파, 분꽃, 봉숭아꽃, 나팔꽃 등)
- 여러 가지 표본들(조개, 돌, 곤충, 곡식, 씨앗 등)
- 오목·볼록 거울
- 확대경, 프리즘
- 날씨판

조작활동 자료
- 구멍 뚫린 구슬과 끈
- 색 입방체와 패턴 카드
- 셀 수 있는 물체
- 숫자 퍼즐
- 수와 숫자 짝짓기 카드 및 자료(빨래집게, 단추 등)
- 체중계
- 수놀이 게임자료들(주사위 게임, 숫자 도미노 게임, 가위바위보 게임)
- 달력(숫자가 크게 씌어진 것)
- 다양한 모양의 기하학적 도형들
- 패턴블록과 패턴카드
- 숫자 카드
- 평형저울
- 시계(숫자가 분명한 것)

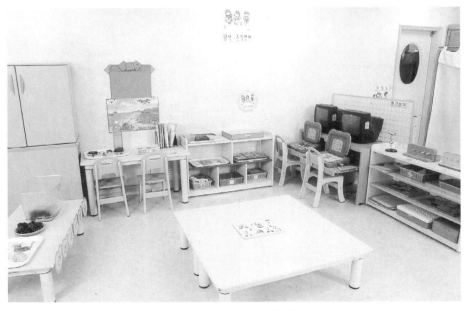

〈탐색·조작영역의 환경구성〉

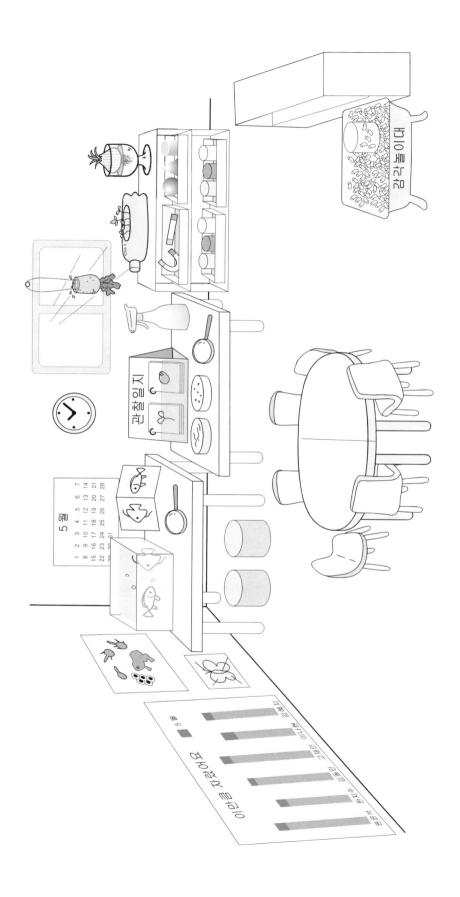

〈탐색 · 조작영역의 환경구성〉

⑥ 음률영역

음률영역은 유아가 음악 듣기, 노래 부르기, 악기 다루기, 율동, 신체표현 등 다양한 음률활동을 통해 자신의 느낌이나 감정을 독창적이고 창의적으로 표현할 수 있는 곳이다. 또한 여러 종류의 음악이나 다른 유아의 표현을 감상함으로써 즐거움을 느낄 수 있으며 다양한 소리나 자신의 신체 등을 탐색하고 실험할 수 있는 곳이다. 그러므로 유아가 편안하게 마음대로 움직여보고 악기를 탐색할 수 있는 공간이 필요하다. 이 영역은 활동적이고 소음이 많은 영역이므로 다른 영역에 방해가 되지 않도록 조용한 영역과는 떨어져서 위치하는 것이 좋다.

소음을 줄일 수 있도록 바닥에 카펫을 깔아주는 것이 좋으며 선반, 교구장 등을 사용하여 분명한 영역을 마련해준다. 많은 종류의 소리와 움직임을 듣고, 보고, 탐색하는 가운데 즐거움을 찾을 수 있도록 해주는 것이 중요하다.

다음은 음률영역에서 제시될 수 있는 기본 자료들이다.

자료

- 녹음기, 녹음 테이프
- 리듬악기(탬버린, 캐스터네츠, 종, 방울, 마라카스, 북, 트라이앵글, 리듬막대, 장구, 징 등)
- 실로폰
- 여러 가지 악기의 사진이나 그림
- 스카프나 리본 테이프
- 그림 노래말

〈음률영역의 환경구성〉

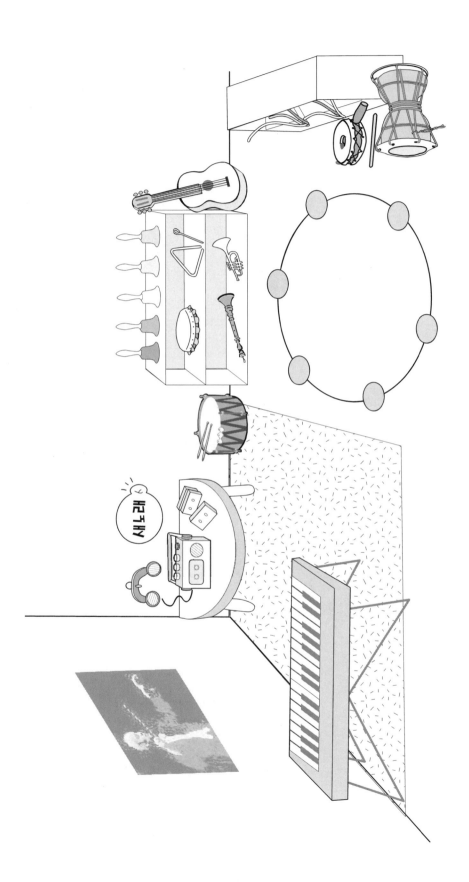

〈음률영역의 환경구성〉

⑦ 실외영역

실외영역은 유아에게 필수적인 공간으로써 날씨가 허락되는 한 하루 2회 이상 유아들이 실외영역에서 활동할 수 있는 기회를 제공하는 것이 좋다. 실외영역은 가능하면 남쪽에 위치하여 볕이 드는 공간과 그늘진 공간을 확보할 수 있도록 하고 건물 주변에 실외공간이 없는 경우에는 건물의 옥상에 안전한 실외놀이 공간을 마련하도록 한다.

실외영역의 환경은 실내 자유선택활동의 연장으로 생각하여 대근육활동을 위한 영역, 물·모래 영역, 탐구 영역, 작업 영역, 휴식 영역 등의 흥미영역으로 구성한다. 신체활동을 할 수 있는 공간의 경우 밑바닥에 모래나 쿠션이 있는 재료를 깔아서 유아가 넘어지거나 떨어졌을 경우에 큰 상처를 입지 않도록 한다. 탐구영역의 경우 동물 사육장이나 꽃밭 등을 만들어 유아들이 자연스럽게 동·식물을 관찰하고 사랑하는 마음을 가질 수 있게 한다.

실외영역에 설치된 시설·설비뿐 아니라 제공되는 놀잇감에 따라 놀이가 매우 다양하게 이루어지므로 다양한 놀잇감을 제공한다. 또한 놀잇감을 정리정돈할 수 있는 공간이 제공되어 수납을 효과적으로 해야 한다.

다음은 실외영역에서 제시될 수 있는 놀이시설 및 기본 자료들이다.

자료

대근육영역

· 낮은 미끄럼틀
· 안전망이 되어 있는 그네
· 유동식 놀이 시설(받침대, 널빤지)
· 안전사다리
· 자전거
· 끌차
· 낮은 뛰기대
· 흔들배
· 작은 터널
· 여러 가지 공

물·모래영역

· 플라스틱 삽, 갈고리
· 크기가 다른 여러 개의 통
· 구멍의 수나 크기가 다르게 뚫린 투명한 통들
· 깔때기
· 소꿉놀이용 그릇
· 큰 자동차
· 구멍이 큰 파이프
· 주전자
· 체
· 스프레이
· 고무로 된 인형
· 물놀이대
· 욕조나 대야
· 물레방아

자료

탐구영역
- 나무, 꽃
- 화분, 물뿌리개
- 동물 사육장, 동물(병아리, 토끼, 오리 등)
- 실외에서 모은 것을 담을 바구니

작업영역
- 화판, 종이
- 크레파스, 그림물감, 굵은 붓
- 비닐 옷
- 낮은 책상, 비닐
- 작품 건조대

휴식영역
- 그림책
- 그리기 자료
- 이야기 나누기

제2장

교육과정 운영의 실제

교육과정 계획과 운영의 실제

삼성어린이집 유아프로그램은 3세, 4세, 5세로 구성되며 각 연령별 연간 주제는 유아의 흥미와 특성, 계절의 변화, 우리나라의 문화적 배경을 토대로 하여 결정된다.

이렇게 결정된 13~15개의 연간 주제는 각 주제마다 몇 개의 소주제로 나뉘어지며, 이 소주제를 중심으로 주간보육계획안을 작성한다. 각 소주제별 실시 기간은 1~2주간 정도로 계획되나 각 주제에서 다루어질 보육내용과 유아의 흥미 정도에 따라 차이가 있다.

일일보육계획안은 크게 오전, 오후, 실내·실외자유선택활동으로 구성되며 반일제와 달리 점심시간 및 낮잠시간이 계획되어야 한다. 실내자유선택활동 시간에는 유아가 자신의 흥미에 따라 활동을 자유롭게 선택할 수 있도록 각 흥미영역을 중심으로 계획한다. 교수방법은 가능한 개별적으로 실시하거나 소집단을 대상으로 계획하며 활동에 참여하는 유아의 경험을 확장시켜 주고 다양한 사고를 자극시켜 주도록 한다.

3세 유아를 위한 보육활동의 실제는 13개의 연간 주제와 그에 따른 소주제로 구성되었으며 각 주제에 의한 주간보육계획안이 제시되었다. 그리고 주간보육계획안에 수록된 활동 중에서 보충 설명이 필요한 활동은 교육활동 참고란을 이용하여 간단히 설명했다. 또한 교사의 활용도를 높이기 위해 자세한 설명이 필요한 활동은 주제별 주간보육계획안 뒤에 제시했고, 주간보육계획안에는 ◎로 표시했다.

3세 연간보육계획안

월 / 주 제	소 주 제	행사 및 현장학습
3월1주 ~ 4월2주 어린이집 생활	나는 OO반이에요 　　약속을 지켜 안전하게 놀아요 I II 어린이집은 재미있어요 I II　　나도 할수 있어요	신입원아 orientation 신입·재원생 분반활동 자체소방훈련
4월3주 ~ 4월4주 봄	꽃들이 아름다워요　　　봄에 볼 수 있어요	꽃길 산책　　　　　　봄소풍 3119 초청 소방훈련　　건강검진
5월1주 ~ 6월1주 나·가족·친구	어린이날 내가 좋아하는 것이 있어요　나는 가족을 사랑해요 I II III　　　　　　　친구가 좋아하는 것을 알아보아요	어린이날 행사 가족축제　　　　자체소방훈련
6월2주 ~ 6월4주 동물 I	내가 좋아하는 동물이 있어요 움직임과 소리가 달라요 I II	공원산책　　　　　동물농장 견학 게잡이, 다슬기 줍기　자체 소방훈련 엄마와 함께 놀이해요(어머니 참여수업)
7월1주 ~ 7월4주 건강한 생활	즐겁게 혼자 해요 I II　　우리가 먹는 음식이에요 I II	인형극 관람 수족관 견학　　　　자체소방훈련
8월1주 ~ 8월4주 여름	물놀이 I II III IV	물놀이 자체소방훈련
8월5주 ~ 9월3주 동물 II	동물을 사랑해요　　　동물원에는 여러 동물이 있어요 사는 곳이 달라요　　　I II	동물원 견학 자체 소방훈련
9월4주 ~ 10월4주 우리동네	추석이에요 어린이집 동네를 돌아보아요　가게놀이, 미장원놀이를 해요 고마운 분들이 있어요　　　병원놀이를 해요	민속놀이 또는 운동회 어린이집 동네 돌아보기 안과,치과 검진(병원방문) 자체소방훈련
11월1주 ~ 11월2주 가을	산과 들이 변했어요 과일과 채소들이 많아요	가을동산 돌아보기(산 오르기) 고구마캐기(밤줍기) 자체소방훈련
11월3주 ~ 12월2주 탈것	여러 가지 탈것이 있어요　탈것의 모양을 알아보아요 I II III　　　　　　　지켜야 할 약속이 있어요	세차장 견학·횡단보도 건너보기 아빠와 함께 놀이해요(아빠 참여수업) 소방관 초청 소방훈련
12월3주 ~ 1월4주 겨울	추워요　　　　겨울철 놀이를 즐겨요 I II III IV 크리스마스	크리스마스 행사 자체 소방훈련
1월5주 ~ 2월2주 우리나라	우리나라 음식과 옷이 있어요 전통놀이는 재미있어요　　설날이에요	자체소방훈련
2월3주 ~ 2월4주 형·언니가 되어요	형, 언니가 되어요 I II	형, 언니반 견학
참 고	1) 행사운영은 지역 특성이나 반편성, 어린이집의 상황에 따라 융통성 있게 운영하도록 한다. 2) 온가족 참여 행사는 연 1회 정도가 적절하며 가족축제 민속놀이, 운동회 등을 할 수 있다. 3) 민속놀이의 경우 우리나라 주제시 이루어지는 것이 더 적절할 수 있으나 날씨와 어린이집 공간 　활용을 감안한다면 추석에 맞추어 운영하여도 바람직할 수 있다.	

주제   어린이집 생활

실시기간 : 3월 1주 ~ 4월 2주

▶▶▶ 전개방법

유아는 새로운 반에 대해 호기심과 기대를 가지고 있으나 낯선 환경에 대한 불안감 또한 있으므로 새로운 반과 선생님, 친구들과 익숙해지고 즐거운 생활을 할 수 있도록 도와주어야 한다. 따라서 유아에 대한 개별적인 배려와 정서적인 지원을 통해 유아가 안정감을 가지고 변화된 생활을 탐색해보도록 함으로써 유아반 생활에 대한 적응이 편안하고 자연스럽게 이루어질 수 있도록 한다.

「어린이집 생활」 주제는 유아가 어린이집을 안전하고 즐겁고 재미있는 곳이라고 느낄 수 있는 활동을 시작으로 전개한다. 또한 어린이집에서 일어나는 여러 문제 상황들에 대해 직접적인 경험을 통해 반복 지도함으로써 유아가 기본생활습관을 형성할 수 있도록 돕고, 놀잇감 및 시설물의 사용법이나 함께 지켜야 할 규칙에 대해 일관성 있게 안내하여 안전하게 행동할 수 있는 생활 태도를 가지도록 한다. 재원아에게는 새로운 반에서 할 수 있는 것이나 새로운 친구 등의 주제를 강조하고, 신입 원아의 경우는 어린이집에서의 적응에 초점을 두어 좀더 여유 있게 활동을 진행하도록 한다.

유아에게 친숙한 자료들을 가정에서 가져오도록 하여 이를 활용함으로써 유아들이 새로운 반에 잘 적응하여 새로운 관계를 형성하도록 하며, 어린이집에서 다루는 보육 활동 중 가정으로 연장될 수 있는 것은 학부모에게 통신을 통해 알려주어 연계되도록 한다.

▶▶▶ 환경구성

	쌓기놀이영역	역할놀이영역	미술영역	언어영역	탐색 · 조작영역	음률영역

실 내	· 종이벽돌 블록
	· 우레탄 블록
	· 공간 블록
	· 레고 블록
	· 단위 블록
	· 장난감피아노
	· 장난감 놀이 기구
	· 사람 인형 등
		· 밀가루 반죽
		· 여러 종류의 옷
		  (드레스, 양복,
		  앞치마, 치마,
		  넥타이 등)
		· 화장대
		· 소꿉그릇
		· 싱크대
		· 냉장고
		· 플라스틱 칼
		· 작은 도마
		· 음식 모형
		· 안전가위
		· 전화기
		· 밀대
		· 모양찍기틀
		· 인형 옷가지들
		· 거울
			· 스케치북
			· 크레파스
			· 색연필
			· 도화지
			· 색종이
			· 잡지
			· 풀
			· 모양 색종이
			· 잡지
			· 신문지
			· 색지 조각
			· 휴지통
			· 종이상자 및
			  폐품들
			· 투명 테이프
			· 집게
			· 스티로폼
			· 본드
			· 스펀지
			· 스펀지 찍기틀
			· 모양종이
			· 생일 달력
			· 생일 축하 카드
			· 물감 접시
			· 물감
			· 찰흙
			· 찰흙판
			· 다양한 종이류
				· 그림책 :
				「늑대와 일곱 마리
				  아기염소」
				「꼭꼭 숨어라」
				「요술장이 곰돌이」
				「피노키오」
				「아기코끼리 유치원」
				「아기돼지 삼형제」
				「영희와 장난감 」
				「안전한 어린이집
				  생활」에 관련된 책
				· 방송동화:
				「백설공주」
				· 동시판:
				「난 혼자서」
				「약속」
				· 유아 이름표
				· 융판
				· 수수께끼 상자
				· 책에 대하여 자료
				· 인사를 잘해요
				· 인형 및 소품 들
				· ○○반에서 지켜야
				  할 약속
				· 사진 및 그림 자료
				· 상황에 따른 적절한
				  언어 익히기 카드
				· 동화:
				「고양이 집에
				  불났네」
				· 융판동화:
				「커다란 무」
				· 빌려줄래? 고마워!
					· 빨강 · 파랑 · 노란색
					· 볼풀공
					· 플라스틱통
					· 플라스틱 바구니
					· 확대경
					· 어린이집 놀이영역
					  퍼즐
					· 마카로니
					· 숟가락
					· 마카로니 담을 그릇
					· 감각상자
					· 하루일과 퍼즐
					· '내 자리에 찾아
					  주세요' 그림자료 및
					  그림판
					· '약속지키기'
					  그림카드
					· 다양한 모양 ·
					  두께의 스펀지
					· 색 · 모양 퍼즐
					· '과자 샌드위치
					  만들기' 요리순서표
					· 방울 달린 빨래집게
					· 우산과 사람 교구
					· 큰 구슬 끼우기
						· 노래악보 및 테이프:
						「당신은 누구십니까」
						「그냥 두고 나갔더니」
						「반갑다 」
						「노란 병아리
						  삐쭉이 빼쭉이」
						「방향노래」
						「꼭꼭 약속해」
						「용서하는 아이」
						「모두다 흡흡흡」
						· 탬버린
						· 캐스터네츠
						· 리듬막대
						· 트라이앵글
						· 큰북
						· 소고

실 외	실외놀이기구, 안전 널판지, 미끄럼틀, 모래놀이 그릇 · 숟가락, 모래놀이, 체, 병아리 그림, 모양판, 가벼운 공, 색 테이프, 자전거, 바람개비, 풍선채, 풍선					

주간보육계획안

소주제 : 나는 ○○반이예요   실시 기간 : 3월 1주

		월	화	수	목	금	토
등원 및 맞이하기		선생님과 인사하고 자기 반 이름 이야기하기					
실내자유선택활동	**쌓기놀이영역**	◎ 높이 쌓아요 와플 블록 연결하기 종이 벽돌과 단위 블록으로 길게 이어보기					
	역할놀이영역	밀가루 반죽놀이 ¹⁾ (주무르기, 두드리기, 길게 늘여보기, 밀대로 밀기, 긁어보기, 잘라보기) 여러 종류의 옷 입어보기(드레스, 양복, 앞치마, 치마, 넥타이 등) 거울에 모습 비춰보기					
	미술영역	다양한 종이에 긁적 거리기 마음대로 그리기(사인펜, 색연필, 크레파스 등 제시)					
	언어영역	그림책:「늑대와 일곱마리 아기 염소」「꼭꼭 숨어라」「요술장이 곰돌이」「하루일과」 사진책 보기					
	탐색 · 조작영역	거북이 관찰하기 놀잇감 탐색하기 확대경으로 사물 바라보기					
	음률영역	노래:「당신은 누구십니까?」 여러 가지 악기 소리 내보기					
대 · 소집단활동		◎ 전이활동: 나는 ○○반이예요 새 노래:「당신은 누구십니까?」					
실외자유선택활동		실외놀이 기구 탐색하기 자유롭게 뛰어보기					
점심 및 낮잠		자기 이불과 자리 찾기					
기본생활습관		음식 먹기 전 손 씻기					
교육활동참고		1) 밀가루 반죽놀이 · 처음 제시할 때 주무르기, 두드리기, 늘여보기 등 밀가루 반죽의 특성을 충분히 탐색해 보게 한다. · 점차 밀대, 빗 등을 첨가하여 밀기, 긁어보기, 잘라보기 등의 활동이 이루어질 수 있도록 한다.					

주간보육계획안

소주제 : 어린이집은 재미있어요 I　　　　　　　　　　　　　　　**실시 기간 : 3월 2주**

		월	화	수	목	금	토
등원 및 맞이하기		선생님과 친구들에게 반갑다 인사하기					
실내자유선택활동	쌓기놀이영역	꽃 블록, 와플 블록으로 자유롭게 구성하기 종이벽돌 블록과 우레탄 블록으로 높이 쌓아보기 / 같은 색깔끼리 쌓아보기					
	역할놀이영역	◎ 밀가루 반죽으로 음식을 만들어요 가방 메고 어린이집 등원하기		음식상 차리기 (소품들 탐색하기-음식 모형, 그릇, 싱크대, 냉장고 등)			
	미술영역	도화지에 색종이나 잡지 찢어 붙이기 　　　　　　　　　　　△ㅁㅇ도형으로 목걸이 만들기 1)					
	언어영역	그림책: 「피노키오」 선생님의 인사말 듣기 3)	「아기코끼리 유치원」 자기 이름표 융판에 붙여보기		동시: 「난 혼자서」 2)		
	탐색 · 조작영역	마카로니 속의 동물찾기	◎ 만져보기 　　하루일과 퍼즐				
	음률영역	노래: 「그냥 두고 나갔더니」		◎ 발바닥 따라가기			
대 · 소집단활동		◎ 이야기 나누기: 어린이집의 하루 생활 새 노래: 「그냥 두고 나갔더니」　　　　그림동화: 「알아서 척척」					
실외자유선택활동		자유롭게 뛰어 보기　　　　안전 널빤지 건너기　　　　숟가락 이용하여 모래를 그릇에 담아보기					
점심 및 낮잠		조용한 음악 들으며 잠들기					
기본생활습관		높이 쌓은 블록 위에서부터 정리하기 블록을 쌓아서 넘어뜨릴 때는 친구들이 없는 곳으로 밀기					
교육활동참고		1) △ㅁㅇ도형으로 목걸이 만들기: 잘라진 ㅁㅇ△모양 종이에 펀치로 구멍을 뚫고 빵끈에 끼워 목걸이를 만들어 본다. 이때 빨대를 잘라 함께 제공한다. 2) 난 혼자서: 난 혼자서 이를 닦지요/이젠 아기가 아니니까요/난 혼자서 밥을 먹지요/이젠 아기가 아니니까요〈교육부. 제6차 유아교육과정교수활동자료. 집단활동 동시자료 교사 지침서. p40.〉 3) 선생님의 인사말 듣기: 새로운 반이 되어 교사와 얼굴을 익힐 즈음, 직접 선생님 목소리로 각 유아의 이름과 유아들에게 하고 싶은 이야기를 녹음하여 언어영역에 제시해 두고 유아들로 하여금 들어볼 수 있게 한다.					

주간보육계획안

소주제 : 어린이집은 재미있어요 Ⅱ　　　　　　　　　　　실시 기간 : 3월 3주

		월	화	수	목	금	토
등원 및 맞이하기		엄마와 헤어질 때 유아가 느끼는 감정 수용해주기					
실내자유선택활동	쌓기놀이영역	종이벽돌 블록과 공간 블록으로 주차장 만들기(폐쇄공간)					
	역할놀이영역	음식 모형으로 상 차리기(친구, 선생님 초대하기) 　　　　　　　설거지 놀이하기　　　　　　　유모차에 인형 태우고 시장 가기					
	미술영역	여러 재질의 종이 탐색해보기 1)　　　　　　　종이상자 및 폐품 탐색하고 만들기					
	언어영역	그림책:「아기돼지 삼 형제」 수수께끼 상자: 놀이실에서 볼 수 있는 것　　　　　　　책에 대하여 2)					
	탐색·조작영역	영역촉감상자(놀이실 놀잇감)　　　　　　　사포 숫자 3)					
	음률영역	노래:「삐쭉이 빼쭉이」　　　　　　◎「방향 노래」					
대·소집단활동		새 노래:「방향노래」　　　　　　그림동화:「누가 내 머리에 똥 쌌어?」 　　　　　　동화:「누구하고 놀지?(실물 화상기 이용)」 전이활동: 오늘은 어떤 놀이를 했나?					
실외자유선택활동		가볍게 깡총춤 뛰기　　　　　　　체로 쳐서 고운 모래 만들기					
점심 및 낮잠		"잘 먹겠습니다" 말하고 식사하기					
기본생활습관		어린이집 선생님께 "안녕하세요" 인사하기					
교육활동참고		1) 여러 재질의 종이 탐색해보기 ・'여러 종류의 종이 찢기나 꾸미기' 활동의 사전활동으로 제시될 수 있다. － 너희가 가지고 간 종이를 한번 만져볼까? 어떤 느낌이 드니? 2) 책에 대하여 ・책을 소중히 보는 방법, 책을 정리하는 방법 등에 대해 생각해보게 한 후 직접 해 본다. 3) 사포 숫자 ・사포로 숫자(1~5)를 만들고 사포로 만들어진 숫자를 손으로 따라 써본다. ・사포의 질감을 손으로 느끼면서 숫자의 모양을 경험해본다.					

주간보육계획안

소주제 : 약속을 지켜 안전하게 놀아요 I　　　　　　　　　　　**실시 기간 : 3월 4주**

		월	화	수	목	금	토
등원 및 맞이하기		기분이 어떤지 이야기하며 맞이하기					
실내자유선택활동	쌓기놀이영역	종이벽돌 블록으로 어린이집 짓기 (놀이 기구, 피아노, 사람 인형 등 소품 이용)			레고로 생일 케이크 만들기		
	역할놀이영역	◎ 밀가루 반죽 가위로 잘라보기		생일 축하 놀이	거울 보고 화장해보기		
	미술영역	큰 빨래집게로 집은 스펀지로 물감찍기 1)		◎ 생일 축하 카드 만들기			
	언어영역	○○반에서 지켜야 할 약속(실제 유아들의 활동사진 제시) 그림책:「영희와 장난감」			동물 손 인형과 인사하기 ◎ 인사를 잘해요		
	탐색 · 조작영역	약속지키기 그림카드 분류 스펀지 탐색 2)		◎ 같은 모양을 올려놓아요			
	음률영역	신체표현: 모두 움직여 봐요 3) 노래:「꼭꼭 약속해」		◎ 가까이 멀리 「멈춤놀이」			
대 · 소집단활동		이야기 나누기: ○○반에서 지켜야 할 약속(유아들의 실제 활동사진이나 VTR 자료 제시) 그림동화:「아기다람쥐의 눈물」　　　　　　　　　인형극:「인사를 잘해요」 4) 새 노래:「꼭꼭 약속해」　　　　　　　　　　　생일 축하하기					
실외자유선택활동		순서 지켜서 자전거 타기　　　　　　　　　　◎ 큰 소리로 외쳐봐요 병아리 입 속에 공 던지기 5)					
점심 및 낮잠		입 안에 있는 음식 다 먹고 난 후 말하기					
기본생활습관		장난감을 가지고 논 후 제자리에 정리하기					

교육활동참고	1) 큰 빨래집게로 집은 스펀지로 물감찍기 　- 종이 위에 마음대로 찍어보자 　- 스펀지를 돌리면서 그려볼까? 　- 가늘게 해보자 　- 굵게도 그려볼 수 있을까? 2) 스펀지 탐색 　- 스펀지를 꾹 뭉쳤다가 손을 펴면 어떻게 될까? 　- 물 위에 놓아보자, 어! 물이 없어졌네? 　- 스펀지가 무거워졌네, 꽉 쥐어볼까? 3) 모두 움직여 봐요 　〈홍용희 외(1998). 유아를 위한 동작교육의 이론과 실제. 다음세대. Tape 1-A면 참조〉 4) 인사를 잘해요 　• 기본생활습관 교구 '인사를 잘해요' 활동내용을 인형극틀과 가족인형을 활용하여 인형극을 보여준다. 5) 병아리 입 속에 공 던지기 　〈병아리가 입을 벌리고 있는 모양판〉 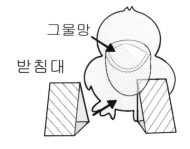  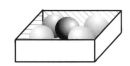 　그물망 　받침대 　• 모양판을 세울 수 있도록 만들어 구멍난 입 뒷면에 그물주머니를 연결해 공을 던져넣을 수 있도록 한다. 　• 경계선의 거리와 공의 크기 등으로 난이도를 조정해주어 유아가 성공을 경험하도록 해준다.

주간보육계획안

소주제 : 약속을 지켜 안전하게 놀아요Ⅱ　　　　　　　　　　　　**실시 기간 : 4월 1주**

		월	화	수	목	금	토
등원 및 맞이하기		유아의 건강 상태 파악하기　　　손인형 이용하여 인사하기					
실내자유선택활동	**쌓기놀이영역**	레고로 어린이집 꾸미기　　　공간 블록으로 어린이집 만들기					
	역할놀이영역	어린이집 놀이 　　　전화놀이(우리집에 전화걸기, 선생님, 친구들과 휴대폰으로 전화하기)					
	미술영역	데칼코마니　　　데칼코마니 위에 그림 그려보기 　　　◎ 여러 종류의 종이 찢거나 잘라 꾸미기					
	언어영역	그림책:「안전한 어린이집 생활에 관한 책」　　　　「그네 좀 태워줘!」 상황에 따른 적절한 언어 익히기 1)　　　◎「고양이 집에 불 났네」					
	탐색 · 조작영역	색 · 모양 퍼즐　　　많다 적다 분류하기 2) 　　　◎ 요리: 과자 샌드 만들기　　씨앗 만져보고 탐색하기					
	음률영역	노래:「용서하는 아이」　　「차례차례」　　「모두 제자리」　　◎ 신체표현: 오뚝이					
대 · 소집단활동		동화:「웅덩이에 빠진 곰돌이」　　　　　동시:「담 모퉁이」3) ◎ 새 노래:「싹싹 닦아라」　　◎ 게임: 오뚝이 쓰러뜨리기 　　　신체표현: 씨앗 　　　　　　　　◎ 소방 대피 훈련					
실외자유선택활동		미끄럼틀 차례 지켜 타기　　　씨앗, 모종 심기					
점심 및 낮잠		먹은 그릇은 스스로 정리하기					
기본생활습관		가위를 전해줄 때는 상대 편으로 손잡이가 향하도록 잡기 가위를 들고 다녀야 할 때는 가위 끝부분 잡기					

| 교육활동참고 | 1) 상황에 따른 적절한 언어 익히기
〈상황판〉화장실에 가고 싶어요, 쉬고 싶어요, ~이 필요해요, 옷을 갈아입고 싶어요.

2) 많다 적다 분류하기
·분류판과 수가 다른 같은 종류의 그림카드를 제시하여 분류한다.

3) 담 모퉁이

　　〈담 모퉁이〉
　　　　　　　　　　윤석중

담모퉁이를 돌아가다가
수남이하고 이쁜이하고 마주쳤습니다
꽹! 이마를 맞부딪치고 눈물이 핑~
울 줄 알았더니 하하하
얼굴을 가리고 하하하
울상이 되어 하하하

〈배경판〉
·4절 하드보드지를 반으로 접은 후 색지를 붙이고 밑부분을 꾸민다.

〈인형〉
① 웃는 얼굴 우는 얼굴의 남여 아이를 그려서 오린다.
② 인형의 머리부분 뒷면에 빨대를 부착한다.
③ 빨대의 주름 부분을 배경판 위에서 꺾어지도록 하여 손으로 잡고 인형을 조작한다.
·교실에 배치된 손인형이나 막대인형을 활용할 수 있다.
·반 유아들의 이름을 넣어 활용할 수 있다. |

주간보육계획안

소주제 : 나도 할 수 있어요   실시 기간 : 4월 2주

		월	화	수	목	금	토
등원 및 맞이하기		유아들이 입고 온 옷의 색, 무늬에 대해서 이야기하기					
실내자유선택활동	**쌓기놀이영역**	종이벽돌 블록 높이 쌓아보고 무너뜨리기(친구 없는 곳으로 무너뜨리기) ◎ 그림 위에 단위 블록 놓기					
	역할놀이영역	인형옷 입히기 1)		밀가루 반죽 놀이(밀대로 밀기, 모양찍기)			
	미술영역	전통 바람개비 만들기 2)		핑킹가위로 잘라보기			
	언어영역		융판동화:「커다란 무」		◎「빌려줄래? 고마워!」		
	탐색 · 조작영역	◎ 빨래집게 이어 마음대로 구성하기 순서대로 놓아보기(우산과 사람)				◎ 같은 색을 찾아주세요	
	음률영역	노래:「손을 씻어요」	신체표현: 모두다 홉홉홉 뛰어라			◎ 굽혔다 펴기	
대 · 소집단활동		이야기나누기: 화장실 사용법 3) 새 노래:「손을 씻어요」 4)			◎ 전이활동: 혼자입고 벗어요 ◎ 동시:「벌써 나 혼자 했어요」		
실외자유선택활동		바람개비 들고 뛰어보기		◎ 풍선채 치기		◎ 선 따라 걷기	
점심 및 낮잠		입에 든 음식 삼킨 후 이야기하기					
기본생활습관		화장실에서 차례대로 줄서기 화장지 적당량 사용하고 휴지통에 넣기					

교육활동참고	1) 인형옷 입히기 · 남여 인형과 단추, 후크, 끈, 찍찍이, 고리 등으로 된 인형옷(바지,치마, 상의, 스카프, 여러 종류의 천 이용)을 제시하고 유아들이 자유롭게 인형에게 옷을 입혀볼 수 있게 한다. 2) 전통 바람개비 만들기 〈활동자료〉 수수깡, 빨대, 할핀, 색종이(다양한 크기의 직사각형), 양면 테이프 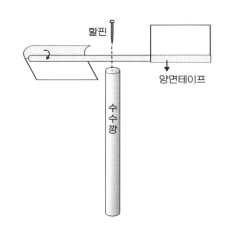 ① 색종이 아랫면에 양면 테이프를 붙인 후 반으로 접어 선 따라 가위로 오린다. ② 자른 색종이에 있는 양면 테이프의 겉지를 제거한 후 빨대 끝에 밀착하여 붙인다. ③ 똑같은 방법으로 반대편도 방향을 고려하여 붙인다. ④ 빨대 중앙에 할핀을 꽂은 후 수수깡에 꽂는다. 3) 화장실 사용법 '이젠 혼자 해요'〈한국어린이육영회, 영아용 그림책〉그림책을 확대 스캔하여 화장실 벽면에 게시해주어 화장실 사용법을 실제 해볼 수 있도록 한다. 4) 손을 씻어요 〈활동자료〉 손을 씻어야 할 상황의 그림자료(미술활동 후, 모래놀이 후, 점심 먹기 전 등) · 그림 자료를 보여주며 손이 어떻게 되었는지 이야기한다. - 물감 찍기를 하고 나니 손이 어떻게 되었니? - 더러워졌구나, 어떻게 해야 할까? - 또 어느 때 손을 씻어야 할까? - 손을 씻으려면 무엇이 필요하니? · 사전에 녹음된 음악 또는 악기를 이용하여 음을 자연스럽게 익힐 수 있도록 한다. **손을 씻어요** 

높이 쌓아요

3월 1주

활동목표	• 블록으로 높이 쌓아본다.
집단크기	소집단
활동자료	큰 종이벽돌 블록
활동방법	1. 유아들이 종이벽돌 블록에 관심을 보일 때 교사가 개입을 한다. – 이 벽돌 블록을 갖고 무엇을 만들고 싶니? – 이 블록들을 높이 쌓아볼까?

2. 유아들끼리 종이벽돌 블록
   을 높이 쌓을 수 있도록
   도와준다.
   – 하나, 둘, 셋…,
     쓰러질 것 같은데?
     벽돌블록이 쓰러지지 않도
     록 할 수 있는 방법을 찾아
     보자,
   – 아까보다 많이 쌓았구나,
   – ○○는 키 보다 더 높이 쌓았네,

3. 높이 쌓은 블록을 내려놓는 방법에 대해 이야기나눈다.
   – 높이 쌓은 블록을 무너뜨리지 않고 내릴 수 있을까?
     그렇구나, 위에서부터 차례로 내릴 수 있겠구나,

참 고	• 유아들이 활동에 익숙해지면 큰 종이벽돌 블록과 작은 종이벽돌 블록을 섞어서 쌓게
	  한다.
	• 대부분의 유아는 종이 블록으로 '쌓았다 무너뜨리기' 놀이를 즐겨하므로 바닥에 카펫
	  등을 깔아주어 소음을 줄여주도록 한다. 이때 친구가 없는 쪽으로 무너뜨릴 수 있도록
	  도와준다.

대·소집단활동
전이활동

나는 ○○반이에요

활동목표	· 반 이름을 안다. · 새로운 선생님, 친구들과 반갑게 인사한다.
집단크기	개별 · 대소집단
활동자료	손가락 인형, 반을 표시한 그림, 유아들의 이름표 〈손가락 인형(토끼)〉 부직포, 실, 가위, 바늘, 본드, 눈 2개 ① 7×7cm로 자른 부직포 2장을 준비한다. ② 부직포 2장을 포개어서 토끼 모양을 그리고 오려낸다. ③ 손가락이 들어갈 구멍을 남기고 꿰맨다. ④ 눈을 본드로 붙이고, 얼굴 표정을 만든다. 〈반을 표시한 그림〉 ① A4 용지에 반을 표시하는 그림을 그려 코팅한다(예: 소라 그림과 '소라반' 글씨). ② 반을 표시한 그림은 교실 문 앞에 붙인 것과 동일한 것으로 한다. 〈유아들의 이름표〉 · 유아의 사진(반명함판)을 붙이고 이름을 써서 이름표를 만들고 옷핀을 달아둔다.
활동방법	1. ○○반에 온 첫날, 유아들이 등원할 때 반갑게 맞이하여 이름표를 달아준다. 2. 자유선택놀이 도중 자연스럽게 유아들의 이름을 넣어 '반갑다' 노래를 불러준다. 3. 전이시간에 교사가 손가락에 인형을 끼고 「반갑다(안희옥 요)」 노래를 부른 후 이야기 나눈다. 　- 얘들아 안녕! 나는 토끼야. 그런데 여긴 어디지? 　- (반을 표시한 그림을 보여주며) 여기가 ○○어린이집 ○○반이구나! 　　그럼, 이것을 여기다 두고 가도 되겠구나.

4. 손가락 인형을 벗은 후 반표시 그림을 보며 아이들과 이야기 나눈다.
- 토끼가 가져온 이 그림이 뭘까?
  너희들이 표시를 또 어디서 보았니?
- 우리 모두 ○○반이구나.
  선생님도 ○○반이야. 그리고 선생님 이름은 ○○○이야.

5. 새로운 선생님과 친구들을 만나서 기분이 어떤지 이야기해본다.
- 선생님은 너희들과 만나게 되어서 참 좋단다. 너희들은 어떠니?

| 참 고 | ・이후 아이들이 이름표를 달고 활동하도록 하고 하원시 인사 나눌 때 이름표를 떼어 둔다.
・매일 아이들이 등원할 때 인사 나누며 이름표를 달아주고 활동하도록 한다.
・언어영역의 기본 자료인 손인형을 사용해도 가능하다. |

실내자유선택활동
역할놀이영역

밀가루 반죽으로 음식을 만들어요

3월 2주

활동목표	・밀가루 반죽의 촉감을 느껴본다. ・밀가루 반죽을 이용하여 여러 가지 음식을 만들어 본다.
집단크기	소집단
활동자료	색밀가루 반죽(밀가루 2컵, 식용유 1/4컵, 물 1/4컵, 소금 3/4티스푼, 식용색소), 도마, 플라스틱 칼, 밀대 〈밀가루 반죽〉 ① 식용색소와 소금을 60℃정도의 물에 미리 풀어놓는다. ② 밀가루에 ①과 식용유를 넣어 잘 섞는다.
활동방법	1. 밀가루 반죽, 도마, 밀대, 플라스틱 칼을 유아들에게 소개한다. – 선생님이 가지고 온 바구니 속에 무엇이 들었는지 만져볼까? – 만져보니 어떤 느낌이 나니? 무엇일까? – 그래, 밀가루 반죽이구나. – 우리 마음대로 주물러보자. 2. 유아가 밀가루 반죽의 특성을 마음대로 탐색해보도록 도와준다. – 두드려 볼까? 손가락으로 꾹꾹 눌러볼까? – 길다랗게 만들려면 어떻게 하면 될까?
참 고	・밀가루 반죽놀이는 다양한 역할놀이에 이용될 수 있는데 학기 초에는 반죽을 가지고 충분히 탐색할 수 있도록 도와주고, 간단한 상차리기나 밥짓기 등의 활동과 연결시켜준다.

만져보기

3월 2주

활동목표	· 촉감을 말로 표현해본다. · 손의 촉감을 이용해서 어떤 사물인지 추측해본다.
집단크기	소집단
활동자료	안을 들여다볼 수 없는 감각상자, 놀이실에 제시되어 있는 작은 놀잇감들(레고 조각, 나무블록, 캐스터네츠, 색연필, 소꿉용 그릇, 수수께끼카드 등 각 영역별로 1~2개씩)

활동방법

1. 감각상자에 관심을 보이는 유아로 하여금 탐색해보게 하고 놀이방법에 대해 알아본다.
   - 여기 상자가 하나 있네,
   - 얘들아 이 상자는 열 수 있니?
   - 선생님도 상자 안이 보이지 않으니까 무엇이 들어있는지 알 수가 없구나,
     어떻게 하면 무엇이 들어 있는지 알 수 있을까?
   - ○○이가 좋은 생각을 했구나, ○○이가 한번 손을 넣어 보겠니? 잡았니?

2. 만졌을 때의 느낌을 언어로 표현해보게 한다.
   - 어떤 느낌이 나니? 딱딱해? 푹신푹신해?

3. 유아가 꺼내기 전에 만지고 있는 놀잇감이 무엇인지 예상해보게 한다.

   – 무엇인 것 같니? 그래? 왜 그렇게 생각하니?

4. 만진 놀잇감을 꺼내어 확인해 본다.

5. 놀잇감의 사용방법이나 자리에 대해 이야기해본다.

   – 어떤 놀이를 할 때 사용하는 걸까?

   – 어디에 있는 놀잇감이니?

참　　고   · 익숙해지면 유아들이 놀이실에서 놀잇감을 하나씩 골라와서 넣고 함께 맞춰보는 놀이를 할 수 있다.

발바닥 따라가기

활동목표	· 리듬에 맞춰 몸을 움직여본다. · 균형 감각을 익힌다.
집단크기	소집단
활동자료	왼발·오른발 발바닥판, 리듬막대 2개 - 유아들의 발바닥 크기에 맞게 발바닥 판을 만든다.
활동방법	1. 유아들의 발바닥 크기에 맞게 발바닥 판을 바닥에 붙여놓는다.

2. 놀이를 하기 위해 준비한 것을 제시한다.
   - 여기에 있는 것이 무엇일까?
   - 이것을 가지고 무엇을 할 수 있을까?
   - 발바닥 모양에 네 발을 놓아볼까?

3. 놀이 방법에 대해 이야기한다.
   - 선생님이 오늘은 리듬막대를 가지고 왔어.
   - 선생님이 막대를 두드릴 때 마다 발바닥을 옮겨 가는 거야.
   - 선생님이 먼저 해볼게.
     (입으로 막대소리를 내며 시범을 보인다.)
   - 이번에는 누가 해볼까?

4. 리듬막대로 다양한 리듬을 쳐준다.

참 고	· 발바닥을 붙일 때는 유아의 보폭을 고려하여 적당한 간격으로 붙여 유아들이 쉽게 움직일 수 있도록 한다. · 유아가 좋아하는 노래에 맞춰서 해 볼 수도 있다.

대 · 소집단활동
이야기 나누기

3월 2주

어린이집의 하루 생활

활동목표	· 어린이집의 하루일과를 알 수 있다. · 어린이집의 하루일과를 순서대로 나열해볼 수 있다.
집단크기	중 · 소집단
활동자료	어린이집의 하루일과를 나타낸 그림 카드(또는 사진) 8장 ① 등원 · 간식 · 자유선택활동 시간의 영역 활동 그림, 대집단 활동 · 실외놀이 · 점심 · 낮잠, 정리정돈 시간의 그림을 15×20cm 크기로 그린다. 이때 사진의 경우에는 실물 화상기를 이용하거나 확대 스캔하여 사용할 수 있다. ② 그림을 코팅한다. ③ 뒷면에 까슬이를 붙인다.
활동방법	1. 그림카드(사진)를 보면서 그림(사진)의 내용을 유아와 함께 알아본다. 　- 아이들이 무엇을 하고 있니? 　- 이런 때를 무슨 시간이라고 할까? 2. 오늘의 일과를 생각하면서 그림카드(사진)와 연결시키고 융판에 붙인다. 　- 우리가 어린이집에 와서 제일 먼저 무엇을 했니? 　　여기 있는 그림(사진) 중에서 찾아보자. 　- 그 다음에는 무엇을 했니? 3. 언어영역에 융판과 함께 비치해 유아가 붙여 볼 수 있도록 한다.
참　고	· 하루를 지내면서 유아들에게 각각의 그림카드(사진)를 보여주면서 그림(사진) 내용에 익숙해지도록 한다. 　(예: 놀이 시간이 끝나고 정리하는 시간임을 알릴 때 정리정돈 그림카드(사진)를 보여주면서 '이제 정리할 시간이다. 자기가 가지고 놀던 장난감을 치우자'라고 안내한다.)

방향 노래

3월 3주

활동목표	・주변 사물의 이름과 위치에 관심을 갖는다. ・지시어에 따라 방향을 가리켜본다.
집단크기	소집단
활동자료	녹음기, 음악 테이프「방향노래」
활동방법	1. 영역에 음악을 틀어주고 관심을 갖는 유아들과 자연스럽게 모여 앉아 함께 해본다. 　- 손을 앞으로 해 보자, 손을 뒤로, 이번에는 손을 옆으로 하고, 반대편을 가리켜 보자, 　- 우리 교실에 문이 어디 있니? 문 꼭대기를 손가락으로 가리켜 볼까? 문 아래쪽은 어디일까? 　　책상은 어디 있지? 책상을 가리켜 보자, 2. 노래를 들려준다. 3. 유아들을 모두 일어나게 한 후 자기자리를 넓게 차지하도록 한다. 4. 노래말에 따라 움직여보게 한다.

참　　고	・익숙해지면 노래말을 바꾸어서 해본다. 　예) 손→엉덩이/문 꼭대기는→책 보는 곳은 　　　문 아래쪽은→소꿉놀이는/책상 위를→피아노를 　　　책상 밑을→선생님을

실내자유선택활동
역할놀이영역

3월 4주

밀가루 반죽 가위로 잘라보기

활동목표	· 안전가위로 밀가루 반죽을 자를 수 있다.
집단크기	소집단
활동자료	밀가루 반죽, 안전 가위 등
활동방법	1. 밀가루 반죽을 제시한다.

2. 각자의 방식대로 반죽을 잡아 늘여보거나 밀어보며 탐색하게 한다.
   - 반죽을 길게 밀어볼까? 뱀 같기도 하구나.
   - ○○는 반죽을 손바닥에 놓고 문지르니까 동그랗게 되었구나.
   - 우리 손으로 잡아당겨서 반죽을 잘라보자. 영-차!

3. 유아에게 밀가루 반죽을 자를 수 있는 날이 무딘 안전가위를 준다.

4. 유아들이 직접 반죽을 잘라보도록 한다.
   - 이번에는 반죽을 가위로 잘라보자. 밀가루 반죽이 잘 잘라지니?
   - ○○가 길게 만든 반죽을 한 손으로 잡고 가위로 잘라보자.
   - 반죽이 2개가 되었네. 이번에는 많이 잘라서 여러 개를 만들어볼까?

5. 자른 반죽을 그릇에 담아 음식 놀이로 연결할 수 있다.
   - ○○가 자른 것을 그릇에 담아보자.
   - 맛있는 음식이 만들어졌네. 어떤 음식이니? ○○가 만든 김밥 먹을 친구 오세요.

참　　고 · 교사가 밀가루 반죽을 밀대로 얇게 밀어주면 손에 힘이 없는 유아들이 쉽게 반죽을 자를 수 있다.

생일 축하 카드 만들기

활동목표	·친구 생일에 관심을 갖고 선물하는 기쁨을 주고 받는다. ·생일카드를 자유롭게 꾸며본다.
집단크기	소집단
활동자료	교사가 오린 모양종이, 색연필, 크레파스, 생일판

〈생일판〉
·아래와 같은 생일판을 교실 벽면에 게시한다.

유아사진

월   일   요일
오늘은   의   입니다.

활동방법	1. 생일판을 보며 오늘이 누구의 생일인지 알아본다.
	   - 오늘은 ○월○일, 생일판에 친구 사진이 붙어 있네, 누구의 사진이니?
	
	2. 생일 맞은 친구에게 무엇을 해줄 수 있는지 이야기한다.
	   - 오늘 ○○의 생일을 축하해주기 위해 우리가 무엇을 할 수 있을까?
	
	3. 생일 카드 만들기에 대해 이야기를 한다.
	   - 오늘은 ○○의 생일을 축하하기 위해 선생님이 여러 가지 모양종이를 가져왔어.
	   - 여기 종이에 너희들이 그림을 그려주거나 색칠을 해서 ○○생일 축하할 때 선물로 주는거야.
	   - ○○에게 하고 싶은 말이 있으면 선생님이 카드에 적어줄께.

참 고	·만든 생일 축하 카드는 오후 생일 축하하는 시간에 아이들이나 교사가 생일선물로 전 달해 준다.

실내자유선택활동
언어영역

3월 4주

인사를 잘해요

활동목표
· 상황에 따라 인사말을 바르게 할 수 있다.
· 소품을 조작하며 스스로 읽기를 즐긴다.

집단크기 소집단

활동자료 인형, 소품 정리를 겸한 그림책

〈인형〉
① 타월천을 사람 모양으로 박아 뒤집은 후 솜을 넣고 구슬과 털실 등으로 얼굴을 만든다.
② 허리 부분은 솜을 넣지 않고 접힐 수 있도록 박음질을 한다.
　- 어린이집에 있는 봉제인형을 허리 부분만 박음질하여 사용할 수 있다.

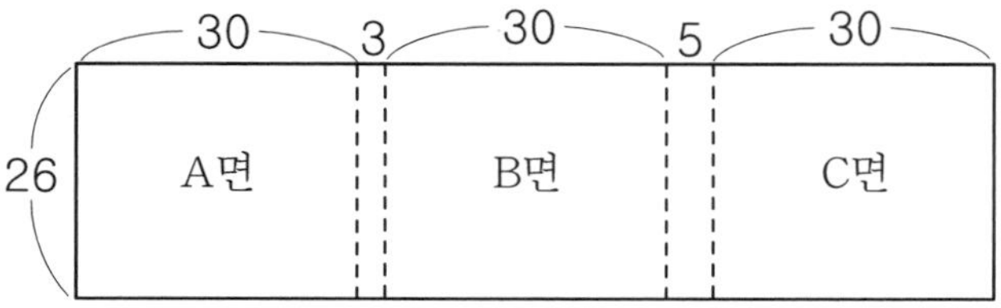

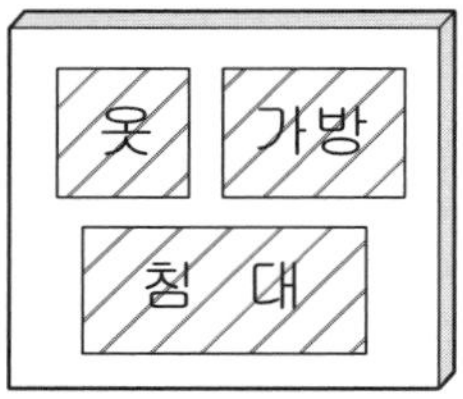

〈그림책〉

① 하드보드지(26 ×98cm)를 〈가〉모양으로 칼집을 넣어 세울수 있도록 한다.
② 라이렉스천 또는 뒷면에 접착이 가능한 천으로 ①의 B면을 제외하고 앞뒤로 감싼다.
　칼집 부분까지 꼼꼼히 붙인다.

③ 3㎝두께의 압축스펀지(26 ×30㎝) 혹은 우드락(2장 붙임)을 〈나〉처럼 잘라내고 천으로 싼후 ②의 B면에 본드로 붙인다.

④ 파낸 [   ] 부분도 천으로 싼 후 침대로 활용하며 인형옷, 모자, 가방 등은 스펀지 파낸 부분에 정리하여 사용한다.

⑤ 그림책 내용은 하드보드판 A면에 고리로 걸어서 책처럼 넘길 수 있게 한다.

활동방법

1. 침대를 꺼내 인형을 눕히고 그림책을 읽어주며 인형을 조작하는 방법을 보여 준다.
   - 이 친구는 인사를 참 잘한대, 어떻게 하는지 보겠니?

아침에 일어나 엄마, 아빠께 인사해요 "안녕히 주무셨어요?"

① 책장을 넘긴 후, 인형에게 옷을 입히고 인형의 허리를 굽히며

아빠가 회사에 가실 때 인사해요 "안녕히 다녀오세요."

② 인형의 허리를 굽히며

나도 가방메고 모자쓰고 어린이집에 가요 "다녀오겠습니다."

③ 인형에게 가방과 모자를 씌워주며

어린이집에 왔어요, "선생님, 안녕하세요."

④ 인형의 허리를 굽히며

"친구야, 안녕!"

⑤ 인형의 손을 흔들며

이제 집으로 가요, "선생님, 안녕히 계세요."

⑥ 인형의 허리를 굽히며

⑦ 인형의 허리를 굽히며

⑧ 인형의 옷을 벗기고
   허리를 굽히며 인사한 후
   침대에 눕힌다.

2. 책 내용에 익숙해지면 책장을 넘기지 않고 인형과 소품만 조작하며 상황에 맞는 인사 말을 해본다.

참   고   ·「나는 혼자 할래요(지경사)」 동화책 그림을 스캔하여 활용할 수 있다.

같은 모양을 올려놓아요

활동목표	· 모양을 변별할 수 있다. · 같은 모양을 짝 지을 수 있다.
집단크기	소집단
활동자료	그림판(하드보드 8절 크기), 여러 개의 모양 부직포

〈그림판〉
① 유아가 이불을 덮고 잠자는 그림을 그려 코팅한 후 하드보드판에 붙인다.
② 이불에 그려진 각각의 모양 위에 보슬이를 붙여준다.

〈모양 부직포 조각〉
① 이불에 그려진 모양으로 부직포를 2장 겹쳐 박음질한 후 까슬이를 붙인다.

뒷면에
까슬이

보슬이

활동방법

1. 그림판을 보며 이야기 나눈다.
   - 그림에 있는 친구들이 지금 무엇을 하고 있니?
   - 그래, 우리가 잠잘때처럼 이 친구들도 이불을 덮고 자는구나.

2. 활동방법을 이야기한다.
   - (모양 부직포를 펼쳐놓고)여기에서 이불 위의 모양과 같은 것을 찾아볼 수 있겠니?
   - 그래, 이불 위의 모양과 같은 모양을 찾아서 이불에 붙여보자.

3. 같은 모양을 찾아서 올려놓은 후 모양의 이름을 말해보게 한다.
   - ○○가 찾은 모양 이름이 뭘까? 그래, 이 모양은 동그라미구나.

가까이 멀리

3월 4주

활동목표	·몸을 자유롭게 탐색한다. ·지시어에 따라 몸을 움직여본다.
집단크기	소집단

활동방법

1. 우리 몸 각 부분의 이름을 알아보며 자유롭게 움직여본다.
   - 손은 어디있나? 여기, 코는 어디있나? 여기, 무릎은 어디있나? 여기, 귀는 어디있을까? 여기,
   - 자, 이번에는 손을 마음대로 움직여볼까?
   - 무릎은 어떻게 움직일 수 있을까?

2. 교사가 지시하는 말을 듣고 신체 부위를 가까이 또는 멀리해 본다.
   - 귀와 어깨는 서로 좋아해서 서로 잡고 싶대, 아주 가까이 대보자,
   - 이번에는 안 보고 싶대, 멀리 해볼까?
   - 코와 무릎을 가까이 해보자,
   - 코와 무릎을 멀리 해보자,

3. 유아가 2명씩 짝을 지어 신체부위를 가까이, 멀리 대본다.
   - 이번에는 친구들이랑 같이 해볼 거야,
   - 서로 마주보고, 손과 손을 가까이 해보자,
   - 머리와 머리를 가까이 해보자,
   - 머리와 머리를 멀리 해보자,
   - 등과 등을 멀리 해보자,
   - 등과 등을 가까이 해보자,

4. 활동 후 느낌에 대해 이야기해본다.

    - 가장 재미있었던 것은 어떻게 하였을 때 였니?

    - 어떻게 하였을 때 가장 힘들었니?

참　고 ┊ ·대·소집단활동이나 전이시간 등에 여러 동작을 첨가하거나 변화시켜 다양하게 표현
        할 수 있다.

        - 발과 귀를 가까이 해보자.

큰 소리로 외쳐봐요

3월 4주

활동목표	・긴장감을 해소한다.
집단크기	소집단
활동자료	신호를 위한 악기, 플라스틱 메가폰 또는 종이로 만든 메가폰.

활동방법

1. 사전활동으로 실내・외에서 어떻게 말해야 하는지 이야기한 후, 바깥에서 큰 소리로 외쳐보자고 제안한다.

2. 자연스럽게 모여선 자리에서 외쳐 본다.
   - 제일 큰 소리로 외쳐보자,
   - 더 크게 소리 낼 수는 없을까?
   - 양 손을 입에 대고 소리내어 보자, 종이 메가폰을 사용해 보자,
     종이 메가폰에 대고 소리를 내니 어떠니?

3. 선생님이 정해준 말로 외쳐 보게 한다.
   - 안녕하세요! 나는 ○○○입니다,
   - 미끄럼틀 위에서 '안녕하십니까?' 외쳐 보자,

4. 팀을 나누어 교사가 정해주는 말로 외쳐본다.
   - ○○쪽에 있는 친구는 '안녕하세요' 외쳐보자,
   - △△위에 있는 친구는 '반갑습니다' 외쳐보자,
   - 어느 쪽에 있는 친구 목소리가 더 컸을까?

참 고

• 활동 후 느낌에 대해 이야기해보고 실내에서 큰 소리로 외치는 것에 대해 이야기 나눌 수 있다.
　- 큰 소리로 외쳐보니 기분이 어떠니?
　- 교실에서 이렇게 큰 소리로 외치면 어떨까?
　- 친구를 방해하지 않는 곳에서 큰소리로 외쳐보자,

여러 종류의 종이 찢거나 잘라 꾸미기

4월 1주

활동목표	· 여러 가지 재질의 종이를 다양한 형태로 찢거나 잘라보고 자유롭게 꾸며본다.
집단크기	소집단
활동자료	흰 도화지, 가위, 풀, 여러 종류의 색과 재질이 다른 종이류(신문지, 색도화지, 잡지, 포장지 등) - 여러 종류의 재질이 다른 종이들을 적당한 크기로 잘라 바구니에 담아 제시한다.

활동방법	1. 유아들이 여러 종류의 종이를 탐색하고 자유롭게 찢거나 잘라본다.
	   - 종이를 이렇게 길게 쭈욱 찢어볼까? 아주 긴 종이끈이 생겼구나.
	   - 종이를 작게 잘라볼까?
	
	2. 찢어진 종이를 동그랗게 뭉쳐본다.
	   - 종이를 뭉쳐 공처럼 만들어볼까?
	
	3. 찢거나 자른 종이 조각과 공처럼 뭉친 것들을 모아 도화지에 붙여본다.
	   - ♡♡는 종이를 가위로 잘랐구나.
	   - 종이에 풀칠을 해보자. 풀칠한 쪽을 밑으로 해서 붙여보자.

참　　고	· 유아들이 꾸민 종이를 교실 안의 벽면에 게시하여 유아들이 보고 즐길 수 있도록 해준다.

실내자유선택활동
언어영역

4월 1주

고양이 집에 불났네

활동목표 · 불조심의 필요성에 대하여 안다.
· 불이 났을 때의 대처방법에 대해 관심을 갖는다.

집단크기 소집단

활동자료 「고양이 집에 불났네」 동화책
① 고양이 얼굴 모양의 종이를 같은 크기(25×25cm)로 8장 오린다.
② 각 종이마다 2cm씩 작아지도록 차례대로 밑면을 잘라낸다.
③ 가장 작은 것이 위로 오도록 차례대로 고리에 끼운다.
④ 8장이 차례로 포개진 겉면을 고양이 얼굴 모양으로 끼운다.
⑤ 1장씩 넘기며 그림과 내용을 적는다.

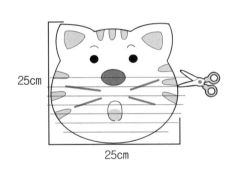

활동방법 1. 언어영역에 모여 있는 아이들에게 수수께끼를 낸다.
- 나는요, 수염이 아주 길고요, 눈이 동그래요, 그리고 울때는 야~옹 하고 울어요,
나는 누구일까요?
- 그래, 고양이구나, 이 책 속에 어떤 이야기가 있는지 볼까?

2. 제목을 알려준 후 1장씩 넘기며 책을 읽어준다.

3. 다 들려준 후 책의 내용에 대하여 이야기 나눈다.
- 고양이 집에 어떤 일이 일어났지?
- 불이 났구나, 우리가 불을 꺼주도록 하자, ○○는 어떻게 불을 꺼줄 수 있니?

4. 유아들과 이야기를 나눈 후 다시 동화를 읽어본다.
 - 이번에는 선생님이랑 너희들이랑 같이 책을 읽어볼거야, 여기 빨간색으로 쓴 글씨 "활활활
   고양이 집에 불났네"는 너희들이 읽고 다른 부분은 선생님이 읽어볼게,

실내자유선택활동
탐색 · 조작영역

4월 1주

과자 샌드 만들기

활동목표	· 요리하는 즐거움을 갖는다.
	· 팔과 손을 안정되게 사용한다.

집단크기	소집단

활동자료	요리순서, 앞치마, 크래커, 잼, 치즈, 햄, 접시, 빵칼, 큰 접시

〈요리순서표〉

· 아래의 그림을 유성매직을 이용하여 8절 크기의 마닐라지에 그린다.

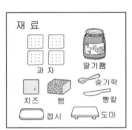

활동방법

1. 요리할 유아들은 손을 씻고 앞치마를 입도록 도와준다.

2. 교사는 요리순서표를 이용하여 어떤 요리를 할 것인지, 어떻게 만드는지 읽어준다.
   - 오늘은 선생님이랑 과자샌드를 만들꺼야. 어떻게 만드는지 우리 함께 볼까?

3. 준비물을 하나씩 보며 이름을 알아본다.

4. 요리순서표에 나와 있는 순서대로 요리를 해나간다.
   - 제일 먼저 치즈와 햄을 잘라보자.
   - 그 다음에는 무엇을 해야 될까?
   - 이번에는 과자 안에 햄과 치즈를 넣어보자.

5. 요리를 마친 후 주변을 정리한 다음 우유와 함께 간식으로 먹는다.

실내자유선택활동
음률영역

4월 1주

오뚝이

활동목표	·오뚝이의 특성을 신체로 표현해본다. ·창의적인 사고력과 표현력을 기른다.
집단크기	대·소집단
활동자료	오뚝이, 감각상자, 빠르기와 강약이 대비를 이루는 음악, 녹음기
활동방법	1. 유아가 감각상자 안에 손을 넣어 무슨 물건이 있는지 맞혀보게 한다. 　－상자 속에 무엇이 있는지 만져보았니? 　－동글동글하고 움직이는구나? 무엇일까? 2. 오뚝이를 다양한 방법으로 움직여보며 탐색한다. 　－오뚝이를 넘어뜨려 보자, 오뚝이가 어떻게 되었니? 　－이번에는 오뚝이를 돌려보자, 3. 오뚝이의 특징적인 모습을 표현해본다. 　－넘어졌다가 금방 일어나는 모습은 어떠니? 　－오뚝이가 오른쪽, 왼쪽으로 조금씩 흔들리는 모습을 흉내내보자, 4. 빠르기가 다른 음악에 맞춰 오뚝이에 대한 느낌을 다양하게 표현해본다. 　－이 음악에 맞춰 오뚝이가 되어보자,

싹싹 닦아라

4월 1주

활동목표	· 노래를 즐겨 부른다. · 식사를 하고 난 후에 이를 닦아야 함을 안다.
집단크기	소집단
활동자료	칫솔, 입 모양의 손인형

〈입 모양의 손인형〉
① 1000ml 우유곽의 중간 부분을 한쪽 면만 남기고 잘라 접는다.

〈옆면〉

② 부직포로 윗입술과 아랫입술을 만든 후 접혀진 우유곽에 각각 붙인다.

〈앞면〉

활동방법	1. 자유선택활동, 간식시간 등에 음악을 들어주어 유아들이 음을 익힐 수 있도록 한다.
	2. 교사가 노래말에 맞추어 칫솔로 손 인형의 이를 닦는 흉내를 내며 노래를 불러준다.

	3. 유아들에게 노래말을 회상해보게 한다.
	  – 이를 어떻게 닦으라고 했니?
	  – 너희들은 이를 어떻게 닦니?

	4. 교사가 피아노(키보드)로 리듬만 들려 준다. – 너희들 이 노래를 들어본적 있니? 언제 들어봤을까? (놀이시간, 간식시간)

	5. 교사가 자료를 조작하며 노래를 한번 더 불러준다.
	  – 선생님이 노래를 부를 때 너희들도 같이 부를 수 있겠니?
	  – 어떤 소리를 내며 불러볼까?

	6. 노래말을 넣어서 부른다.
참　고	·음률영역에 입 모양의 손인형을 비치하여 유아들이 직접 조작하며 노래 부르기를 즐길 수 있게 한다.

오뚝이 쓰러뜨리기

활동목표	· 목표물을 향해 공을 굴려본다. · 목표물 맞히기를 통해 즐거움과 성취감을 경험한다.
집단크기	소집단
활동자료	커다란 오뚝이, 탱탱볼(지름25cm), 유아들이 앉을 자리를 표시해줄 수 있는 개인용 방석, 오뚝이집을 표시해 놓을 색테이프

활동방법	1. 게임을 하기 위해 준비한 것들을 제시한다.
	    – 여기에 무엇이 있니?
	    – 이것을 가지고 어떻게 할 수 있을까?
	
	2. 게임 방법과 규칙에 대해 이야기한다.
	    – 우리는 공과 오뚝이를 가지고 게임을 할거야, 어떻게 하는 게임인지 보자,
	     선생님이 오뚝이를 (집에 넣으며) 이렇게 놓은 후, (공을 굴리며)공을 굴려서
	     오뚝이를 쓰러뜨리는 거야, 어! 그런데 공이 어디로 갔지? ○○에게로 갔네,
	     그럼 다음에는 ○○가 오뚝이를 쓰러뜨릴 수 있어,
	    – 공을 굴릴 때는 여기 있는 방석에 앉아서 굴리기로 하자,
	    – 공이 굴러가다 가운데 서면 어떻게 할까? 한 번도 굴려보지 못한 친구가 굴려보기로 하면
	     어떨까?
	    – 선생님이 먼저 해볼게,
	
	3. 차례로 공을 굴려 오뚝이를
	    맞혀보게 한다.

참 고	· 오뚝이와 유아의 앉은 거리 를 잘 조절하여 유아가 성공 을 경험하도록 한다.

대 · 소집단활동

소방 대피 훈련

활동목표	· 비상벨 소리의 의미를 알고 행동해본다.
	· 비상사태시 질서를 지킨다.
집단크기	대집단
활동자료	비상문 표시, 비상 탈출 경로 그림

활동방법   1. 대피훈련 하루 전이나 당일에 유아들과 실시하게 될 훈련에 대해 이야기 나눈다.
- 불이 난 것을 본적이 있니?
- 만약 우리 어린이집에 불이 난다면 어떻게 할까?
- 우리 어린이집에 불이 나면 어디로 가야 할까?

2. 비상구 표시와 탈출 경로를 보여주며 비상시 대피하는 방법을 알려준다.
- 만약 우리 어린이집에 불이 나면 우리가 어떻게 해야 할지 연습해 보자,
- 찌~~하는 벨소리가 나면 놀던 것을 그대로 두고 선생님 뒤를 따라오는 거야,
- 선생님이랑 '비상구' 라고 적힌 이쪽 문으로 나갈거야,

3. 화재경보기를 울린다.
- 훈련상황임을 알리고 유아들이 당황하지 않도록 하면서 대피한다,

4. 유아와 교사는 비상탈출 경로를 따라 대피장소로 신속하게 대피한다.

참   고   · 아이들이 쉽게 알아볼 수 있도록 출구에 비상문 표시를 붙여주고 비상사태시 대피할
            장소와 통로가 표시된 비상탈출 경로를 놀이실과 복도의 눈에 잘 띄는 곳에 게시한다.
       · 소방대피훈련은 유아에게 사전에 훈련이 있음을 알려준 후 실시하는 훈련과 불시에
            실시하는 훈련이 혼합되어야 하며 월 1회 정도 실시해 본다.
       · 실제 불이 났을 때를 대비한 훈련이므로 전체 어린이가 다같이 할 수 있는 날을 정하
            여 어린이집 전체가 실시할 수 있도록 한다.

그림 위에 단위 블록 놓기

4월 2주

활동목표	·밑그림이 그려진 종이 위에 단위블록을 맞추어 놓는다.
집단크기	소집단
활동자료	다양한 모양의 단위 블록, 밑그림이 그려진 전지 등 ① 커다란 전지 위에 단위 블록으로 아동들이 관심 있어 하는 동물, 자동차 등의 형태를 구성한다. ② 두꺼운 매직펜으로 각각의 단위적목 모양을 따라 밑그림을 그린 후, 전지를 마대 비닐로 싸서 쌓기놀이영역에 준비해준다.

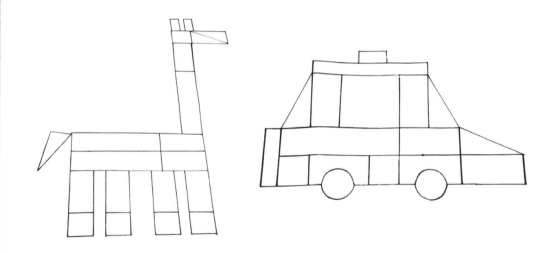

활동방법	1. 카펫 위에서 블록놀이를 하고 있는 유아들을 관찰한 후, 여러 가지 모양의 단위 블록을 꺼내어 내려놓으며 놀이에 개입한다.
	  - 여기 여러 가지 모양의 블록이 있네.
	   (각각 다른 종류의 단위블록을 카펫 위에 놓는다.)
	  - 이걸로 어떤 모양을 만들 수 있을까?
	   (교사가 네모, 세모 등의 간단한 모양을 만들며 유아들의 참여를 유도한다.)

2. 유아들이 관심을 보일 때 준비한 그림을 펼쳐 보인다.
   - 이 그림처럼 목이 긴 기린을 만들려면 이 블록은 어디에 놓으면 좋을까? ○○가 놓아보겠니?
   - 이 그림의 동그란 자동차 손잡이는 어떤 블록으로 만들면 좋을까?

3. 교사가 준비한 밑그림 외에도 아동들의 몸을 본뜬 밑그림 위에 블록을 놓아 볼 수 있다.

참　　고　· 밑그림은 3세 유아들이 쉽게 맞출 수 있도록 단순한 모양으로 그린다.
· 교사가 블록의 자리를 지정해주기보다는 유아들이 블록을 그림 위에 놓을 때까지 기다려주고 격려해준다.

빌려줄래? 고마워!

활동목표 · 상황에 적절한 언어를 사용한다.

집단크기 소집단

활동자료 그림판(39×18㎝), 도구 그림, 상황 그림책(13×18㎝)

〈그림판〉   〈도구그림〉

도구그림 뒷면에 까슬이

① 39×18㎝크기의 하드보드지를 잘라 1면만 남기고 투명 테이프로 싼다. 코팅한 그림판을 투명 테이프로 싸지 않은 하드보드지면에 본드로 붙인다.
② 그림판의 점선으로 된 도구 모양 위에 보슬이를 붙인다.
③ 각각의 도구 그림도 코팅하여 뒷면에 까슬이를 붙인다.

〈상황 그림책〉

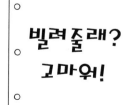

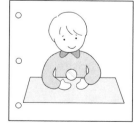

(종이 자르기)   (책 보기)

4월 2주

(그림 그리기)　　　(요리하기)　　　(망치놀이)　　　(자동차 놀이)

① 상황 그림도 그림판과 같은 방법으로 제작하여 고리로 엮어 책을 만든다.
② 필요한 도구 그림에 보슬이를 붙인다.

활동방법　1. 교구에 관심을 보이는 유아와 그림판을 살펴본다.
　　　　　　　- (그림판에 도구를 붙이며) 이 물건의 이름이 뭘까?
　　　　　　　- 무엇을 할 때 쓰는 것일까?
　　　　　　　- (상황그림책을 보며) 이 책에는 이 물건들이 필요한 그림이 있단다,
　　　　　　　　물건이 필요할 때 그림판을 가진 친구에게 어떻게 말하면 빌려올 수 있을까?

　　　　　　2. 상황 그림책을 넘기며 '빌려줄래?', '고마워'를 말해볼 수 있게 한다.
　　　　　　　- 그림을 그리려고 하네, 어떤 물건이 필요할까?
　　　　　　　- 어떻게 말하고 빌려올 수 있을까?
　　　　　　　- 그래, "크레파스 빌려줄래?"라고 하면 되는 구나,
　　　　　　　- 빌려준 친구에게 어떻게 말해야 할까?

　　　　　　3. 상황 그림책에 필요한 도구를 다 채운 후, 빌린 물건을 다시 주인에게 돌려줘야 하는
　　　　　　　것에 대한 내용으로 놀이해본다.
　　　　　　　- 친구 물건을 많이 빌려 썼구나, 빌려 쓴 후에는 어떻게 해야 할까?
　　　　　　　- 주인에게 돌려줄 때는 어떻게 말하면 될까?
　　　　　　　- "△△야! 잘 썼어! 고마워!"라고 말해보자,

　　　　　　4) 그림판을 가진 유아는 물건을 받아 그림판에 붙인 후 역할을 바꾸어 해본다.

참　고　·유아들이 일상생활 속 또는 놀이 중 상황이 주어졌을때 자연스럽게 '빌려줄래?', '고
　　　　　마워!'를 말할 수 있도록 돕는다.

빨래집게 이어 마음대로 구성하기

4월 2주

활동목표 · 소근육을 조절하여 다양한 모양을 구성해본다.

집단크기 소집단

활동자료 빨래집게 20~30개, 하드보드지, 플라스틱 컵이나 그릇, 빈 상자곽 등
- 튼튼한 빈 상자곽이나 두꺼운 종이 또는 단단한 플라스틱 컵이나 그릇과 함께 20~30개의 빨래집게를 내놓는다.

활동방법
1. 빨래집게를 눌렀다 놓았다 하며 움직이는 것을 보여주면서 유아들도 함께 움직여 보게 한다.
   - 집게를 잡고 열었다 닫았다 해보자.
   - 힘이 들면 ○○처럼 두 손으로 하면 되겠구나.

2. 유아들이 빨래집게를 열고 닫고 하며 놀거나, 물건을 어떻게 집는지 탐색하도록 한다.
   - 상자를 손으로 잡지 않고 집게로 집어볼까?
   - ○○는 집게로 종이를 집었구나.
   - 여기 상자곽 둘레에 집게를 쪽 꽂을 수 있니?

3. 각 유아들이 가지고 있는 빨래집게를 길게 이어보거나 자유롭게 모양을 만들어 구성하도록 도와준다.
   - ◁◁는 빨래집게를 이렇게 길게 이을 수 있구나.
   - ○○는 비행기처럼 모양을 만들었네.

참　고 · 단단한 상자곽과 그릇 대신 잘 마른 우유곽이나 코팅된 종이를 사용해도 좋다.

실내자유선택활동
탐색 · 조작영역

4월 2주

같은 색을 찾아 주세요

활동목표	· 색깔 이름을 말해본다. · 같은 색깔끼리 분류해본다.
집단크기	개별 · 소집단
활동자료	빨강 · 파랑 · 노란색 공(볼풀 공 크기) 각각 10개, 빨강 · 파랑 · 노란색 플라스틱 통(30× 40cm), 플라스틱 바구니 1개(30개의 공이 들어갈 수 있는 바구니)

활동방법	1. 유아들에게 공을 살펴보도록 한다.
	     – 여기에 무엇이 있니?
	     – 이 공은 무슨 색깔이니? 그래, 그럼 이 공은 무슨 색깔이지?
	     – ○○이가 색깔 이름을 잘 알고 있구나!
	
	 2. 같은 색깔의 통에 공을 담아 보게 한다.
	     – 빨간색 통에 빨간색 공을 담아보겠니?

참 고	· 각각의 분류통에 담은 공들을 세어보게 한다. · 유아들이 공을 셀 때 교사가 공을 하나씩 짚어가며 수를 셀 수 있도록 도와준다. · 활동이 끝난 후엔 모든 공을 큰 바구니에 담아 정리할 수 있도록 한다.

굽혔다 펴기

4월 2주

활동목표	· 굽혔다 펴기 동작을 통해 신체 부위를 탐색해본다. · 북소리에 맞추어 몸을 움직여본다.
집단크기	소집단
활동자료	작은북, 북채

활동방법	1. 유아들이 서로 부딪히지 않도록 자기 공간을 확보하여 원형으로 앉게 한다.
	
	2. 우리 몸에서 굽혔다 펼 수 있는 곳에 대해 이야기를 나누고 함께 해본다.
	    – (팔을 굽혔다 펴면서) 우리 몸에서 이렇게 굽혔다 펼 수 있는 곳은 어디일까?
	    – 아, 다리를 이렇게 굽혔다 펼 수 있구나, 우리 다같이 해 볼까?
	      또 우리 몸 중에 어느 곳을 굽혔다 펼 수 있을까?
	    – 허리도 굽혔다 펼 수 있구나, 허리는 앞으로 굽혔다 펼 수 있지만 또 어떻게 할 수 있을까?
	    – 그래, 뒤로도 젖힐 수 있고, 또 ○○처럼 옆으로도 굽혔다 펼 수 있구나, 또 다른 곳은 없을까?
	
	3) 제자리에서 일어나서(앉아서) 신호에 맞추어 굽혔다 펴기를 하도록 한다.
	    – 선생님이 북을 이렇게 치면 팔을 앞으로 굽혔다가 (북의 윗면을 한 번치며) 이런 소리가 들
	      리면 굽혔던 곳을 쭉 펴 보자.
	
	4. 북치는 간격을 조금 빨리하거나 조금 늦게 하는 등 간격에 변화를 준다.
	    – 이번에는 선생님이 북을 조금 빨리 칠거야.
	      굽혔다 폈다 빨리 해야 하는데 할 수 있겠니? 좋아, 한번 해보자.
	
	5. 굽혔다 펴는 신체 부위에 변화를 주어 해본다.
	    – 이번에는 발목을 해보자, 선생님이 쳐주는 북소리에 맞추어 발목을 굽혔다 펴보자.
	    – 이번에는 또 어디를 해볼까?

참　고	· 유아들이 힘들어 하면 앉아서 휴식을 취할 수 있도록 한다.

대·소집단활동
전이활동

4월 2주

혼자 입고 벗어요

활동목표	·옷을 바르게 입고 벗을 수 있다.
	·벗은 옷을 바르게 정리해보는 경험을 한다.
집단크기	소집단
활동자료	옷걸이, 행거 - 외투를 걸어둔 행거를 활동 공간 가까이 이동해둔다.
활동방법	1. 하루일과를 통해 유아가 스스로 옷을 입고 벗기를 할 수 있도록 등·하원시 또는 실외놀이 전·후에 자연스럽게 활동을 전개해본다.

1. 하루일과를 통해 유아가 스스로 옷을 입고 벗기를 할 수 있도록 등·하원시 또는 실외놀이 전·후에 자연스럽게 활동을 전개해본다.
    - △△반 친구들의 옷들이 여러 가지가 있네, 자기 옷을 찾아올 수 있니?

2. 참여하는 유아 수만큼의 공간을 넓혀주며 혼자서 옷 입기를 해본다.
    - 어린이집 올 때 누가 옷을 입혀주니?
    - 혼자서 옷을 잘 입을 수 있으려면 어떻게 하면 될까?

3. 벗은 옷은 개어서 정리하거나 옷걸이에 걸어 놓을 수 있도록 한다.
    - 혼자서 옷을 벗어볼 수 있니?
    - 옷들이 여기저기 널려있어서 교실이 지저분해졌네, 어떻게 정리를 해야 할까?
    - 벗은 옷을 펼쳐보자, 팔이 들어가는 부분에 옷걸이를 놓아볼까?
      맨 윗단추만 채우고 옷걸이 손잡이를 들어보자, 어때?
    - 큰 옷걸이에 걸어두어도 떨어지지 않네.

대 · 소집단활동
동시

벌써 나 혼자 했어요

4월 2주

활동목표 · 스스로 할 수 있는 일을 생각해본다.

집단크기 소집단

활동자료 동시판, 테이블 인형(엄마와 유아)

> 벌써 나 혼자 했어요
>
> 똘이야 세수하자,
> 벌써 나 혼자 했어요,
> 똘이야 옷 입자,
> 벌써 나 혼자 했어요,
> 똘이야 신발 신자,
> 벌써 나 혼자 신었어요,
> 저도 이제 ( )살인걸요,

· 출처: 한국어린이육영회(1995). 동시 활용자료집

〈테이블 인형〉
① 크기의 차이가 나는 깡통 2개를 준비한다.
② 엄마와 유아 그림을 그려 코팅한다.
③ 코팅한 그림을 깡통 겉면에 붙인다.

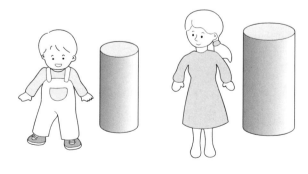

활동방법
1. 혼자 할 수 있는 일에는 어떤 것들이 있는지 이야기 나눈다.
   - 집에서 혼자 할 수 있는 일은 무엇이 있을까?
   - 어린이집에서 혼자 할 수 있는 일은 무엇이 있을까?

2. 엄마·유아 인형을 보여주며 동시에 관한 이야기를 들려준다.
   - 이 친구 이름은 똘이란다, 똘이가 무엇을 혼자 했는지 들어볼까?

3. 교사와 유아가 교대로 주고 받으며 동시를 읊어본다.
   - 선생님이 엄마처럼 얘기할 테니 너희들이 똘이처럼 대답해보자,
   - 이번에는 너희들이 엄마가 되어볼래?

4. 동시를 듣고 회상해 본다.
   - 동시를 들어보니 어떤 느낌이 드니?
   - 또 혼자서 할 수 있는 일들은 무엇이 있니?

5. 유아들의 반응에 따라 동시 내용을 바꾸어 읊어 본다.

참 고
· '똘이' 이름에 유아 사진을 이용하여 유아 이름을 대신 부르며 동시를 읊어 볼 수 있다.

풍선채 치기

4월 2주

활동목표
· 대근육을 원활하게 움직여볼 수 있다.
· 눈과 손의 협응력을 기른다.

집단크기
소집단

활동자료
고무 풍선, 공기주입기, 풍선채 등

〈풍선채〉
① 철사로 만들어진 옷걸이를 구부려 둥근 모양을 만든다.
② 성인용 스타킹을 씌워 움직이지 않게 단단하게 묶어 준비한다.

활동방법
1. 실외놀이 시간에 풍선놀이를 하고 싶어하는 유아들을 모이게 한다.

2. 풍선에 공기를 주입하며 풍선의 변화를 탐색해본다.
  - 납작한 풍선이 어떻게 되었니?
  - 어떻게 하니까 풍선이 이렇게 커졌니?

3. 유아들과 풍선을 던지거나 받아본다.
  - 거기 서서 선생님이 던지는 풍선을 받아보렴.
  - 이번에는 두 걸음 뒤로 가서 받아볼까?

4. 준비한 풍선채를 나누어준 후 풍선채 위에 풍선을 올려놓고 던지고 받는 시범을 보여
  준다.
  - 풍선이 땅에 떨어지지 않게 풍선채로 쳐서 위로 올려보자.

5. 유아들이 자유롭게 던지고 받을 수 있게 격려한다.
  - ○○는 채를 하늘을 보게 하고 풍선을 치니까 풍선이 위로 올라가는구나.
  - ○○야, 선생님 쪽으로 풍선을 보내보렴.
  - 이번에는 풍선을 쳐서 ○○ 쪽으로 보내보렴.

6. 풍선이 땅에 닿지 않도록 따라다니면서 쳐보게 한다.
  – 풍선을 얼만큼 멀리 보낼 수 있을까?
  – 어떻게 하면 풍선을 높이 올릴 수 있을까?

참 고   · 풍선과 풍선채는 유아들의 수를 고려하여 넉넉하게 준비한다.
      · 자유롭게 놀이가 유지·확장될 수 있도록 공간을 확보해주고 유아의 수를 조절해준다.

선 따라 걷기

4월 2주

활동목표	· 신체를 균형 있게 조절해본다. · 선을 따라서 여러 가지 방법으로 걸어본다.
집단크기	소집단
활동자료	탬버린 - 신체활동실에 테이프를 이용하여 바닥에 여러 가지 선을 표시해놓는다.
활동방법	1. 바닥에 그려진 선에 관심을 보이는 유아가 있으면 활동을 전개한다. 　- 와! 바닥에 여러 가지 모양의 선이 있네. 　- 우리 선을 따라서 걸어가 볼까? 2. 탬버린 소리에 맞추어서 걸어 보게 한다. 　- 이제는 탬버린 소리에 맞추어서 걸어보자. 　- 어떻게 하면 친구와 부딪치지 않고 걸을 수 있을까? 3. 다양한 방법으로 걸어보게 한다. 　- 뒤로 걸어갈 수 있니? 이번에는 팔을 옆으로 하고 선을 따라서 걸어가 보자. 　- 또 어떤 방법으로 선을 따라 걸을 수 있을까? 　　(무릎을 굽히고, 손을 높이 들고, 발끝을 들고 등)

주제 봄

▶▶▶ **전개방법**

「봄」은 날씨와 그에 따른 사람들의 생활 및 동·식물의 변화가 많은 계절로서, 유아가 생활 주변의 자연을 직접 보고 느껴봄에 따라 환경과 생활의 변화를 깨닫고 직접 경험해 볼 수 있는 주제이다.

실외놀이나 야외 학습을 통하여 유아가 봄에 핀 꽃들과 돋아나는 새싹을 관찰하고, 직접 씨앗을 심어보고 거기서 싹이 나고 꽃이 피는 성장 과정을 살펴보는 활동뿐만 아니라 봄이 되어 볼 수 있게 된 동물과 곤충을 실외에서나 놀이실에서 직접 관찰해봄으로써 봄의 변화에 대한 유아의 관심을 활동으로 전개할 수 있다. 또한 가정 통신문을 통하여 실외에서 자연물로 할 수 있는 놀이(예: 벚나무 아래서 떨어지는 꽃잎 맞아보기, 민들레 찾아 홀씨 불어보기 등)를 안내함으로써 가족과 함께 하는 봄나들이에서도 유아가 계절에 따른 자연의 변화를 오감을 통해 느껴볼 수 있도록 한다. 특히 한식이나 식목일을 통해 꽃이나 나무에 대한 경험이 확장될 수 있도록 협조를 구한다.

▶▶ **환경구성**

	쌓기놀이영역	역할놀이영역	미술영역	언어영역	탐색 · 조작영역	음률영역
실 내	· 여러 가지 꽃 화보 · 나무 · 꽃 · 나비 　그림 · 소풍용 자료 　(도시락 · 야외용 　자리 · 모자 · 　스낵꽉 · 배낭 · 　김밥 · 놀이용 　카메라 · 　빈 음료수병 등) · 개구리 가족 머리띠 · 부직포로 만든 　연꽃 잎사귀	· 색 밀가루 · 반죽 · 꽃모양 찍기틀 · 김밥 만들기 소품 　(검은 부직포 · 　백업 · 까슬이 · 　보슬이 · 수수깡 등) · 도시락 · 개구리 머리띠 · 얇은 망사천 · 보자기 · 모루 · 부직포	· 수채화 물감 · 붓 · 전지 · 크레파스 · 스펀지 · 비닐 · 전지 · 물감 · 나비 모양 코팅지 · 유성매직 · 모루 · 색종이	· 그림책: 　「꽃밭에서」 　「꽃이야기」 　「나무가 없으면」 　「호랑나비야 날아라」 · 동시판 : 　「감자」 　「꽃씨」 　「예쁜 꽃」 　「노랑나비」 · 식물의 성장순서 　카드 · 꽃 · 곤충 카드 · 융판동화 : 　「철수와 당근씨」 　「비오는 날」	· 꽃 화보 · 꽃씨 · 물잔디씨 · 우유곽 · 계란판 · 계란껍질 · 솜 · 물뿌리개 · 꽃 · 나무 퍼즐 · 양파 · 무 · 당근 · 덩굴 식물 · 개구리 성장 화보 · 나비조각 그림 · 올챙이 · 개구리	· 음악 : 　비발디의 사계 중 　「봄」 　「숲 속의 봄」 · 노래 테이프 및 　악보 : 　「올챙이 개구리 　되었네」 　「나비야」 　「개구리」
실 외	우유곽, 씨앗, 확대경					

주간보육계획안

소주제 : 꽃들이 아름다워요　　　　　　　　　　　　　**실시 기간 : 4월 3주**

		월	화	수	목	금	토
등원 및 맞이하기		어린이집 오는 길에 본 꽃과 나무에 대해 이야기하기					
실내자유선택활동	**쌓기놀이영역**	여러 가지 꽃, 나무 화보 게시 　　　　봄동산 꾸미기(나무, 꽃, 나비, 벌 모양 소품 첨가)					
	역할놀이영역	꽃모양 찍기(여러 가지 색밀가루 반죽, 꽃 모양 찍기틀) 　　　　봄동산으로 소풍가기　　　　　　　　　　　◎ 엄마놀이					
	미술영역	해바라기 가로·세로 선 긋기 (해바라기 모양 종이 제시) 입술 찍어 꽃 꾸며보기　　　　　　　봄동산에서 본 것 그려보기					
	언어영역	그림책:「꽃밭에서」　　　　「나무가 없으면」　「꽃 이야기」 　　　　　　　　　　　　　　　　　　　　「에디슨아 놀자(환경보호)」 동시:「꽃씨」　　　　동화:「철수와 당근씨」「식물도 숨을 쉬어요」					
	탐색·조작영역	여러 가지 꽃 화보 제시　　　　　　　다양한 종류의 꽃씨 관찰 [1] ◎ 물잔디 키우기　　　　　꽃, 나무 퍼즐 맞추기 여러 종류의 싹 관찰하기(양파, 무, 당근, 덩굴 식물 등) [2]					
	음률영역	노래:「숲 속의 합창」 　　　　　　　　　　음악감상: 비발디의「사계」중「봄」 신체표현: 씨앗 [3]　바람에 흔들리는 나무					
대·소집단활동		◎ 손유희: 커다란 밭 새 노래:「숲속의 합창」　◎ 그림자 동화:「봄꽃을 보았나요?」 　　야외학습: 봄동산 돌아보기(꽃, 나무 관찰하기)					
실외자유선택활동		내 화분에 물주기 [4]　　　　　　　봄바람을 느껴보아요 　　　확대경으로 꽃 관찰하기(꽃, 나무 껍질, 나뭇잎 관찰하기) 민들레 찾아 홀씨 불어보기　　　　어린이집 마당이 변해요 [5]					
점심 및 낮잠		식사할 때 바르게 앉아 먹기					
기본생활습관		바깥놀이 후 옷과 신발에 묻은 흙과 모래 털고 들어오기					

교육활동참고

1) 다양한 종류의 꽃씨 관찰
① 500ml 우유곽을 3cm 높이로 한쪽 면만 남기고 자른 후, 나머지 한쪽 면은 씨앗 봉투의 높이만큼 자른다.
② 씨앗 봉투의 꽃 그림을 잘라 코팅한 후 자른 우유곽의 나머지 한쪽 면에 붙이고 꽃이름과 함께 우드락에 옆면의 사진과 같이 유아의 눈높이에 맞게 벽면에 게시한다.

2) 여러 종류의 싹 관찰하기
① 뿌리는 투명한 컵에 걸쳐놓고 관찰해본다.
② 당근이나 무는 윗부분을 파고, 판 부분에 물을 담아두면 밑부분에서 나오는 잎을 관찰할 수 있다.
③ 돋보기, 관찰한 것을 그려볼 수 있는 관찰지 등을 준비해준다.

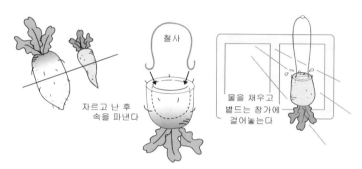

3) 씨앗
〈활동자료〉 부직포 또는 소포지(전지크기×2)로 만든 활동자료

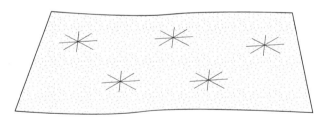

· 유아들의 몸이 자유롭게 나올 수 있게 칼집을 낸 소포지 또는 부직포 모서리를 유아들이 잡고 「씨앗」노래를 부르며 씨앗이 자라는 성장과정에 대해 표현해본다. 유아들이 소포지 아래에서 다양한 씨앗이 되어 팔부터 나오기, 머리부터 나오기, 늦게 나오기, 한꺼번에 나오기 등 다양한 표현활동이 이루어질 수 있도록 한다.

4) 내 화분에 물주기: 자기 이름이 붙어 있는 화분을 집에서 가져와 물주며 관찰한다.

5) 어린이집 마당이 변해요: 어린이집 마당이 봄이 되어 어떻게 바뀌었는지 관찰해보고 새싹, 나무잎, 잔디 등을 어떻게 가꾸어야 할지 생각해 보게 한다.

주간보육계획안

소주제 : 봄에 볼 수 있어요　　　　　　　　　　　　　실시 기간 : 4월 4주

		월	화	수	목	금	토
등원 및 맞이하기		경쾌한 음악 「숲 속의 봄」 들려주며 맞이하기					
실내자유선택활동	쌓기놀이영역	꽃블록으로 나비 구성하기			꽃밭 꾸미기	개구리 연못 꾸미기	
	역할놀이영역	부직포로 꽃목걸이, 꽃머리띠 만들기 우리는 예쁜 나비 (얇은 망사 천, 보자기, 모루 등 제시)			개구리 가족 놀이(개구리 머리띠 제시)		
	미술영역	◎ 나비 만들기	손바닥, 손가락으로 꽃잎 찍기 [1] 튤립 접어 꾸며보기 [2]			개구리 머리띠 만들기	
	언어영역	그림책:「호랑나비야 날아라」 수수께끼 카드: 꽃과 곤충 융판동화:「비오는 날」		이야기 꾸미기: 꾸며보세요	「나비가 된 배추벌레」 동시:「노랑나비」	듣기: 봄의 소리 [3]	
	탐색·조작영역	개구리 성장 과정에 관한 화보 제시 [4] 나비 조각 그림 맞추기	올챙이, 개구리 관찰하기			수 짝짓기(꽃과 나비)	
	음률영역	노래:「나비야」「개구리」	◎「올챙이 개구리 되었네」		음악 감상:「숲속의 봄」		
대·소집단활동		나비·개구리의 성장과정 비디오 보기 게임: 난다 난다 [5]	동작활동: 앉은뱅이 꽃		◎ OHP 동화:「나비가 된 배추벌레」 ◎ 새 노래:「꿀벌」		
실외자유선택활동		나비 쫓아다니기	개구리처럼 뛰어보기 ◎ 마당에서 볼 수 있는 벌레 관찰하기			두 발 모아 뜀뛰기	
점심 및 낮잠		벗은 옷 접어서 정리하기					
기본생활습관		마당에 꽃과 열매, 나무를 꺾지 않기					

교육활동참고	1) 손바닥, 손가락으로 꽃잎 찍기 　· 전지에 나무를 그려서 제시해준다. 유아들이 손가락, 주먹쥐고 찍기, 손바닥 찍기로 다양한 꽃 　　잎을 만들어 나무를 꾸며본다. 2) 튤립 접어 꾸며보기 　· 종이접기에 관심을 보이는 유아들과 활동해본 후 손바닥찍기와 연계하여 활동해 볼 수 있다. 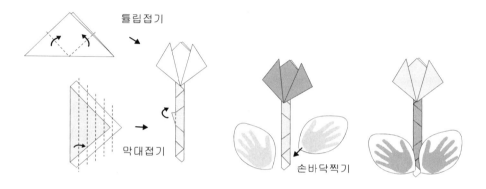 3) 봄의 소리 　〈활동자료〉 녹음기, 헤드폰, 녹음 테이프(시냇물, 개구리, 비, 제비 소리 등), 그림카드 　· 봄이 되어 들을 수 있는 소리를 녹음하여 그림카드와 함께 비치해주고, 소리를 듣고 그림카드 　　중에서 알맞은 그림카드를 찾아본다. 4) 개구리 성장 과정에 관한 화보 제시 　· 성장에 관한 화보 또는 카드를 탐색영역 바닥에 제시해주고 「올챙이 개구리 되었네」 노래를 　　부르며 성장과정에 대한 화보를 자연스럽게 단계에 따라 밟거나, 깡충깡충 뛰며 동작 활동을 　　해볼 수 있다. 5) 난다 난다 　· 전이시간 또는 집단으로 지시어에 따라 동작해본다. '난다난다난다난다 ○○가 난다' 라고 말 　　하면 ○○가 날 수 있는 것이면 그 나는 모양을 표현하고 날지 못하는 것이면 팔을 내리고 　　가만히 있는다. 　· 유아들에게 친숙한 동물을 불러주어서 관심을 갖게 하며 목소리를 크고 작게 하여 주의집중 　　을 돕는데 활용할 수 있다.

실내자유선택활동
역할놀이영역

엄마놀이

4월 3주

활동목표	·엄마의 역할을 이해하여 놀이로 재현해본다.
집단크기	소집단
활동자료	봉제인형, 인형 옷, 인형 침대, 작은 이불, 스카프, 우유병, 포대기 등 - 인형 침대나 낮은 장의 바구니에 인형들과 작은 이불들을 넣어준다.
활동방법	1. 유아들이 소품을 자유롭게 탐색하도록 한다. - 이것은 무엇을 하는 물건일까?

2. 역할 소품으로 놀이를 하고 있는 유아들을 관찰 한 후, 인형을 안고 놀이에 개입한다.
   - 우리 아기를 재우고 있어요, 이 집 아기는 무엇을 하고 있나요?

3. 아기 잠재우기, 우유 먹이기, 업어주기 등 다양한 엄마의 역할을 해보도록 격려한다.
   - 아기 업는 것 좀 도와드릴까요?
   - 자고 일어난 아기가 배가 고프대요,
     우유가 너무 뜨거우면 아기가 먹을 수 없어요,
     잘 식혀서 주세요,

참　　고　·유아들의 놀이를 주의깊게 본 후 관심 있어 하는 종류에 따라 다른 소품(예를 들어 소형 유모차, 인형옷, 목욕용품 등)을 첨가해주어 아기인형 옷 갈아 입히기, 유모차에 태우고 산책가기, 목욕 시켜주기 등의 다른 놀이로 확장할 수 있다.
　　　　　　·유아들이 놀이를 즐길 수 있도록 충분한 시간을 주며 확장해주는 것이 좋다.

물잔디 키우기

4월 3주

활동목표	· 식물의 성장에 관심을 갖고 관찰해본다.
집단크기	개별 · 소집단
활동자료	물잔디의 씨, 밑이 넓고 얕은 그릇이나 5㎝높이로 자른 우유곽, 여러 가지 모양(동그라미, 세모, 네모)의 솜, 물뿌리개, 계란판

     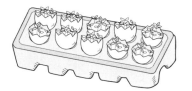

활동방법	1. 물잔디 씨뿌리는 과정의 그림을 탐색 · 조작영역에 붙여놓는다. 준비물을 탐색 · 조작영역에 마련하고 이에 흥미를 보이는 유아와 활동을 시작한다.
	2. 사진이나 책을 함께 보여주면서 물잔디 씨를 소개한 후에 씨앗을 관찰해보게 한다.
	3. 씨 뿌리는 순서 그림을 보며 씨 뿌리는 과정에 대해 이야기해 본다.
	4. 유아들에게 개인 그릇을 나눠주고 솜의 모양을 고르게 한 뒤 물을 뿌려 적신다.
	5. 직접 씨를 뿌려보게 한다. 씨가 몰리지 않고 솜 위에 골고루 뿌려지게 한다. 　- ○○의 그릇에 심은 잔디는 어떤 모양일 것 같니?

6. 씨를 다 뿌린 그릇에 자신의 이름을 붙인다.

7. 물잔디를 잘 자라게 하려면 어떻게 해야 하는지에 대해 이야기 나누어 본다.

참　　고
- 물잔디에 계속 관심을 가지고 돌봐줄 수 있도록 한다.
- 주제와 연결하여 식물을 키우는 과정을 직접 경험해보는 것으로 이와 관련하여 다양한 종류의 꽃씨를 관찰해 볼 수 있고 감자, 무, 양파 등을 물에 담가놓고 거기서 나오는 싹을 관찰해볼 수 있다. 또한 책읽기 영역에서는 물잔디에 관한 책을 준비해놓고 물잔디에 대해 흥미를 갖는 유아가 그것에 대해 좀 더 알아볼 수 있도록 한다.

대 · 소집단활동
손유희

커다란 밭

활동목표 ·주의집중을 돕는다.
·씨앗뿌리는 과정을 손동작으로 표현해본다.

집단크기 대 · 소집단

활동자료 악보

활동방법 1. 전이 또는 주의집중을 돕고자 할때 아주 작은 목소리로 아주 작은 동작을 하다가 차
츰 노래말에 따라 큰 목소리, 큰 동작을 하며 주의를 집중시킨다.
〈손동작의 예〉
a : 속삭이는듯한 목소리로 노래하며 양 손 검지손가락을 펴서 아주 작게 네모를 두
번 그린다.
b : 한 손바닥 펴고 다른 손으로 씨앗을 집어 뿌리는 시늉을 한다.
c : 양 손 검지를 세워 아주 작은 동작으로 조금씩 위로 번갈아 올린다.
d : 두 손으로 작은 꽃봉우리처럼 만들었다가 '폭' 부분에서 양 손가락만 편다.

2. 2절, 3절은 처음과 끝부분만 노래말에 따라 알맞게 혹은 크게 소리와 동작을 한다.
– 노란꽃이 피었습니다, 팍!
(예: 두 손을 약간 벌려 만든 꽃봉우리에서 팍! 부분에서 손을 활짝 편다.)
– 하얀 꽃이 피었습니다, 활짝!
(예: 얼굴을 받치듯이 두 손을 턱밑에서 펼친 후 '활짝' 부분에서 두 팔을 위로 올리며 벌
린다.)

3. 상황에 따라 커다란 동작부터 차츰 작은 동작으로 바꾸어 해 본다.

참　　고 ·손동작은 예로 제시된 것이며 교사들의 창작으로 주제에 맞게 활용할 수 있도록 한다.
·'빨간 꽃' 등 꽃 이름 부분에 유아의 이름을 넣어 주의집중을 유도한다.

커다란 밭

a. 작 고 작 은 밭 을   갈 고 갈 아 서 b. 작 고 작 은 꽃 씨 를   뿌 렸 습 니 다
   알 맞 은 - 밭 을   갈 고 갈 아 서   알 맞 - 은 씨 를 -   뿌 렸 습 니 다
   커 - 다 란 밭 을   갈 고 갈 아 서   커 - 다 란 씨 를 -   뿌 렸 습 니 다

c. 뾰 족 뾰 족 새 싹 이 -   돈 - 아 - 서 d. 빨 간 꽃 이 피 었 습 니   다   폭
   뾰 족 뾰 족 새 싹 이 -   돈 - 아 - 서   노 랑 꽃 이 피 었 습 니   다   팍
   뾰 족 뾰 족 새 싹 이 -   돈 - 아 - 서   하 얀 꽃 이 피 었 습 니   다   활 짝

봄 꽃을 보았나요

활동목표 · 그림자 동화를 즐겨 듣는다.

집단크기 대 · 소집단

활동자료 그림자 막대 자료(아기개구리, 엄마개구리, 곰, 다람쥐, 뱀, 병아리, 언덕에 핀 꽃), 인형극틀(흰 천을 고정하여 막으로 사용) 또는 TV 동화틀, 스탠드 또는 손전등, 녹음기, 동화내용을 녹음한 테이프

〈그림자 막대 자료〉

① 그림자 막대자료는 컷 디자인을 이용하여 검정 도화지에 적절한 크기로 그려 윤곽, 눈 등 특징을 나타낼 수 있는 부분만 잘라내고 그 부분에 셀로판지를 붙여 만든다.

② 조작하는 손잡이는 코팅 파지를 이용하여 막대 자료 윗부분에 붙인다.

③ 인형극틀은 유아 눈높이에 위치하게 하며, 틀 뒷면에서 빛을 비추어 화면을 밝혀준다.

〈그림자 자료〉

〈인형극 틀〉

활동방법

1. 교실을 어둡게 하여 그림자 동화를 들려준다.

2. 동화를 듣고 동화의 내용을 회상해본다.
   - 아기 개구리가 제일 먼저 누구의 집에 갔을까?
   - 누가 개구리에게 봄꽃이 핀 것을 알려주었지?

3. 언어영역에 비치해두어 유아들이 막대 자료를 조작하며 동화 듣기를 즐길 수 있도록 한다.

봄 꽃을 보았나요

이경선

여기는 산 속의 동물 마을입니다. 얼어 있던 시냇물이 녹아 졸졸졸 흐릅니다.
잠을 자던 아기개구리가 그 소리에 잠이 깨었습니다.
아기개구리 : 엄마, 봄이 왔나 봐요, 봄 꽃을 보고 싶어요.
엄마개구리 : 아직도 추운데, 봄꽃은 아직 피지 않았을 거야.
아기개구리 : 봄 꽃이 피었는지 보고 올게요.

아기개구리는 곰의 집으로 갔습니다.
아기개구리 : 안녕하세요, 곰 아저씨. 봄 꽃을 보았나요?
곰 아저씨 : 아함! 졸려, 봄 꽃은 아직 피지 않았단다. 조금 더 자야겠구나!

아기개구리는 곰의 집을 나와서 다람쥐의 집으로 갔습니다.
아기개구리 : 안녕, 다람쥐야, 봄꽃을 보았니?
다람쥐 : 아함! 졸려, 봄 꽃은 아직 피지 않았어. 조금 더 자야겠구나!

아기개구리는 다람쥐의 집을 나와서 뱀의 집으로 갔습니다.
아기개구리 : 안녕하세요, 뱀 아줌마, 봄꽃을 보았나요?
뱀 아줌마 : 아함! 졸려, 봄 꽃은 아직 피지 않았단다. 조금 더 자야겠구나!

아기개구리는 뱀의 집에서 나와서 들판으로 갔습니다.
그리고 들판으로 나들이 나온 병아리 가족을 만났습니다.
아기개구리 : 안녕, 병아리야. 봄꽃을 보았니?
병아리 : 그럼, 저 언덕에 개나리, 진달래 꽃이 활짝 피었단다.
아기개구리 : 엄마와 아빠에게 알려드려야지.

개구리 가족과 병아리 가족은 꽃이 핀 언덕으로 봄나들이를 갔습니다.
아기개구리는 참 기뻤습니다.

나비 만들기

4월 4주

활동목표   · 나비에 관심을 갖고 관찰해본다.
　　　　　　· 다양한 재료를 이용해 나비 날개를 창의적으로 꾸며본다.

집단크기   소집단

활동자료   쓰고 남은 코팅지를 나비 모양으로
　　　　　　오린 것, 여러 색의 유성매직, 모루.
　　　　　　- 나비 모양의 코팅 필름은 펀치로
　　　　　　　구멍을 뚫어둔다.

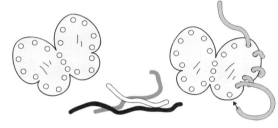

활동방법   1. 사전활동으로 다양한 나비의 화
　　　　　　　보나 그림책을 보면서 나비의 모
　　　　　　　양과 무늬에 대해 충분히 탐색한 후 활동을 제시해준다.

　　　　　　2. 준비된 재료들을 탐색하게 한다.
　　　　　　　- 선생님이 코팅 필름들을 모아 모양을 오려보았는데 무슨 모양인 것 같니?
　　　　　　　- 너희들이 멋진 나비로 만들어 줄 수 있겠니?
　　　　　　　- (모루를 가지고) 이것은 요술쟁이야, 봐! 내가 하고 싶은대로 움직여 준단다.
　　　　　　　- 이것은 나비모양의 구멍 속으로도 들어갔다 나올 수 있어! 해보겠니?

　　　　　　3. 교사는 활동 중에 나타나는 유아의 행동이나 자료 사용, 표현 등에 대해 반응해주며
　　　　　　　격려해준다.
　　　　　　　- 나비 날개를 여러 가지 모양으로 꾸며주는구나.
　　　　　　　- ○○는 모루를 꼬아서 사용하는구나.
　　　　　　　- 천장에 매달아두면 금방 나비가 날아갈 것 같구나.

　　　　　　4. 각자 만든 나비의 이름도 지어보며 낚싯줄에 묶어서 모빌로 매달아준다.

　　　　　　5. 작업한 뒷정리를 선생님의 도움을 받아 유아 스스로 해 볼 수 있도록 한다.

실내자유선택활동
음률영역

올챙이 개구리 되었네

4월 4주

활동목표	· 노랫말에 따라 신체표현을 해본다. · 개구리가 되는 과정을 몸으로 표현해본다.
집단크기	소집단
활동자료	노래 테이프, 미술영역에서 제작한 개구리 머리띠, OHP필름
활동방법	1. 사전활동으로 과학영역이나 시청각 자료를 이용하여 개구리가 되는 과정이나 올챙이, 개구리의 움직임을 충분히 관찰한 후 활동이 이루어지도록 한다. 2. 자유선택활동이나 전이시간, 간식시간에 자유로이 음악을 틀어주어 노래를 익힌 후 신체표현활동을 한다. - 올챙이가 어떻게 헤엄치며 다닐까? - 우리 올챙이처럼 헤엄쳐보자. - 뒷다리가 어떻게 나왔니? - 앞다리는 어떻게 나왔을까? - 개구리처럼 뛰어볼까? 3. 유아들의 자유로운 표현에 반응해주고 창의적으로 표현하는 동작에 격려해준다. - ○○는 마치 올챙이가 물풀 속에 숨어있는 모습 같네. - △△는 펄쩍 뛰는 개구리 같구나.
참　고	· 미술영역에서 만든 개구리 머리띠를 제시하고 연못 속 그림이 그려진 OHP필름을 흰 벽면에 비춰 연못 속 환경을 구성해주어 유아들의 다양한 표현활동을 유도할 수 있다. · 장판을 이용한 연꽃 발판을 만들어 제시한 후 개구리 뜀뛰기 놀이와 연계하여 활동할 수 있다.

올챙이 개구리 되었네

· 출처: 이영심(2000). 손동작과 동작놀이. 창지사. P.51.

대 · 소집단활동
OHP 동화

나비가 된 배추벌레

4월 4주

| 활동목표 | ·나비의 성장과정에 대해 관심을 갖는다.
·동화 내용에 관심을 갖고 이야기를 만들어본다. |

활동목표 · 나비의 성장과정에 대해 관심을 갖는다.
· 동화 내용에 관심을 갖고 이야기를 만들어본다.

집단크기 대 · 소집단

활동자료 실물 화상기 또는 OHP, 그림 자료(애벌레, 번데기, 나비 날개)
「나비가 된 배추벌레」

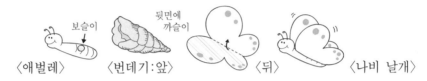

〈애벌레〉   〈번데기:앞〉   〈뒤〉   〈나비 날개〉

활동방법 1. 유아들에게 애벌레와 나비를 보여주며 제목을 이야기한다.
   - (애벌레 그림을 보여주며) ○○반 친구들 안녕! 내가 누군지 아니?
     난 커다란 배추밭에서 커다란 배추를 먹고 사는 애벌레야, 내가 배추를 많이 먹고 배가 부르
     면 어떤 일이 생기는지 아니? 내가 지금부터 이야기해 줄테니까 잘 들어봐,

2. 동화를 들려준다.

3. 동화의 내용에 대해 이야기 나눈다.
   - (애벌레가 물어보는 것처럼) 너희들 내 이야기 잘 들었니?
   - 내가 무엇을 먹었니?
   - 배추잎을 배불리 먹고 무엇이 되었는지 아니?
   - (애벌레 위에 번데기를 붙이며) 바로 이런 번데기가 되었지, 그리고 또 얼마 후 이 번데기는
     무엇이 되었지?
   - (번데기에 나비날개를 붙이며) 그래, 이런 나비가 되었지,

참   고 · '월~토요일' 대신 '한밤 자고', '또 한밤 자고'로 바꾸어 줄 수 있다. '그 다음날'도
        글을 바꾸어서 들려준다.
      · 동화를 들려주고 난 뒤 언어영역에 융판 삼각대와 함께 비치해두어서 유아들이 이야
        기를 만들어볼 수 있도록 한다.

대·소집단활동
새 노래

꿀벌

활동목표 · 봄에 볼 수 있는 곤충의 움직임에 관심을 갖는다.
· 노랫말을 바꾸어 부르는 경험을 갖는다.

집단크기 소집단

활동자료 그림판, 벌(자석자료), 자석 손잡이(필름통에 자석을 붙인다.)

〈그림판〉
① 함석판(30×20㎝)의 모서리를 굴린 후 가장자리를 종이 테이프로 두른다.
② 연한 하늘색 라이넥스천으로 함석판을 싼다.
③ 부직포로 연못을 만든 후 뒤에 찍찍이를 붙인 다음 함석판에 붙인다.

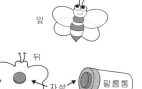

활동방법 1. 연못을 붙인 그림판을 보여준다.
  – (연못을 가리키며) 이것은 무엇일까?
  – 자, 연못 위로 누가 날아다니는지 보자.

2. 벌을 움직이며 노래를 들려준다.

3. 유아들과 함께 노래를 불러본다.

4. 유아들이 노래를 익숙하게 부르면 노랫말을 바꿔서 불러본다.
  – 이번에 노래를 부를 땐 연못에 누가 날아다니는 것으로 해볼까?(나비)
  – 나비는 어떻게 날아 다니지? 우리가 한번 흉내내보자.
  – (팔동작을 하며) 이렇게 나비가 훨훨 날아 다니는 구나.
  – 함께 노래를 부른다.
    (훨훨 나비가 난다. 연못 위를 돌아서 하루종일 쉬지 않고 훨훨훨 나비가 난다.)

꿀벌

보헤미아 민요/송여숙 편역

1.붕 붕 붕 벌 이 나 른 다 연 못 위 를 돌 - 면 서
2.붕 붕 붕 벌 이 나 른 다 들 - 장 미 위 - 에 서

하 루 종 일 쉬 지 않 고 붕 붕 붕 벌 이 나 른 다
하 루 종 일 쉬 지 않 고 붕 붕 붕 벌 이 나 른 다

마당에서 볼 수 있는 벌레 관찰하기

4월 4주

활동목표	·벌레의 특징을 관찰한다. ·동물을 소중히 다루는 경험을 해본다.
집단크기	소집단
활동자료	플라스틱 재질의 안전한 돋보기, 깨끗한 플라스틱 통

활동방법

1. 실외놀이에서 곤충이나 벌레를 발견했을 때 관심 있게 이야기한다.
   - 이게 뭘까? 잘 기어서 가는구나.
   - 아주 작은 벌레인데 빨리 움직이는구나.

2. 벌레들의 여러 가지 모습(먹이 나르는 모습, 건드리면 몸을 둥글게 말거나 죽은 척 하는 모습 등)을 함께 본다. 이때 돋보기를 이용하여 좀더 자세히 볼 수 있도록 하며, 유아들이 벌레를 해치지 않게 한다.
   - 이 벌레는 머리에 긴 더듬이가 달려 있네.
   - 이 벌레는 손으로 만지니까 몸이 공처럼 동그랗게 되는구나.
   - 개미는 먹이를 가지고 어디로 가는 걸까? 우리도 따라가 볼까?

3. 유아들이 원할 경우에는 벌레를 속이 비치는 플라스틱 용기에 담아 함께 본 다음 잠시 후에 놓아준다.
   - 우리가 벌레를 다 보고 나서는 어떻게 하면 좋을까?
   - 벌레를 다시 돌려놓지 않으면 다음에 우리가 벌레를 여기서 또 볼 수 있을까?

참 고

·벌레를 발견하면 해로운 곤충인지 아닌지를 판별하여 반드시 유아들에게 주의를 준다.
·벌레를 유아들과 함께 볼 때에는 유아들이 벌레를 손으로 직접 잡지 않도록 주의하고 놀이 후 반드시 손을 깨끗이 씻게 한다.

주제 ─ 나 · 가족 · 친구

실시기간 : 5월 1주 ~ 6월 1주

▶▶▶ 전개방법

「나, 가족, 친구」 주제는 유아 자신에 대한 이해를 높이고 자신의 역할을 파악하며, 나아가 가족 구성원의 역할과 가족의 의미를 알고, 친구에 대한 이해심을 넓히는 경험을 제공한다. 또한 다른 사람의 의견을 존중하며 함께 하는 경험을 통해 자율적인 태도와 자신감 뿐만 아니라 더불어 함께 하는 즐거움을 느낄 수 있게 한다.

「나」는 신체의 생김새와 기능을 탐색해보는 활동을 통해 자신에 대한 흥미와 관심을 유지시키고 자신이 할 수 있는 것, 좋아하는 것 등의 활동을 통해 경험해 볼 수 있게 하여 자신에 대해 긍정적인 자아상을 가질 수 있도록 전개한다.

「가족」은 유아가 함께 생활하는 가족에 대한 내용이므로, 유아의 생활 그 자체라고 할 수 있다. 그러므로 유아의 실제 생활과 연관지어 전개하도록 한다. 가족 그림 그리기, 가족 역할놀이 등을 통해 유아의 가족을 표현해보게 하고, 엄마·아빠가 좋을 때나 가족을 위해 해주고 싶은 것 등을 말해보는 활동을 통해 가족의 소중함을 느껴볼 수 있게 한다. 특히 이 주제는 가족과 관련된 특별한 날들을 통해 자연스럽게 전개하는 것이 효과적이다.

「친구」는 친구들의 사진을 보며 이름 말해보기, 친구 얼굴 꾸며보기, 친구와 함께 풍선 나르기 등의 활동을 통해 같은 반에서 생활하는 친구가 누구인지를 알고, 친구에게 관심을 가지며, 친구와 함께 노는 것이 즐겁다는 것을 경험할 수 있도록 전개한다.

▶▶ 환경구성

	쌓기놀이영역	역할놀이영역	미술영역	언어영역	탐색·조작영역	음률영역

실
 	
내
	• 종이벽돌 블록
	• 단위 블록
	• 공간블록
	• 큰와플 블록
	• 레고
	• 가족인형
	• 인형들
	• 장난감 피아노
	• 장난감 가게 화보
	• 놀이동산
	• 어린이집 사진
	• 우리 몸 꾸미기
	  그림판
	• 유성매직
		• 다양한 종류의
		  사탕
		• 반지
		• 목걸이
		• 스카프
		• 구두
		• 머리띠
		• 드레스
		• 면사포(레이스 천,
		  보자기 등)
		• 넥타이
		• 앞치마
		• 모자
		• 구두
		• 가방
		• 주방장 모자
		• 장난감 오븐
		• 음식 모형 찍기틀
		• 색밀가루 반죽
		• 밀대
		• 접시
		• 소꿉 도구들
		• 인형
		• 지퍼, 스냅단추
		  찍찍이, 큰 단추
		  등이 달린 인형옷
		• 모형 생일 케이크
		• 장난감 전화기
		• 족두리
		• 한복
			• 색종이 넣는 비닐
			• 빨대
			• 꽃종이
			• 한지
			• 빵끈
			• 리본 테이프
			• 색연필
			• 크레파스
			• 사인펜
			• 스템프
			• 롤러
			• 조각 코팅지
			• 유성매직
			• 네임펜
			• 수성펜
			• 지점토
			• 풀
			• 가위
			• 잡지
			• 모래종이
			• 두꺼운 도화지
			• 색종이
			• 비닐 앞치마
			• 밀가루
			• 플라스틱 용기
			• 휴지
			• 1회용 접시
			• 유성펜
			• 다양한 나뭇잎
			  모양 종이
			• 「나무와 나뭇잎」
			  그림자료
			• ○□△도형 색지
			• 손모양 종이
			• 스케치북
				• 그림책:
				「엄마·아빠」
				「벌거숭이 벌거숭이」
				「나의 몸, 튼튼한 뼈」
				「혼자서도 잘해요」
				「나는 내가 좋아요」
				「뭐든지 볼 수
				  있어요」
				「사랑에 빠진 개구리」
				「빨간 풍선」
				「나는야 멋쟁이」
				「내가 아빠를
				  얼마나 사랑
				  하는지 아세요?」
				「다정한 우리 가족」
				「엄마의 슬리퍼」
				「우리집 엄마가
				  알을 낳았어요」
				「아빠의 생일선물」
				「엄마 배가 커졌어요」
				「집을 팝니다」
				「똑같은 친구는
				  없어요」
				「토미네 집은 어디?」
				「순이와 어린 동생」
				「외톨이 사자는
				  친구가 없대요」
				• 막대동화:
				「커다란 금방울」
				• 동시판:
				「나는 알아요」
				「나는 좋아요」
				「내가 좋아하는 것」
				「별 삼형제」
				• 녹음기
				• 공테이프
				• 잡지
				• 광고지
				• 신문간지
				• 교직원 사진과 이름
				• 반명이 적힌 판
				• 가족사진책
				• 반 친구 사진과
				  이름 카드
				• '미안해, 고마워'
				  상황 그림책과
				  카드
					• 오목·볼록 거울
					• 체중계
					• 신장계
					• 여러 가지 과일
					• 확대경
					• 실물 화상기
					• 촉감 도미노 카드
					• 신체 부위 카드
					• 신체 부위가
					  하는 일 카드
					• 인체퍼즐
					• 널빤지
					• 공
					• 원반·말굽·
					  막대 자석
					• 단맛·쓴맛·
					  짠맛·신맛 등
					  맛보기 자료
					• 패턴 계란판 3개
					• 탁구공
					  (빨강11개·
					  노랑8개·
					  파랑11개)
					• 숟가락
					• 사인펜
					• 관찰지
					• 얼굴판 2개
					• 다양한 얼굴 부분
					  카드
					• 그림 먹는 인형통
					  3개
					• 물건이름
					  카드 15개
					• 선생님 사진 붙은
					  깡통 2개
					• 부직포 카네이션
					  20송이
					• 삼각 주사위
					• 그림자 짝짓기
					  카드와 그림자판
						• 방울 달린
						  빨래집게
						• 움직이는 장난감
						• 리본막대
						• 북
						• 보자기
						• 천
						• 여러 가지
						  리듬악기
						• 노래 악보 및
						  테이프:
						「어린이 날」
						「우리 모두
						  다같이」
						「사랑」
						「사과같은
						  내 얼굴」
						「감사합니다」
						「뿜」
						「내 몸이
						  기쁘단다」
						「우리들 세상」
						「내 손으로 척척」
						「엄마 좋아
						  아빠 좋아」
						「빙빙 돌아라」
						「둘이서 둘이서」
						• 녹음기

실 외	비누방울놀이 재료(비누물, 비누방울체, 세숫대야 2개, 흡수가 되는 종이, 밀가루풀, 식용색소(2종류 정도), 손가락 풀그림 재료(색물 3~4가지 정도, 매끄러운 종이, 큰 숟가락, 손 닦을 스펀지, 앞치마, 반짝이, 빗), 모래놀이(숟가락, 그릇, 접시 등 소꿉놀이 소품), 탱탱볼, 매트, 종이테이프, 끈 또는 색테이프, 분유, 젤리, 쟁반					

주간보육계획안

소주제 : 어린이날　　　　　　　　　　　　　　　　　　　　**실시 기간 : 5월 1주**

		월	화	수	목	금	토
등원 및 맞이하기		유아의 기분을 살펴주며 맞이하기			어린이날 노래 들려주기		
실내자유선택활동	**쌓기놀이영역**	장난감 가게 만들기 1)					
	역할놀이영역	장난감 가게 놀이			◎ 밀가루 반죽으로 과자 만들기		
		나의 몸 꾸미기(반지, 목걸이, 스카프, 구두, 머리띠, 드레스 등)					
	미술영역	사탕 목걸이 · 팔찌 만들기 2)		사인펜으로 그리기(내가 받고 싶은 선물) 4)			
		사탕 봉지를 만들어요 3)			고깔모자 만들기		
	언어영역	◎ 내가 좋아하는 책 친구에게 읽어주기				친구에게 그림 편지쓰기	
		막대동화:「커다란 금방울」5)		그림책: 어린이날			
	탐색 · 조작영역	◎ 탁구공을 담아요			◎ 옷을 입혀주세요		
	음률영역	노래:「어린이날」			신체표현: 우리모두 다같이		
		음악에 맞춰 소리나는 장갑끼고 박수치기					
대 · 소집단활동		새 노래: 어린이날		동시: 별 삼형제 6)			
실외자유선택활동		게임: 분유통의 젤리 찾기		◎ 비누방울 놀이			
점심 및 낮잠		이불 위로 뛰어다니거나 밟고 다니지 않기					
기본생활습관		뚜껑이 있는 물건 사용 후 뚜껑 닫기					
교육활동참고		1) 장난감 가게 만들기 　• 좋아하는 장난감을 가져오게 하여 공간 블록, 종이벽돌블록, 어린이집의 놀잇감 등을 이용하여 각각의 장난감들이 들어갈 가게를 만들어보게 한다. 2) 사탕 목걸이 · 팔찌 만들기 　• 어린이날에 맞춰 비닐에 싸여진 다양한 종류의 사탕을 꽃바구니에 담아 리본테잎, 빵끈 등과 함께 내주고, 사탕을 골라 목걸이 혹은 팔찌를 만들어 가질 수 있게 한다. 3) 사탕 봉지를 만들어요: 색종이 넣는 비닐에 잘게 자른 빨대, 꽃종이 · 한지 자른 것 또는 조각 등을 넣어 입구를 빵끈으로 묶는다. 사탕을 함께 넣어 만들 수도 있다. 4) 사인펜으로 그리기 　• 풍선을 이용할 경우, 풍선에 받고 싶은 선물을 사인펜으로 그려 교실입구나 벽면에 붙여두면 어린이날의 분위기를 연출하고 유아들의 생각에 대한 부모님의 관심을 유도할 수 있다. 5) 커다란 금방울 　• 대 · 소집단활동시간에 막대동화를 들려준 후 언어영역에 동화 내용을 녹음하여 막대동화와 함께 제시해주어서 유아들이 동화를 들으며 막대동화를 직접 조작해볼 수 있도록 한다.〈9월3주 '커다란 금방울' 동극 참고〉 6) 별 삼형제: 〈교육부(2000). 유치원 교육활동지도자료집 11. p41.〉					

주간보육계획안

소주제 : 내가 좋아하는 것이 있어요 Ⅰ(어버이날)　　　　　　　　　**실시 기간 : 5월 2주**

		월	화	수	목	금	토
등원 및 맞이하기		엄마, 아빠 "사랑해요" 안아주며 헤어지기					
실내자유선택활동	**쌓기놀이영역**	◎ 블록으로 집 꾸미기(폐쇄공간 만들기)			레고로 사람 모양 구성하기		
	역할놀이영역	엄마,아빠께 식사 차려드리기					
	미술영역	꽃 만들기(카네이션)		엄마,아빠 그리기			
	언어영역	그림책:「엄마,아빠」　　「벌거숭이 벌거숭이」　　「나의 몸」　　「튼튼한 뼈」 동시:「나는 알아요」[1] 　　　　　　듣기: 자기 목소리 녹음해서 들어보기/엄마·아빠 말씀 들어보기 [2] 엄마, 아빠께 드리고 싶은 선물 오려보기(백화점 광고지, 신문간지, 잡지 화보 등 제시)					
	탐색·조작영역	오목·볼록 거울에 비춰보기 　　　　내 몸이 하는 일 [3] 인체 입체 모형 탐색하기			내가 이만큼 자랐어요 (키 재기, 전자저울을 이용한 몸무게 재기)		
	음률영역	노래:「사랑」 신체표현: 방울집게 달고 몸 흔들어 보기 [4]		「사과 같은 내 얼굴」 나처럼 해봐요 ◎ 소리탐색: 내 몸으로 연주해요			
대·소집단활동		새 노래:「사랑」 OHP동화:「엄마·아빠 사랑해요」		「사과 같은 내 얼굴」 　　　그림동화:「아기사자의 머리 깎기」			
실외자유선택활동		◎ 손가락 풀그림		젖은 모래 위에 발가락으로 그리기			
점심 및 낮잠		숟가락, 포크 바르게 사용하기					
기본생활습관		간식 먹은 후 물 양치하기		점심 먹은 후 이닦기			
교육활동참고		1) 나는 알아요:〈교육부(2001). 동시활동지도자료집. 한국어린이육영회〉 2) 자기 목소리 녹음해서 들어보기/엄마·아빠 말씀 들어보기: 엄마·아빠께 하고 싶은 말 녹음하여 가정에서 들려드린 후 엄마·아빠의 메시지를 녹음해오게 하여 함께 들어본다. 3) 내 몸이 하는 일: 신체의 각 부위에 신체의 각 부분이 하는 일 카드를 짝지워본다. 4) 방울집게 달고 몸 흔들어 보기: 빨래집게에 방울과 리본을 묶어 제시해준다. 각자 원하는 신체 부위에 꽂고 자유롭게 흔들어본다. 신체 부위를 나누어 흔들어본다. 　- 우리 머리를 흔들어보자 　- 다른 곳은 가만히 있고 어깨만 흔들어 볼까? 　- 우리, 마구 뛰어볼까?					

주간보육계획안

소주제 : 내가 좋아하는 것이 있어요 II (스승의 날)　　　　　　　　실시 기간 : 5월 3주

		월	화	수	목	금	토
등원 및 맞이하기		내가 좋아하는 옷차림에 대해 이야기나누기					
실내자유선택활동	쌓기놀이영역	큰 와플 블록으로 집 짓기 　　　　　　 레고로 내가 좋아하는 장난감 만들기					
	역할놀이영역	◎ 가족놀이　　 선생님놀이　　 내가 좋아하는 음식 만들기(피자, 빵, 아이스크림) 　　　　　 인형 옷 갈아입히기(지퍼, 스냅단추, 찍찍이, 큰 단추)					
	미술영역	좋아하는 모양(○△□등)으로 꾸미기　　　　　 손 모양 종이에 지문찍기(롤러, 스탬프 이용)					
	언어영역	그림책:「혼자서도 잘해요」「손과 발」「나는 내가 좋아요」　　　 「나는 행복해요」 　　　　　　　　　　　「뭐든지 볼 수 있어요」 어느 반 선생님이실까? [1]　　　　　　 듣기: 친구 목소리 듣고 알아맞히기					
	탐색 · 조작영역	선생님께 꽃 달아드리기　　　　　　　　 과일 맛보기 　　　　　　　 ◎ 냉장고에 좋아하는 음식 붙이기 내 몸 관찰하기(지문, 피부, 손바닥 등/실물 화상기 확대경 이용)					
	음률영역	노래:「감사합니다」「뽐」　　　　　　 ◎ 내 마음이 기쁘단다 　　　　 소리탐색: 신체를 이용하여 소리를 만들어요					
대 · 소집단활동		새 노래:「우리들 세상」[2]　　 ◎ 전이활동: 기분 목걸이 동화:「욕심쟁이 임금님」「나는 무엇을 할 수 있을까?」					
실외자유선택활동		◎ 모래놀이　　　　　　 공을 바닥에 튀기고 받기					
점심 및 낮잠		좋아하지 않는 반찬 먹어보기					
기본생활습관		내 물건이 아닌 것은 주인에게 허락받고 만지기					
교육활동참고		1) 어느 반 선생님이실까? 　 · 어린이집 모양에 까꿍그림판을 만들어 그 안에 선생님 사진을 붙이고 이름과 반명을 쓴다. 유아들이 까꿍그림판을 열고 닫으며 선생님에 대해 이야기해본다. 2) 우리들 세상: 〈김성균(1996). 김성균 동요1집. 국민서관. P69.〉					

주간보육계획안

소주제 : 내가 좋아하는 것이 있어요Ⅲ　　　　　　　　　　　　**실시 기간 : 5월 4주**

		월	화	수	목	금	토
등원 및 맞이하기		내가 좋아하는 것 가져와서 이야기하기					
실내자유선택활동	쌓기놀이영역	놀이동산 만들어 놀기		공룡레고	사람을 만들어보세요		
	역할놀이영역	음식점놀이		생일 잔치 놀이	내가 가져온 물건으로 놀이하기		
	미술영역	조각 코팅지에 내가 좋아하는 것 그리기(유성매직, 네임펜, 수성펜 첨가) 지점토에 손바닥 · 발바닥 찍어 말리기		◎ 휴지죽으로 만들기			
	언어영역	그림책:「사랑에 빠진 개구리」	「빨간 풍선」	「나는야 멋쟁이」 내가 좋아하는 것 이야기해보기 (가져온 물건)			
	탐색 · 조작영역	촉감 도미노 1)	인체 퍼즐 맞추며 몸 관찰하기		◎ 얼굴 만들기		
	음률영역	노래:「내 손으로 척척」 ◎ 신체표현: 움직이는 장난감　　리본 춤 추기					
대 · 소집단활동		새 노래:「내 손으로 척척」　　동시:「내가 좋아하는 것」2)					
실외자유선택활동		발목 잡고 걷기　　　　　신체표현: 선 따라 걷기(지그재그 걷기)					
점심 및 낮잠		윗니, 아랫니 바르게 닦기					
기본생활습관		친구 놀이를 방해하지 않기					
교육활동참고		1) 촉감 도미노: 동그라미 부분에 벨벳천, 거울, 사포, 골판지, 장판 조각, 스펀지 등을 한 카드에 다른 재질을 붙여(예:거울/사포, 사포/골판지, 거울/장판) 같은 촉감으로 연결해가며 길게 또는 네모 모양 등으로 구성해본다. 2) 내가 좋아하는 것: 유아가 좋아하는 것들에 대해 이야기 나누고 동시를 만들어 본다.					

주간보육계획안

소주제 : 나는 가족을 사랑해요　　　　　　　　　　　　　　**실시 기간 : 5월 5주**

		월	화	수	목	금	토
등원 및 맞이하기		누구와 어린이집에 왔는지 이야기 나누기					
실내자유선택활동	**쌓기놀이영역**	집 레고 놀이		종이벽돌 블록, 단위 블록으로 집 만들기(가족인형 소품 첨가)			
	역할놀이영역	엄마,아빠 놀이			결혼식놀이		
	미술영역		엄마, 아빠 그려보기		◎ 우리 가족 나무 만들기		
	언어영역	그림책:「엄마의 슬리퍼」　　　　　　　　「다정한 우리 가족」 「아빠의 생일 선물」　　　「우리 집 엄마가 알을 낳았어요」　　　「엄마를 찾는 아기양」 　　　　「엄마 배가 커졌어요」 가족 사진 보고 이야기하기　　　　　　　　엄마·아빠 결혼식 앨범 보기 　　　　엄마·아빠가 좋을 때에 대해서 이야기하기					
	탐색·조작영역	경사로에 공 굴려보기　　그림자 카드 짝짓기(사진과 그림자 짝짓기) 　　　　그림 먹는 인형 1)　　엄마 아빠 꾸미기 2)					
	음률영역	노래:「엄마 좋아 아빠 좋아」　　「닮은 곳이 있대요」 신체표현: 크고 작게 3)					
대·소집단활동		전이활동: 우리 집에 누가 사나요?　　　OHP 동화:「내가 아빠를 얼마나 사랑하는지 아세요?」 새 노래:「엄마·아빠」4)　　신체표현: 빙빙 돌아라　　　그림동화:「집을 팝니다」					
실외자유선택활동		두꺼비집 만들기　　　　　우리 집에 왜 왔니?					
점심 및 낮잠		◎ 결혼식 비디오 보기					
기본생활습관		비누 사용하여 손가락 사이사이 씻기					

교육활동참고	1) 그림 먹는 인형 〈활동자료〉 '입 벌린 엄마·아빠·나' 상자, 그림카드, 삼각주사위 ① 3개의 상자를 각각 시트지로 싼다. ② 엄마·아빠·나를 색상지로 만들어 코팅한 후 투명시트지로 싼 상자 위에 부착한다. ③ 각 얼굴의 입에 구멍을 뚫어준다. ④ 엄마·아빠·나 물건의 그림카드(5×5cm)를 만든다. ⑤ 삼각주사위에 '엄마·아빠·나'의 얼굴을 그려 붙여준다. · 주사위를 던져 나온 사람의 물건을 입 벌린 엄마·아빠·나 상자에 분류한다.  2) 엄마·아빠 꾸미기 · 라이렉스천을 이용해 엄마·아빠의 신체를 만들어 우드락에 붙인다. · 엄마(치마, 귀걸이, 핸드백, 구두, 브라우스 등)·아빠(바지, 와이셔츠, 넥타이, 벨트 등)의 물건을 만들어 뒷면에 까슬이를 붙인다. · 유아들이 엄마·아빠의 물건으로 자유롭게 엄마·아빠를 꾸며본다. 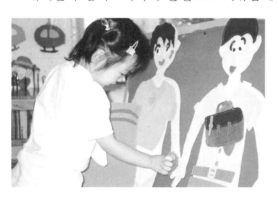 3) 크고 작게 · 북소리를 탐색해본다. – 소리를 크게 쳐볼까? – 점점 작게 쳐보자, · 크고 작은 북소리에 맞춰 손으로 나타내 본다. – 북소리를 잘 들어보자, 북소리에 맞춰 손을 조금씩 조금씩 크게(작게) 움직여보자, · 크고 작은 북소리를 몸으로 표현해본다.

교육활동참고

4) 엄마·아빠

엄마·아빠

김성태 곡

1. 우 리 엄 마 이 름 은 여 보 이 구 요
2. 여 보 당 신 부 르 기 아 주 쉽 지 요

우 리 아 빠 이 름 은 당 신 이 예 요
여 보 당 신 듣 기 도 재 미 나 지 요

그 래 도 우 리 들 은 부 르 지 못 해

엄 마 아 빠 둘 이 서 만 부 른 답 니 다

주간보육계획안

소주제 : **친구가 좋아하는 것을 알아보아요**　　　　　　　　실시 기간 : **6월 1주**

		월	화	수	목	금	토
등원 및 맞이하기		친구 이름 부르며 인사하기					
실내자유선택활동	**쌓기놀이영역**	어린이집 짓기(장난감 피아노, 놀이기구, 사람인형 만들기)　　　　　　　◎ 단위 블록으로 친구 몸 꾸미기					
	역할놀이영역	친구 몸 꾸며주기(액세서리 소품 이용)　　　　친구 초대하기 놀이 　　전화놀이(선생님, 친구에게 전화하기)					
	미술영역	모래종이에 크레파스로 그리기 　　　　　◎ 잡지에서 내가 좋아하는 것 오려 붙이기					
	언어영역	그림책:「똑같은 친구는 없어요」　　「토미네 집은 어디?」　　「외톨이 사자는 친구가 없대요」 　　　「순이와 어린 동생」 수수께끼: 어떤 친구일까요? [1] 　듣기: 친구 목소리 듣고 알아맞히기 　　　　　　　　　　　　　　◎ 미안해! 고마워!					
	탐색·조작영역	맛보기(단맛, 쓴맛, 신맛, 짠맛)　　오목·볼록 거울에 비춰 보기 　　　　　　　밀고 당겨요(자석놀이)					
	음률영역	노래 게임: 없어진 친구는 누구? [2]　　　　신체표현: 둘이서 둘이서					
대·소집단활동		새 노래:「둘이서 둘이서」　　　동화:「내 친구 다락 도깨비」 　　그림동화:「둘이서 둘이서」 [3]					
실외자유선택활동		공 차서 다른 친구에게 패스하기　　　모래성 쌓기　　◎ 게임: 내 신발 찾아 신고 돌아오기					
점심 및 낮잠		점심과 간식을 먹을 때 자리에 앉아서 먹기　　먹은 후에 일어나기					
기본생활습관		친구에게 미안한 행동했을 때 "미안해"하고 사과하기 도움을 받았거나 물건을 빌렸을 때 "고마워"하고 인사하기					

교육활동참고	1) 어떤 친구일까요? 　• 카드에 반 친구 사진과 이름을 적은 카드를 만들어서 어떤 친구인지 수수께끼를 내고 맞춰 　　본다. 　• 이름 카드를 컴퓨터 상자에 넣어 나오는 것을 보며 이름을 말해 볼 수도 있다. 2) 없어진 친구는 누구? 　〈활동자료〉 노래테이프, 유아 몸을 덮을 수 있는 보자기 또는 천 　• 노래에 맞춰 자유롭게 뛰다가 노래가 멈추면(악기로 신호를 줌) 바닥에 엎드려 얼굴을 숨긴다. 　• 교사가 엎드린 1명의 유아를 보자기로 가리고, 엎드린 다른 유아들을 일어나게 하여 누가 없어 　　졌는지 맞혀보게 한다. 　• 처음에는 5~6명 정도로 놀이를 하다가 차츰 늘여간다. 「작은 동물원」 노래를 배운 후, 노래에 　　맞춰 동물 흉내를 내며 자유롭게 움직인다. 　• "소라"할때 모두 엎드려 몸을 제일 작게 만들게 한 후 한 유아를 보자기로 덮어 다른 유아들 　　이 맞혀보게 할 수 있다. 3) 둘이서 둘이서 : 〈글 · 그림/김복태. 보림출판사〉

밀가루 반죽으로 과자 만들기

5월 1주

활동목표	· 밀가루 반죽의 촉감을 느낀다. · 음식 만드는 경험을 놀이로 표현해본다.
집단크기	소집단
활동자료	주방장 모자, 장난감 오븐, 앞치마, 모형 찍기틀, 색밀가루 점토, 밀대, 접시 등

활동방법

1. 유아들이 자료들을 충분히 탐색할 수 있는 기회를 준다.
   - 찍기틀이 있네, 여러 가지 모양을 찍어볼 수 있겠구나,
   - 어머! 과자를 구울 수 있는 오븐도 있네,

2. 교사는 유아가 필요로 하는 자료를 제공하고 유아의 놀이에 적절히 반응하며 함께 놀이한다.
   - 와! 배 고프다! 과자좀 만들어 주세요,
   - 방금 구운 과자 없어요?
   - (밀가루 반죽을 가리키며) 이거 모두 다 과자 만들건가요?
   - 여러 가지 과자를 많이 만들 수 있겠네요,
     밀가루 접토를 마음껏 주무르고 여러 가지 모양찍기 놀이가 일어나도록 한다,

3. 놀이에 관심을 보이는 다른 유아에게도 놀이를 제안하여 참여시킨다.
   - 친구들도 와서 먹어보게 해야지!
   - 친구를 데려왔는데 더 먹을 수 있어요?
   - 잘 먹었습니다,
   - 다 먹은 그릇은 어디에 둘까요?

4. '잘 먹었습니다', '먹은 그릇은 어디에 둘까요?' 등 기본생활습관을 놀이 속에서 표현해 보게 한다.

실내자유선택활동
언어영역

내가 좋아하는 책 친구에게 읽어주기

5월 1주

활동목표	·동화책 내용을 말로 표현할 수 있다.
집단크기	소집단
활동자료	글이 많지 않고 내용이 간단한 그림동화 등 - 언어영역에 책 표지 그림이 잘 보이도록 그림동화를 꽂아둔다.
활동방법	1. 교사가 놀이 상황에서 유아가 읽고 싶어하는 그림동화를 읽어준다. 　- ○○가 ◇◇◇ 이야기를 듣고 싶구나, ○○이랑 같이 책 볼 친구 오렴. 2. 동화의 내용을 말하기 좋아하는 유아가 있으면 친구에게 직접 이야기를 들려주자고 권해본다. 　- ○○가 이 이야기를 잘 알고 있구나, 그럼, 이번에는 ○○가 책을 보면서 친구들에게 이야기를 해 줄 수 있니? 3. 유아들을 가까이 앉게 한 후, 유아가 책을 보며 이야기하는 것을 같이 들으며 적절하게 반응한다. 　- (그림을 보며) 여기서는 무슨 일이 생긴 거지? 　- 그 다음에 ◇◇◇는 어떻게 되었니? 그림도 같이 보여주면 좋겠다. 4. 책을 보며 친구들에게 이야기를 해주고 싶은 또 다른 유아가 있거나, 다른 이야기를 해주고 싶은 유아가 있으면 책을 가지고 오게 하여 차례대로 이야기해볼 기회를 마련해준다. 　- ○○가 다른 책 이야기를 들려준대, 우리 같이 들어보자.

참   고 ┆ •글자를 읽지 못하는 유아들도 주저하지 않고 그림을 보며 자유롭게 이야기를 만들어
　　　　 ┆   친구에게 책을 읽어줄 수 있도록 자연스러운 분위기를 만들어 격려해준다.

실내자유선택활동
탐색 · 조작영역

탁구공을 담아요

5월 1주

활동목표	・같은색끼리 분류해 본다. ・일대일대응을 해본다.
집단크기	소집단
활동자료	계란판 3개, 탁구공 30개(빨강 11개, 노랑 8개, 파랑 11개), 숟가락. ① 탁구공 10개가 들어갈 크기의 종이계란판 3개를 준비한다. ② 각각의 둥근 모양에 아크릴 물감으로 아래 그림과 같이 색을 칠한다.

〈계란판〉

활동방법	1. 놀잇감을 제시하고 유아가 관심을 보이면 탐색할 시간을 갖는다.
	   – 빨간색, 파란색, 노란색 탁구공들이 많네.
	   – 같은 색끼리 모아 볼 수 있겠니?
	   – 같은 색끼리 다 모았네. ○○는 무슨 색깔 공을 모았니?
	
	2. 계란판의 색과 같은 색의 탁구공을 손으로 담아 보게 한다.
	   – 계란판의 빨간색이 있는 곳에 빨간색 탁구공을 담아볼 수 있니?
	   – 모두 담았네. 윗줄에 어떤 색들이 있니?
	
	3. 숟가락을 이용하여 계란판의 색깔대로 탁구공을 담아보게 한다.
	   – 이번에는 계란판의 색과 같은색 탁구공을 숟가락으로 담아볼까?

옷을 입혀주세요

5월 1주

활동목표	·다양한 촉감을 경험한다.
집단크기	소집단
활동자료	남·여아 그림틀, 촉감판

〈그림틀〉
· 남·여아를 그려 하드보드지(24cm×35cm)에 붙여 바지와 치마 부분만 오려내어 촉감판을 넣을 수 있는 그림틀을 각각 만들어 투명 시트지로 싼다.

〈촉감판〉
· 그림과 같이 하드보드지를 잘라 다양한 질감·색깔·무늬의 헝겊을 붙여 만든다.

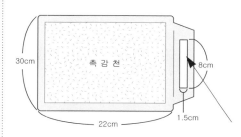

30cm 촉감천 8cm
22cm 1.5cm
손을 넣을 수 있도록 1.5×8cm로 오려냄

활동방법
1. 놀잇감에 관심을 갖는 유아가 있으면 탐색할 시간을 갖고 놀이방법을 소개한다.
   - 그림에 있는 친구들이 예쁜 옷을 입고 싶어해. 어떤 옷을 입혀주고 싶니?
   - 그래, 여기있는 빨간 치마를 입혀주자.

2. 촉감판을 넣고 손으로 만졌을 때의 느낌을 이야기해본다.
   - 빨간 치마를 손으로 만져볼까?
   - 어떤 느낌이 나니?
   - 다른 옷은 어떤 느낌이 날까? 한번 넣어보자.

실외자유선택활동

비누방울 놀이

5월 1주

활동목표	· 비누방울을 자유롭게 탐색하며 즐긴다. · 비누방울 잡기를 하여 나타난 여러 가지 모양을 감상한다.
집단크기	소집단
활동자료	주방 세제, 약간의 물, 비누방울체, 세숫대야 2개, 16절 혹은 8절 크기의 흡수가 잘 되는 종이(도화지, 창호지), 밀가루풀, 식용색소

〈비눗물〉
- 주방 세제에 약간의 물과 밀가루풀을 섞은 후 2개의 대야에 나누어 담고 식용색소를 섞어 저어준다.

〈비누방울체〉
① 철사 옷걸이를 지름 20㎝정도로 둥글게 만든다.
② 손잡이는 모루로 감아 안전하게 잡을 수 있도록 만든다.
③ 체의 둥근 곳에 가는 철사를 불규칙하게 엮어 울룩불룩하게 만든다.

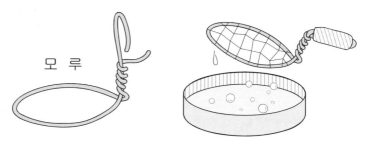

모 루

활동방법	1. 실외놀이에서 자유놀이 중 소집단의 유아와 함께 비누방울을 탐색하는 기회를 갖는다.
	  - (교사가 체에 비누물을 묻혀 머리 위로 크게 포물선을 그려 뿌리며) 무엇이 될 것 같니?
	  - 그래, 비누방울들이 공중에서 날아다니네.
	
	2. 비누방울을 따라다니는 유아들과 비누방울 잡기 놀이를 한다.
	  - 우리, 비누방울 잡기 놀이를 해볼까?
	  - ○○가 커다란(여러개의) 비누방울을 잡았네. 어! 잡은 비눗방울이 어디로 갔지?

3. 비누방울을 도화지에 잡아본 후, 나타난 모양을 말로 표현해보게 한다.

　　- 비누방울을 종이로 잡아보면 어떻게 될까?

　　- ○○는 비누방울이 어떤 모양이 되었니?

　　- 우리 여러 개의 비누방울을 잡아볼 수 있겠니?

　　- 어떤 모양이 되었니?

참　고
・유아들이 직접 비누방울을 만들며 위와 같은 방법으로 놀이할 수 있도록 한다.

・도화지에 나타난 비누방울 모양을 풍선 또는 사탕 모양 등으로 자르고 배지를 대어 전시해준다.

・놀이 후 반드시 손과 얼굴을 깨끗이 씻도록 한다.

실내자유선택활동
쌓기놀이영역

블록으로 집 꾸미기

5월 2주

활동목표	·블록을 이용하여 집 안을 꾸밀 수 있다.
집단크기	소집단
활동자료	큰 종이벽돌 블록, 봉제인형 등
활동방법	1. 쌓기놀이영역에 충분한 공간을 확보하고 종이벽돌 블록을 길게 늘어놓고 유아들의 반응을 살핀다. 　- 나는 여기에 튼튼한 집을 만들어야지. 　- ○○도 같이 집을 만들어볼까? 이 벽돌로 튼튼한 문을 만들어줄 수 있니? 　　(관심 있게 다가오는 유아들을 자연스럽게 놀이에 개입시킨다.) 　- 또 무엇을 만들면 좋을까? 2. 종이벽돌 블록을 길게 늘어놓아 벽을 만들거나, 문을 만들어 집을 구성해본다. 　- 벽돌을 길게 놓기만 하면 사람들이 여기가 집이라는 것을 알 수 있을까? 　　그래, 벽을 만들어 세우면 너희 집이 있다는 걸 알겠구나. 　- ○○의 집은 아주 튼튼한 집처럼 보이는구나. 　　그런데 이 집으로 들어가려면 어디로 들어가지? 3. 다양한 공간을 만들며 이름을 붙여보도록 한다. 　- 화장실은 어디라고 할까? 　- 밥은 어디서 먹지? 4. 집이 다 만들어지면 인형 등을 이용하여 가족놀이로 연결하거나 역할놀이영역과 연결해 음식을 차려놓고 먹는 등 여러 가지로 확장할 수 있다.

내 몸으로 연주해요

5월 2주

활동목표   · 신체를 탐색한다.
　　　　　 · 소리 패턴을 만들어본다.

집단크기   개별 · 소집단

활동자료   녹음기, 음악 테이프, 그림카드('손뼉치기·발구르기·무릎치기' 하는 모습 각각 2장씩)
　　　　　 - 삼각대에 세워두고 사용한다.

활동방법   1. 신체를 탐색하여 소리를 내어보도록 유도한다.
　　　　　　 - (악기로 소리를 내며) 악기로 소리를 내보니 참 재미있구나,
　　　　　　 　악기없이 우리 몸으로도 소리를 낼 수 있을까?
　　　　　　 - 음, 선생님은 이렇게(손뼉을 치며) 소리를 낼 수 있단다, 또 어떻게 하면 소리를 낼 수 있을까?

　　　　　 2. 자유롭게 몸으로 소리 내기를 해본 후 그림카드를 하나씩 보여주며 소리를 내보게 한
　　　　　　 다.
　　　　　　 - 여기 그림에 있는 친구는 어떻게 해서 소리를 내고 있니?
　　　　　　 - 우리도 같이 해볼까?

　　　　　 3. 음악을 틀어주고 교사가 제시해주는 카드의 그림대로 유아들이 해볼 수 있게 한다.

참　　고   · 몸으로 낼 수 있는 소리의 카드(예 : 허벅지 치기, 한 발로 구르기, 혀로 소리내기 등)를
　　　　　 첨가시키거나 교체해준다.

실외자유선택활동

손가락 풀그림

활동목표	· 촉각 및 근육 감각을 즐긴다.
	· 부정적 감정을 해소할 수 있다.

집단크기   소집단

활동자료   색풀(3~4가지 정도), 매끄러운 종이(4절 크기), 큰 숟가락, 손 닦을 스펀지, 앞치마, 반짝이, 빗, 풀뚜껑 등

① 색풀은 밀가루풀에 식용색소를 섞어 약간 되직하게 만든 다음 그릇에 각각 담아둔다.
② 큰 숟가락 손잡이에 색풀과 같은 색의 테이프를 붙여 각각의 색풀통에 담아둔다.
③ 책상 위에 비닐을 깔고 종이의 사면을 투명 테이프로 붙여둔다.
④ 색풀과 스펀지, 반짝이 등을 책상 위 사용하기 편리한 곳에 둔다.

활동방법

1. 사전에 실내 · 외에서 넓은 종이에 그룹활동으로 풀그림을 경험해본 후에 재료를 첨가 (빗, 반짝이 등)하여 활동이 이루어질 수 있도록 제시한다.

2. 비닐 앞치마를 입은 유아들과 함께 제시된 재료들을 탐색하며 활동을 안내한다.
   - 네모난 상자에 무엇이 있니?
   - 숟가락과 색풀의 색깔이 어떻게 되어 있니?
   - 색풀과 같은 색 숟가락으로만 풀을 덜어서 쓰기로 하자,

3. 준비된 색풀을 사용하여 핑거 페인팅을 마음껏 즐기게 한다.
   - 숟가락으로 색풀 한 가지만 종이에 덜어 내 보자,
   - 한 개의 손가락으로 그려보자, 어떤 느낌이니?
   - 우리 손가락 모두를 사용하여 놀아보자,
   - 두 개의 손가락으로도 그려볼까?
   - 다른 색풀도 숟가락으로 덜어서 섞어보자,

4. 핑거 페인팅 놀이 후 빗, 풀뚜껑 등으로 그려본다.
   - 빗으로 그려보면 어떨까?
   - 또 다른 것으로 그려볼까?

참   고
- 놀이한 그림을 그대로 말리거나 반짝이를 약간만 뿌려 건조대에 말려서 전시해줄 수 있다.
- 유아의 흥미에 따라 활동이 한 번에 이루어지고 끝나는 것이 아니라 몇 차례 나누어 이루어지도록 한다.
- 종이가 찢어질 수 있으므로 너무 오랫동안 작업을 하지 않도록 한다.
- 더럽혀지는 것이 두려워 핑거 페인팅을 꺼려하는 유아의 경우, 억지로 시키지 말고 흥미를 느낄 때까지 빗이나 손가락 하나만을 이용하도록 격려한다.

실내자유선택활동
역할놀이영역

가족놀이

5월 3주

활동목표	·가족 구성원의 역할에 대해 관심을 갖는다. ·가족 생활의 경험을 놀이로 표현한다.
집단크기	소집단
활동자료	성인 구두, 넥타이, 화장품 병, 서류 가방, 핸드백, 앞치마, 액세서리, 포대기, 우유병, 아기 인형 등. – 작은 화장대, 전신 거울, 쇼파나 방석 등 가족 놀이를 할 수 있도록 역할놀이영역의 환경을 구성해준다.
활동방법	1. 엄마·아빠를 포함한 가족구성원이 어떤 일들을 하는지 이야기를 나눠본다. 　– ○○네 집에는 누가 살고 있니? 　– 아빠는 어떤 일을 하실까? 엄마는 어떤 일을 하실까? 2. 가족의 역할을 흉내내는 유아들과 함께 놀이를 시작한다. 3. 놀이에 참여하고 싶어하는 유아들과 함께 역할을 나누어본다. 한 사람의 역할을 여러 명이 선택할 경우(예:엄마를 하겠다는 유아가 2명일 경우)에는 여러 명이 함께 그 역할을 하는 것으로 안내하거나(예:큰엄마, 작은엄마), 또 다른 역할이 있음을 환기시킨다. 　– 이 집에 아이들은 없나요? 언니, 오빠가 아기를 돌봐주면 좋겠어요. 4. 놀이가 잘 진행되도록 직·간접적으로 참여한다. 　– 아빠 회사는 어디예요? 　– 언니, 아기가 계속 우는데, 왜 그러지? 　– 오빠는 언제 학교에 가지요?
참　고	·유아들은 집에서 본 익숙한 상황(엄마·아빠가 직장에 나가는 모습, 화장하는 모습, 집 안에서 지내는 모습, 아이들을 돌보아주는 모습 등)을 흉내내어 놀이하므로 적절한 반응을 해주어 유아들의 놀이를 확장해준다.

냉장고에 좋아하는 음식 붙이기

5월 3주

활동목표 ㆍ자신이 좋아하는 음식을 알아본다.

집단크기 개별ㆍ소집단

활동자료 냉장고 모양판, 여러 가지 음식 그림.

〈냉장고 모양판〉

① 하드보드지(20×15㎝) 2장을 서로 연결하여 접을 수 있도록 하고, 표지는 냉장고 모양
으로 꾸며서 안쪽에 보슬이를 4줄 정도 붙인다.

② 잡지 등에서 여러 가지 음식 사진이나 그림을 찾아 오려서 코팅하고 뒷부분에 까슬이
를 붙인다.

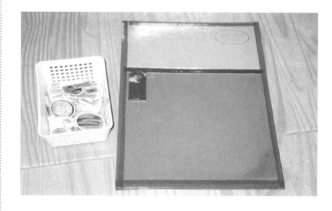 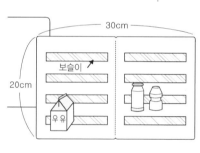

활동방법 1. 유아들과 준비된 자료를 탐색해본다.
 - 여기 여러 가지 맛있는 음식 그림이 있네, 어떤 음식인지 이름을 말해 볼 수 있겠니?
 - 냉장고도 있네, 이 음식을 어떻게 할까?

2. 유아들에게 자신이 좋아하는 음식이 어떤 것인지 찾아보게 한다.

3. 각자 자신이 좋아하는 음식을 냉장고 모양판에 붙여보게 하고 좋아하는 음식에 대해
이야기해본다.
 - ○○는 피자를 좋아하는구나,

실내자유선택활동
음률영역

내 마음이 기쁜단다

5월 3주

활동목표	· 노래를 즐겨 부른다.
	· 느낌이나 생각을 언어로 표현한다.
집단크기	소집단
활동자료	그림카드, 노래말
	- 마닐라지(8절)에 그림을 그리고 노래말판을 만든다.

활동방법

1. 등원, 실내자유선택활동 시간 등을 통해 자연스럽게 음을 익힐 수 있게 한다.

2. 그림카드를 보면서 이야기한다.
   - 친구들이 무엇을 하고 있니?
   - 친구가 장난감을 빌려 주면 기분이 어떠니?
   - 친구가 갖고 노는 장난감을 내가 갖고 놀고 싶을 때 어떻게 말해야 할까?

3. 교사가 노래를 불러주고 노래를 듣고 난 다음의 느낌을 이야기해 본다.
   - 친구가 장난감을 나눠주어서 기쁜 마음을 노래로 만든 것이 있단다.
     한번 들어볼래? (교사가 노래를 2~3번 불러준다)
   - 노래를 들어보니까 어떠니?

4. 노래말을 보여주고 노래말을 따라 읽어보게 한다.
   - 이번에는 선생님이 들려주는 노래말을 따라서 함께 불러볼까?

5. 노래말을 함께 보며 노래를 불러본다.

내 마음이 기쁘단다

김진영 작곡

친 구 야 나 의　친 구　야　장난감을 내게나눠 주 어 서

친 구 야 나 의　친 구　야　내마음이 기쁘단　다

대 · 소집단활동
전이활동

기분 목걸이

5월 3주

활동목표   · 기분이 좋았거나 안 좋았던 일을 떠올리고 이야기한다.
· 자신의 기분을 말로 표현한다.

집단크기   소집단

활동자료   기분 목걸이
① 하드보드지(20×20cm)에 한 면에는 웃는 표정, 다른 한 면에는 찡그린 표정의 얼굴을 그린다.
② 목에 걸 수 있도록 끈을 단다.

 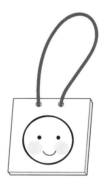

활동방법   1. 자유선택활동이 끝난 후 유아들이 모인다.

2. 유아들이 서로 어떤 놀이를 했는지 이야기해본다.
   - 오늘 무슨 놀이를 했나 마음 속으로 생각해 보자.
   - ○○는 오늘 누구와 무슨 놀이를 했는지 친구들한테 이야기해 볼래?

3. 자유선택활동 시간에 기분이 어땠는지 기분 목걸이를 건다.
   - ○○의 기분 목걸이는 웃는 얼굴이구나!

4. 왜 그런 기분을 갖게 되었는지 서로 이야기해본다.
   - 오늘은 참 기분이 좋아 보이는구나. 이야기 해 주어서 고마워.
   - 그래서 많이 속상했겠구나. 우리 친구들은 이럴때 어떻게 했으면 좋겠니?

모래놀이

활동목표	·모래의 특성을 탐색한다. ·일상적인 경험을 놀이로 표현한다.

5월 3주

집단크기 소집단

활동자료 숟가락, 그릇, 접시 등 소꿉놀이 소품

활동방법 1. 모래놀이 영역에서 모래를 탐색해 보면서 모래의 특성을 파악한다.
  - 모래를 만지니까 어떤 느낌이 드니?
  - 모래를 손으로 이렇게 꽉 쥐어 볼까? 손을 펴면 모래가 어떻게 될 것 같니?
  - (양손으로 모래를 비비며) 이렇게 모래를 비벼 보자. 모래가 어떻게 되니?

2. 숟가락을 이용하여 모래를 그릇에 담아보도록 한다.
  - 우리 여기있는 숟가락으로 모래를 그릇에 담아보자.
  - ○○는 커다란 그릇에 가득 담았구나.

3. 모래 음식을 차려놓고 식사하기 놀이를 할 수 있도록 한다.
  - 맛있는 냄새가 나네. 선생님은 배가 고픈데 ○○가 만든 음식 좀 주세요.
  - 이 음식은 굉장히 매운걸.
  - 고맙습니다. 잘 먹었어요.

실내자유선택활동
미술영역

휴지죽으로 만들기

5월 4주

활동목표	·종이가 물에 젖고 풀어지는 성질을 관찰한다. ·부드러운 재료를 이용해 자유롭게 표현해본다.
집단크기	소집단
활동자료	비닐 앞치마, 밀가루풀, 플라스틱 용기(15×15×10cm정도), 두루마리 휴지, 1회용 접시, 유성펜
활동방법	1. 1회용 접시에 유성펜으로 자유롭게 그리고 칠하도록 한다. 　－ ○○가 빨간 색깔로 여러 개의 선을 그었구나, 　－ ○○는 색칠도 하고 있네, 2. 유아에게 플라스틱 용기에 밀가루풀을 1컵 주고 휴지를 넣게 한 후, 휴지가 풀과 섞여서 젖어가는 모양을 관찰하게 한다. 　－ 어머, 휴지가 점점 젖고 있네, 　－ 밀가루풀에 휴지가 닿으니까 어떻게 변했니? 3. 밀가루 풀과 휴지를 손으로 잘 섞으면서 즐거움을 느껴본다. 　－ 손으로 만지니까 기분이 어때? 　－ ○○는 만지기 싫으니? 이것 봐, 미끌미끌해, 먼저 손가락으로 만져볼래? 4. 1회용 접시에 휴지죽을 꼭 짜서 올려놓기도 하고 손으로 평평하게 펴서 놓기도 하고 뭉쳐보기도 한다. 접시 위에서 손가락으로 이리저리 밀어서 밑면의 유성펜 그림이 비쳐지는 형태를 관찰한다. 5. 그늘에서 말린 후 휴지죽 벽걸이로 이용한다.
참　　고	·밀가루풀이 너무 묽지 않도록 한다. ·휴지와 밀가루를 골고루 섞어 덩어리 지지 않도록 주의한다. ·이외에 평평하게 손바닥으로 두드려 놓고 손가락으로 밀어서 그림 그리기, 손으로 꼭 쥐어서 입체형으로 만들기, 접시에 휴지죽을 듬뿍 쌓아서 모래성처럼 만들어보기 등 여러 가지 활동을 시도해본다.

얼굴 만들기

5월 4주

활동목표	· 다양한 얼굴 표정에 관심을 갖는다. · 얼굴 부분의 각 명칭을 말해본다.

집단크기   소집단

활동자료   얼굴판 2개, 다양한 형태의 얼굴 부분(눈, 코, 입, 귀, 눈썹) 여러개, 자석,

① 반지름 10㎝의 둥근 함석판을 하드보드지에 대고 피부색 부직포로 싼 다음 머리 모양을 만들어 붙여 얼굴 모양을 만든다.

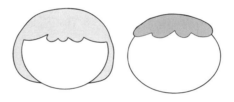

② 색상지를 이용하여 얼굴 각 부분을 만들고 코팅하여 오려서 각각의 뒷부분에 자석을 붙인다.

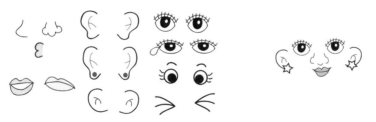

활동방법   1. 자료를 책상위에 준비해두고 관심을 갖는 유아들과 탐색해 본다.

       – ○○가 얼굴을 만들고 있구나.

       – 이 커다란 눈과 크게 벌린 입을 붙이면 어떤 표정이 될까?

       2. 다양한 표정의 얼굴을 꾸며보며 표정에 대한 느낌을 나누어본다.

       – 웃는 얼굴을 꾸며 볼까? 어떤 입을 붙이면 웃는 얼굴이 될까?

       – 야! 활짝 웃는 얼굴이 되었네!

       – ○○는 언제 이런 얼굴이 되니?

실내자유선택활동
음률영역

움직이는 장난감

5월 4주

활동목표	·기계로 작동되는 장난감의 다양한 움직임을 관찰하고 신체로 표현한다. ·다양한 기본동작을 한다.
집단크기	소집단
활동자료	여러 종류의 태엽 또는 건전지로 작동되는 놀잇감과 인형, 녹음기, 음악 테이프

활동방법

1. 교사, 유아가 수집한 여러 종류의 기계로 움직이는 장난감(태엽이 달린 것, 건전지로 사용한 것)을 보여 주며 특징에 대해 이야기한다.

2. 장난감을 하나씩 움직이게 하고 유아들이 자유롭게 그 움직임을 관찰하게 한다.
   - 물개는 어떻게 움직이니?
   - 로봇은 어떻게 움직이지?
   - 북치는 곰의 모습을 보자, 어떻게 움직이니?
   - 이 장난감들은 어떻게 움직이는지 볼까?

3. 유아들에게 관찰했던 여러 가지 기계 작동 장난감의 모습을 표현해보게 한다.
   - 여기 있는 장난감 중에 자기가 되고 싶은 장난감이 되어 보자,
   - 건전지의 스위치를 껐어, 장난감들이 어떻게 되었니?
   - 자, 건전지의 스위치를 켰어, 자, 다시 움직여보자,

4. 다시 유아들에게 태엽이 달린 장난감을 주고 태엽을 감아서 움직여보게 한다.

5. 두명씩 짝을 지어 한 사람은 장난감이 되고 한 사람은 태엽 감는 사람이 되어본다. 역할을 바꾸어서도 해본다.
   - 태엽을 너의 몸 어디에 달고 싶니? 친구의 태엽을 감아주자,

6. 음악을 들려주고 그 음악에 맞춰 태엽 장난감의 움직임을 표현해보게 한다.

우리 가족 나무 만들기

5월 5주

활동목표	· 여러 가지 재료와 도구를 활용하여 자유롭게 만들고 꾸며본다. · 가족 구성원에 관심을 갖는다.
집단크기	소집단
활동자료	다양한 나뭇잎 모양 종이, 펀치, 빵끈, 크레파스, 색연필, 사인펜, 풀, 그림자료(나무와 나뭇잎) ① 다양한 나뭇잎(은행, 목련, 플라타너스 등) 모양을 오린 후 펀치로 구멍을 내어 빵끈으로 고리를 만든다. ② 나뭇잎이 붙어있는 나무와 떨어진 나뭇잎으로 된 그림 자료를 두 개 준비한다.

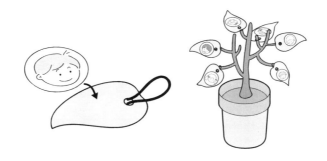

활동방법	1. 사전에 가족에 대해 이야기 나눈다. 2. 준비된 활동자료를 소개하고 탐색해보게 한다. 　- 어떤 것들이 있니? 　- 어떤 모양의 나뭇잎이 있니? 3. 나뭇잎에 가족을 그린 후 종이에 붙여 가족 나무로 꾸미는 방법을 안내한다. 이때 가족에 대해 생각하며 만들도록 격려한다. 　- ○○는 어떤 모양의 나뭇잎에 그려볼까? 　- ○○는 가족 중에 누구를 그리고 싶니? 　- ○○는 동생이 있구나, ○○는 할머니, 할아버지랑 같이 사는구나,

- 이 그림은 누구를 그린거니?
  (가족 이름 쓰는 것을 도와준다.)

참　고
· 사전활동으로 언어영역에서 가족에 대해 이야기 나누기를 해볼 수 있다.
· 우유곽이나 요구르트병의 밑면을 잘라 서로 연결하거나 휴지말이 등을 이용해 나무를 입체로 꾸미고 나뭇잎을 붙여볼 수 있다.
· 반에 다양한 나무의 그림이나 사진자료를 게시해 놓는다.
· 나뭇가지 실물자료를 이용할 수 있다.

점심 및 낮잠

결혼식 비디오 보기

활동목표	·비디오를 보며 결혼식에 가본 경험을 이야기해본다.
집단크기	대집단
활동자료	VTR, 결혼식을 녹화한 비디오 테이프, 유아용 드레스, 결혼식 소품 등 - 비디오를 볼 수 있도록 비디오 전원을 켜고 준비해둔다.
활동방법	1. 유아들과 함께 앉아서 결혼식에 가본 경험에 대해 이야기한다. 　- 결혼식하는 것을 본 적이 있니? 　- 신부가 들어올 때는 어떻게 하고 들어왔니? 2. 비디오를 틀고 결혼식 장면을 본다. 3. 비디오를 보고 난 후 결혼식 순서, 나오는 사람 등 비디오의 내용에 대하여 이야기를 　나눈다. 　- 하얀 드레스를 입은 사람이 누굴까? 　- 신랑 신부 앞에 계신 분이 어떤 이야기를 해주실까? 　- 신랑 신부가 인사를 한 후 무엇을 했었지?
참　　고	·자유선택활동 중 간단한 결혼식 소품을 첨가하여 역할을 나누어 결혼식 놀이로 확장 　할 수 있다. 　(예: 결혼식 하기, 사진 찍기, 축하 연주하기, 피로연 하기 등)

실내자유선택활동
쌓기놀이영역

단위 블록으로 친구 몸 꾸미기

6월 1주

활동목표	· 같은 모양과 크기를 찾아서 놓아본다. · 단위 블록의 모양과 크기에 관심을 갖는다.
집단크기	소집단
활동자료	단위 블록, 우리 몸 꾸미기 그림판(소포지2절 크기, 유성매직)

〈우리 몸 꾸미기 그림판〉
① 소포지 2절 전지 위에 유성매직으로 얼굴을 그린다.
② 다리, 몸통 부분은 단위 블록의 크기와 모양을 고려하여 그려서 완성한다.

활동방법	1. 그림판을 보며 같은 크기와 모양의 블록을 찾아서 놓아보도록 도와준다.
	    - 여기에 무슨 그림이 있니?
	    - 그래, 사람그림인데 몸이 어떻게 생겼지?
	    - 이 그림대로 같은 모양의 블록을 찾아서 놓아볼 수 있겠니?
	
	2. 그림판의 모양과는 다른 형태의 사람을 블록으로 구성해본다.
	    - 이번에는 그림대로 놓지 말고 그냥 만들어 볼까?
	    - ○○ 마음대로 블록으로 사람을 만들어보자.

참　고	·쌓기놀이 활동 후 미술영역으로 이동하여, 꾸미기 그림판에 색칠이나 색종이 붙이기 등의 활동으로 연계하여 놀이할 수 있다.

잡지에서 내가 좋아하는 것 오려 붙이기

6월 1주

활동목표	·손과 눈의 협응력을 기른다. ·여러 종류의 잡지를 본다.
집단크기	소집단
활동자료	여러 종류의 잡지, 재미있는 모양의 종이책(음식, 집, 자동차, 어린이 장난감, 스포츠 신문 등의 여러 전문 잡지)
활동방법	1. 잡지를 본 경험에 대해서 이야기 나눈다. 　　- 선생님이 오늘 준비해 온 여러 가지 책들을 한번 보자. 　　- 너희들도 이런 책들을 본 적이 있니? 2. 여러 종류의 잡지를 본다. 3. 그 중 마음에 드는 잡지를 고른다. 　　- ○○는 음식책을 골라왔구나. 　　- 여기서 네가 좋아하는 음식을 찾아볼까? 4. 자신이 좋아하는 것을 골라 오려 모양 종이책에 붙인다.
참　　고	·활동 후에 대·소집단 시간을 가져 친구들에게 '내가 좋아하는 것'에 대해 소개하는 시간을 갖을 수 있다.

실내자유선택활동
언어영역

미안해! 고마워!

6월 1주

활동목표	·상황에 맞는 언어 예절을 익힌다.
집단크기	개별
활동자료	상황그림책(15×20㎝ 크기의 글자 없는 그림책), 미안해 · 고마워 카드(5×5㎝)

〈상황그림책〉
- 그림 뒷면에 상황을 적어둔다.

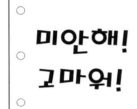  → 초록색 보슬이

  → 빨간색 보슬이

〈미안해! 고마워! 카드〉
- "미안해(빨간색), 고마워·고맙습니다(초록색)" 말이 들어간 카드를 색깔을 달리하여
  하트 모양으로 만들어 코팅 후 까슬이를 붙인다.

활동방법

1. 상황그림책을 보며 이야기한다.
   - 무엇을 하는 그림이니?
   - 이럴 때는 어떻게 말해야 할까?

2. "미안해! 고마워!"라고 말하며 글자카드를 찾아 붙여보게 한다.
   - 친구들 놀이에 방해가 되었네, 어떻게 말해야 되겠니?
   - "미안해"라고 말해야 하는 구나, '미안해' 카드를 찾아서 붙여볼 수 있겠니?
     (빨간색 하트를 보슬이 있는 곳에 붙인다)
   - 할아버지께서 선물을 주시네, 어떻게 말씀드려야 할까? 그래, "고맙습니다"라고 해야지,
     ('고맙습니다' 하트를 찾아 붙인다.)

실외자유선택활동

내 신발 찾아 신고 돌아오기

6월 1주

활동목표	· 자신의 물건을 알 수 있다. · 신발을 바르게 신을 수 있다.
집단크기	소집단
활동자료	매트(79×40cm)2장, 종이 테이프
활동방법	1. 유아들이 앉을 수 있도록 바닥에 종이 테이프로 표시해놓는다. 2. 유아들을 표시해놓은 곳에 앉도록 한다. 3. 교사가 게임 규칙을 설명한다. 　- 이 게임은 4명의 친구들이 함께 할 수 있어요. 　　앞에 앉아 있는 ○○,○○,△△,▽▽ 친구들 먼저 나와보자. 　- 자, 표시되어 있는 위치에 신발을 벗어놓고 오겠니? 　- 선생님께서 "출발!"하면, 달려가서 저 앞에 있는 자기 신발을 찾아 신고 돌아오는거야. 4. 교사가 먼저 게임 시범을 보인다. 5. 차례를 기다리는 친구들은 응원해준다. 6. 결승점에 돌아온 친구들을 격려한다. 　- 와~ 정말 신발을 바르게 신고 돌아왔구나.

주제 동물 Ⅰ

실시기간 : 6월 2주 ~ 6월 4주

▶▶ 전개방법

동물은 유아에게 이미 친숙한 대상으로 유아는 동물에 대해 많은 관심과 호기심을 가지고 있다. 「동물」 주제는 유아들이 다양한 동물들을 탐색해봄으로써 흥미로운 동물 세계에 더욱 호기심을 가질 뿐만 아니라 생명체로서 소중히 하는 마음을 갖도록 하기 위해 선정되었다.

「동물」 주제를 전개할 때는 유아들 주변에서 쉽게 접할 수 있는 동물들을 중심으로 특징이나 생활 습성 등을 알 수 있게 한다. 특히 유아들에게는 동물에 관한 지식을 강조하기보다 어린이집에서 직접 기르거나 견학 등을 통해서 동물들을 보고 접할 수 있는 실제적인 경험을 제공하는 것이 좋다. 그 외 비디오, 책, 사진, 그림 등 구체적인 자료를 보고 관심을 확장시키도록 한다. 각 영역에 준비된 동물에 관한 여러 가지 활동을 해보고, 놀이실이나 실외 사육장에서 여러 동물을 기르면서 그 특징을 알아가는 과정을 통해 유아는 동물에 대한 관심을 높이고 동물을 보살피는 방법을 알게 된다. 동물에 관련된 활동은 「동물」이 주제로 정해진 시기에만 전개하기보다는 유아들이 궁금해하는 동물을 쉽게 볼 수 있는 계절에 맞춰서 융통적으로 전개하는 것이 필요하다.

특히 어린이집에서 동물을 사육하는 것이 어려울 경우에는 가정에 협조를 구해 집에서 기르고 있는 개, 고양이, 거북이 등을 어린이집으로 가져와 관찰할 수 있도록 하고, 생활 주변에서 곤충들을 발견했을 때는 부모와 유아가 함께 채집해서 보내주도록 도움을 요청한다.

▶▶▶ 환경구성

	쌓기놀이영역	역할놀이영역	미술영역	언어영역	탐색·조작영역	음률영역
실 내	· 동물 모형 소품들 (세울 수 있는 것) · 동물인형 · 종이벽돌 블록 · 와플 블록 · 울타리 모형 · 물고기 모형 · 단위 블록	· 동물 화보 · 밀가루 반죽 · 동물 모형찍기틀 · 동물인형 · 동물가족인형 · 동물 인형옷 · 동물 모자 · 동물 꼬리	· 동물그림 잡지 · 음식화보 · 채소·과일 화보 · 동물 모양 도장 (개, 토끼, 소, 원숭이, 공룡 등) · 면봉 · 물감 · 물감접시 · 물고기 모양종이 · 동물 모양 마닐라지 · 재활용 크레파스 · 색연필 · 풀 · 마닐라지 · 고무줄 · 사용한 달력, 종이 또는 전지	· 그림책: 「아기돼지 삼 형제」 「삐약이는 흉내쟁이」 「거북아 고마워」 「꼬꼬댁 꼬끼오」 · 융판동화: 「곰 세마리」 · 동물 사진 · 동물 이름 부르기 카드 · 동물 관련 화보 · 동물 비디오 · 동물 그림 카드 · 동물 소리 테이프 · 녹음기 · 동시:「닭」	· 동물 사진 · 동물그림 퍼즐 · 동물 모양 바느질판 · 색끈 · '끼워보세요' 조작놀이 판 · 천을 이용한 동물 그림판 (지퍼, 똑딱단추, 보통단추, 벨트, 찍찍이) · '당기면 나와요' 교구 · '무엇일까요' 자료 (단면거울, 동물1/2 그림카드) · 동물그림자 판 · 동물그림 조각 · 강아지 먹이를 찾아요 자료 (동물먹이 든 모래상자, 자석 붙은 강아지, 막대인형)	· 음악: 「뻐꾹왈츠」 「휘파람 강아지」 · 노래 테이프 및 악보: 「송아지」 「코끼리 아저씨」 「산토끼」 「악어떼」 · 동물 소리 테이프 · 탬버린 · 캐스터네츠 · 방울 · 봉고 · 리듬막대 · 녹음기 · 노래: 「작은 동물원」 「오리」 · 스카프 · 바위용 갈색 주머니 · 수초용 긴 끈 · 무겁고 가벼운 동물 음악 테이프
실 외	후프, 숨길 수 있는 놀잇감(플라스틱이나 고무인형, 큰 구슬, 물고기인형 등) 오리, 병아리, 동물 울타리, 숟가락, 플라스틱 삽 등, 오리·병아리 먹이					

주간보육계획안

소주제 : 내가 좋아하는 동물이 있어요　　　　　　　　　　**실시 기간 : 6월 2주**

		월	화	수	목	금	토
등원 및 맞이하기		어린이집 올 때 내가 본 동물 이야기하기					
실내자유선택활동	쌓기놀이영역	기차 만들어 동물 태워주기			◎ 동물집 만들기		
	역할놀이영역	동물 화보 벽면 게시			◎ 밀가루 반죽으로 동물모형 찍어보기		
	미술영역	동물 그림책 만들기 1)　　　　　　　　동물도장찍기(개, 토끼, 소, 원숭이, 공룡 등) 물고기 모양 종이에 그리기(면봉그림)					
	언어영역	그림책:「아기돼지 삼 형제」　　　　융판동화:「곰 세 마리」 내가 만든 동물 그림책 보며 동물 이름 말해보기　　　　　　동물 이름 부르기					
	탐색·조작영역	동물 사진 보기(각 동물의 생김새 알아보기)　◎ 무엇일까요? 　　　　동물 그림 퍼즐　　　　　　　동물 모양 바느질하기					
	음률영역	감상:「뻐꾹 왈츠」2)　　　　　　　　　◎ 악기놀이 동물 노래 부르기(송아지, 코끼리 아저씨, 산토끼, 악어떼 등)					
대·소집단활동		전이활동: 내가 좋아하는 동물은? 새 노래:「작은 동물원」　　　　　　　　　그림동화:「아기코끼리 코보」					
실외자유선택활동		모래로 두꺼비집 만들기　　　　신체활동실: 없어진 친구는 누구? 3) 　　　　　　동물 사육장에 있는 동물 관찰하기					
점심 및 낮잠		자기 칫솔 스스로 찾아보기					
기본생활습관		집에 갈 때 선생님과 친구에게 인사하고 가기					
교육활동참고		1) 동물 그림책 만들기 　• 내가 좋아하는 동물과 동물 먹이를 화보나 그림책, 잡지 등에서 오려 붙여서 책으로 만들어본다. 2) 뻐꾹왈츠 　• 자유선택활동이나 간식,정리시간 등을 통해 여러 번 반복해서 들을 수 있게 한다. 트램블린, 매트 위에서 다양한 방법으로 몸을 움직여보게 한다. 스타카토나 트릴 부분의 차이점을 느껴보게 한다. 3) 없어진 친구는 누구? 　•「작은 동물원」노래를 배운 후, 노래에 맞춰 동물 흉내를 내며 자유롭게 움직이다가 "소라"할 때 모두 엎드려 몸을 제일 작게 움츠린 후 한 유아를 보자기로 덮고 맞혀 보게 한다.					

주간보육계획안

소주제 : 움직임과 소리가 달라요Ⅰ   **실시 기간 : 6월 3주**

		월	화	수	목	금	토
등원 및 맞이하기		내가 가져온 동물이나 동물인형에 대해 이야기 해보기					
실내자유선택활동	**쌓기놀이영역**		동물 농장 레고 놀이			동물원 만들기	
	역할놀이영역	동물모자 쓰고 꼬리 달고 흉내내기		◎ 동물원으로 소풍가기			
	미술영역		동물가면 만들기		◎ 크레파스 묶음 그림		
	언어영역	동물 관련 화보·사진 등 게시		동물 비디오 보기	알아맞혀보세요		
	탐색·조작영역	당기면 나와요 [1]			끼워보세요 [2]		
	음률영역			노래:「오리」	신체표현: 오리 흉내내기	무겁고 가벼운 동물들 [3]	
대·소집단활동		새 노래:「오리」 나처럼 해봐요(동물 흉내내기) 견학: 동물농장 견학					
실외자유선택활동		동물 관찰하기(오리, 병아리) [4]		◎ 후프 뛰어넘기			
점심 및 낮잠		음식 골고루 먹기					
기본생활습관		동물 따라가며 큰 소리 치거나 만지지 않기					

교육활동참고

1) 당기면 나와요
   - 동물과 연관되는 그림, 사는 집과 동물 연관짓기 등의 다양한 그림으로 교체하여 활동이 이루어질 수 있도록 한다.
   - 이 집에서는 무엇이 나올까? 예측해보며 당겨본다.

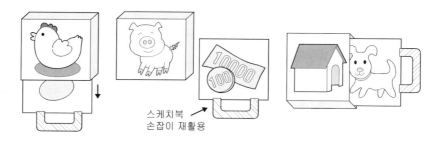

스케치북
손잡이 재활용

2) 끼워보세요
   ① 다양한 색의 두꺼운 천을 이용하여 그림의 동물본을 만든다.
   ② 그림의 적당한 부분에 지퍼, 똑딱단추, 보통단추, 벨트, 찍찍이를 바느질한다.
   ③ 완성본을 하드보드지 위에 붙여단다.

단추   똑딱단추   지퍼   끈꿰기   벨트   끈뜯기

3) 무겁고 가벼운 동물들
   〈홍용희 외(1998). 유아를 위한 동작교육의 이론과 실제. 다음세대. p168.〉

4) 동물 관찰하기
   - 마당에 막대와 끈 등으로 120~150cm 정도 크기의 울타리 경계를 만들고, 그 속에 병아리(오리)를 넣어둔다.
   - 울타리 밖에서 유아들이 병아리의 움직임, 소리, 생김새 등을 관찰해보게 한다.

주간보육계획안

소주제 : 움직임과 소리가 달라요Ⅱ　　　　　　　　　　　**실시 기간 : 6월 4주**

		월	화	수	목	금	토
등원 및 맞이하기		우리 집에 있는 동물 이야기하기					
실내자유선택활동	쌓기놀이영역	어항 만들기(푸른색 투명비닐, 구긴 신문지, 물풀, 물고기 모형 첨가)					
	역할놀이영역	동물인형으로 동물 흉내내 보기			동물인형으로 가족놀이 하기		
	미술영역	물고기 만들기, 어항 속 수초 만들기					
				동물 도장 찍어 플립북 만들기 1)			
	언어영역	그림책:「거북아 고마워」 동화:「삐약이는 흉내쟁이」 동시:「닭」		꼬꼬댁 꼬끼오 듣기: 동물 소리 듣고 그림카드 찾기			
	탐색·조작영역	그림자 보고 동물 모양 찾기			강아지 먹이를 찾아요 2)		
	음률영역	신체표현: 동물 소리 듣고 동물처럼 표현해보기 　　　　음악감상:「휘파람 강아지」3)		◎ 신체표현: 어항 속 여행			
대·소집단활동		◎ 손유희: 두 마리 부엉이　　　그림동화:「아기오리와 병아리」					
실외자유선택활동		◎ 모래 속의 보물 찾기　　　　동물 모형 목욕시키기					
점심 및 낮잠		컵에 물 받아 양치질하기　　　　수도꼭지 잠그기					
기본생활습관		스스로 코 닦고 휴지는 쓰레기통에 버리기					

교육활동참고

1) 동물 도장 찍어 플립북 만들기
   · 도화지를 일정한 간격으로 계단(층)이 지게 책처럼 묶는다. 한 가지 동물 도장을 각 장의 끝부분 지점에 일정하게 찍는다. 종이를 연속적으로 넘겼을 때 움직이는 듯한 현상을 느껴본다.
2) 강아지 먹이를 찾아요
   〈활동자료〉 상자(30×40㎝), 굵은 모래 또는 돌가루, 먹이카드(먹이인 것에는 클립을 끼움), 아크릴 또는 나무 강아지 모형(입에는 강력자석 부착, 꼬리에는 나무젓가락 부착)
   · 강아지가 먹을 수 있는 것은 어떤것인지 이야기해보며 강아지 인형으로 상자 속에 숨겨진 먹이를 찾아본다.
3) 휘파람 강아지
   · 음악을 들으며 자연스럽게 신체표현을 할 수 있게 배려한다.
   · 전이시간, 간식시간 등에 반복해서 듣고 트릴이나 의성어 등의 부분에서 강아지의 느낌을 표현해보게 한다.

동물집 만들기

활동목표 · 다양한 블록으로 동물집을 구성해본다.
· 동물의 움직임, 소리를 흉내내본다.

집단크기 소집단

활동자료 단위 블록이나 종이벽돌 블록, 동물인형 소품
- 쌓기놀이영역에 동물 및 동물들의 집에 대한 사진이나 화보 등을 게시한다.

활동방법 1. 유아들이 알고 있는 동물에 대해 이야기 나눈다.
  - △△는 어떤 동물을 좋아하니?
  - 집에서 키우는 동물이 있니?
  - 그 동물들은 어디서 사니?

2. 유아들과 동물집을 꾸민다. 또는 농장으로 만들어진 놀이집을 이용할 수도 있다.
  - ◇◇는 어떤 동물의 집을 지어주고 싶니?
  - 토끼집 옆에는 누가 사니?
  - 목이 긴 기린 집은 어떻게 만들어볼까?

3. 유아들이 놀이를 하며 동물의 움직임을 나타내거나 동물 소리를 흉내낸다.
  - 토끼야, 깡충깡충 뛰어서 다람쥐 집에 놀러오렴.

실내자유선택활동
역할놀이영역

밀가루 반죽으로 동물모형 찍어보기

6월 2주

활동목표	• 모양틀로 찍은 동물 모양을 이용해 동물 흉내를 내어본다.
집단크기	소집단
활동자료	밀가루 반죽, 밀대, 플라스틱 재질의 동물모양 찍기틀, 플라스틱 칼
활동방법	1. 유아들과 함께 밀가루 반죽을 나누어 갖는다.

2. 반죽을 주무르고, 손으로 떼어보고, 쳐보며 탐색하게 한다.

3. 유아가 무엇을 하고 있는지, 만지는 느낌이 어떤지 이야기해본다.
   - 반죽을 손으로 주무르니까 어떻게 되었니?
   - 느낌이 어떠니? 부드럽고 말랑말랑하구나,
   - ○○는 반죽을 길게 밀어서 무엇을 만들었니?

4. 모양찍기틀이나 밀대, 플라스틱 칼 등을 이용해 동물 모양을 찍어본다.
   - ○○는 보라색 찍기틀로 모양을 찍어 봤는데 어떤 모양이 나왔을까?
   - 이 찍기틀로 반죽을 꾸욱 눌렀더니 토끼 모양이 나왔구나,

5. 다양한 동물 모형을 이용하여 동물의 움직임이나 소리를 흉내내어 본다.
   - 선생님, 토끼가 ○○에게 가고 싶대요, 깡충깡충,
   - ○○이 다람쥐야, 토끼에게 와 보렴,

참　　고　　• 밀가루 반죽의 되기를 잘 조절하여 유아들이 모양 찍기에 어려움을 느끼지 않도록 한다.
　　　　　　• 반죽을 만드는 과정에 유아들을 참여시켜 함께 관찰하고 만들어 본다.

무엇일까요?

6월 2주

활동목표 · 거울의 위치에 따른 모양의 변화를 경험한다.
· 부분과 전체에 관련된 경험을 한다.

집단크기 소집단

활동자료 단면거울, 그림카드(대칭이 되는 그림을 1/2만 그려놓은 것)

〈단면거울〉
① 단면거울의 뒷면에는 부직포를 붙인다.
② 가장자리에 테이프를 붙인다.

거울 가장자리를 테잎으로 싼다.

활동방법 1. 그림카드를 보며 어떤 모양인지 이야기해본다.
　　- 이 그림은 무엇을 그린 것 같니? 어? 그런데 반쪽이 없네,
　　　어떻게 하면 없어진 반쪽을 찾을 수 있을까?

2. 그림이 완성되도록 거울을 비추어본다.
　　- 거울을 여기에 놓아보자,
　　- 그림이 어떻게 보이니?

3. 거울을 비스듬히 비추어 보거나 그림의 중간 혹은 끝 등 여러 방향으로 움직이면서
　카드의 그림이 어떻게 비추어지는지 관찰한 후 이야기한다.
　　- 거울을 옆으로 조금씩 옮겨볼까?
　　- 그림이 어떻게 되었니?
　　- 더 옆으로 옮겨보자, 이번에는 어떻게 보이지?

참　고 · 활동이 익숙해지면 두면으로 접는 거울을 준비해 물체를 비추어본다.

실내자유선택활동
음률영역

악기놀이

6월 2주

활동목표	· 리듬악기의 소리를 탐색해 본다.
	· 리듬에 맞춰 악기를 쳐 본다.
집단크기	개별·소집단
활동자료	탬버린, 캐스터네츠, 방울, 봉고 등 리듬악기류, 녹음기, 작은 동물원 노래 테이프 〈김성균 노래집 참조〉
활동방법	1. 사전에 작은 동물원 노래 테이프를 들려주어 리듬을 익히도록 한다.

2. 음률영역에 비치된 여러 가지 리듬악기들의 모양, 크기, 손잡이, 다루는 방법, 소리 등을 탐색해본다.

3. 원하는 리듬악기를 선택하여 자유롭게 소리내 본다.
 - 탬버린은 어떻게 해야 소리가 잘 날까? 소리를 내어보겠니?
 - 캐스터네츠를 소리 내어볼까?
  (여러가지 리듬악기를 소리내어 본다.)

4. 노래를 부르며 음악소리에 맞추어 리듬악기를 연주해 보게한다.
 - 선생님께서 음악을 들려줄거야, 노래에 맞추어 악기를 연주해볼까?
 - ○○악기를 가진 친구만 음악에 맞추어 연주해볼까?
 - 또 다른 악기로 해볼까?
 - 이번에는 다같이 해볼까?

참 고	· 작은 동물원 노래를 충분히 익힌 후 악기 연주에 활용해본다.
	· 다른 사람에게 방해 되지 않게 하려면 어떻게 해야 하는지 이야기한 후 활동한다.

동물원으로 소풍가기

활동목표 · 동물원으로 소풍갔던 경험을 기억하고, 상상하여 놀이로 재현해본다.

집단크기 소집단

활동자료 블록류, 동물 인형, 가방, 모자, 색안경, 음식 모형, 도시락 통 등

활동방법

1. 쌓기놀이영역에서 유아들이 지은 동물원을 보고 놀이에 아직 참여하지 못한 다른 유아들에게 동물원으로 소풍 갈 것을 제안한다. 이때 유아들에게 동물원에 관한 이야기를 읽어주거나 동물원에 대한 그림을 보여준다.

2. 동물원에 가본 경험에 대해 이야기를 나눈다.
   - ♡♡는 동물원에 가본 적 있니? 거기서 어떤 동물을 보았니?

3. 동물원에 가기 위해 필요한 준비를 한다.
   - 동물원에 가려면 무엇을 준비해야할까?
   - 오랫동안 구경하면 배가 고플 것 같네.
   - ○○가 말한 대로 도시락이 있어야겠구나. 어떤 음식을 만들까?
   - 도시락은 어디에 넣어 갈까?
   - 햇빛 때문에 눈이 부실텐데, 무엇을 더 가지고 가면 좋을까?

4. 작은 의자나 큰 블록 등을 좌석으로 사용하여 동물원까지 타고 갈 자동차, 버스, 기차 등도 만들어 본다.
   - 동물원 갈 때 무엇을 타고 갈 수 있을까?
   - 운전기사는 누가 할까?
   - 우리, 차 타고 가는 동안 노래 부르면서 갈까?

5. 쌓기놀이영역의 동물원과 연결하여 놀이한다.
   - 야, 동물원에 도착했다. 동물원 지키는 아저씨! 어디로 들어갈까요?
   - 여기는 동물들이 많이 있구나. 우리, 어떤 동물부터 볼까?
   - 배고프지 않니? 도시락을 먹고 또 보기로 하자.

실내자유선택활동
미술영역

크레파스 묶음 그림

6월 3주

활동목표	·손의 움직임에 따라 나타나는 다양한 선의 형태를 경험한다. ·소근육 발달을 돕는다.
집단크기	소집단
활동자료	크레파스 묶음, 달력 종이나 2절 또는 전지 ① 크레파스 묶음을 만든다. 　- 크레파스의 중간 부분까지 껍질을 벗긴다. 　- 다른 색의 크레파스 2~4개를 모아, 그려지는 부분의 높이를 맞춘다. 　- 크레파스 다발의 중간 부분을 마스킹 테이프로 단단히 싼다. ② 책상에 비닐 깔개를 깔고 종이를 고정시켜 놓는다.
활동방법	1. 활동영역에 준비되어 있는 자료를 탐색해본다. 　- 여기에 무엇이 준비되어 있니? 　- 우리가 썼던 크레파스와 어떻게 다를까? 　- 크레파스 묶음으로 그리면 어떻게 될 것 같니? 2. 유아가 크레파스 묶음을 이용해 자유롭게 표현해볼 수 있도록 충분한 시간을 준다. 　- 팔을 움직여 길게 선을 그려보자. 　- 네 가지 색깔이 다 나왔네. 　- 꼬불꼬불한 선을 그려볼 수 있니? 3. 여러 가지 모양이 나올 수 있도록 다양한 움직임을 제안해본다. 　- 또 어떻게 할 수 있을까? 　- 옆으로 약간 기울여서 그리면 어떨까? 　- ○○는 노란색과 빨간색으로만 그렸구나.
참　고	·교실 바닥이나 복도 바닥에 비닐 깔개를 깔고 전지 크기의 종이를 붙여주어 공동 작업으로 전개할 수 있다.

후프 뛰어넘기

활동목표	· 자기 몸을 조절하여 뛰어본다. · 균형감을 기른다.
집단크기	소집단
활동자료	홀라후프(지름 50~60㎝) 5~6개

활동방법	1. 후프를 보여주고 탐색해 본다.
	  - 얘들아, 선생님이 가져온 것이 무엇일까?
	  - 어떻게 생겼니? 이것으로 어떤 놀이를 할 수 있을까?
	
	2. 후프 여러 개를 바닥에 늘어놓고 건너 뛰어본다.
	  - 두발로 뛰어보자, ○○가 뛰는 모습이 꼭 토끼 같구나,
	
	3. 후프를 여러 가지 모양(지그재그 모양, 일렬모양, 원모양 등)으로 거리에 변화를 주면서 놓고 뛰어 넘어본다.
	  - 이번에는 선생님이 다른 모양으로 놓아볼게,
	  - 더 멀리 놓을테니 건너볼 수 있겠니?

참 고	· 동물처럼 움직이면서 후프를 뛰어볼 수 있다. - 나비처럼 훨훨 날면서 건너볼까? 개구리처럼 팔짝 뛰어서 건너볼까?

6월 3주

실내자유선택활동
음률영역

어항 속 여행

6월 4주

활동목표	· 신체를 통해 창의적인 표현력을 기른다. · 흔들기, 흔들거리기, 돌기 등의 동작을 표현한다.
집단크기	소집단
활동자료	물고기 지느러미용 스카프, 큰 바위를 표현할 갈색 주머니, 수초를 표현할 풀잎 모양의 긴 끈
활동방법	1. 사전활동으로 물고기, 물풀, 바위 등이 담긴 어항을 과학영역에 두고 어항 속을 관찰한 후 이야기 나눈다. 　- 어항 속엔 어떤 것들이 있니? 우리가 관찰한 금붕어 들은 어떻게 생겼니? 　- 지느러미를 어떻게 움직이니? 　- 금붕어의 입은 어떻게 움직이는지 볼까? 어머! 뽀뽀하려고 하네. 　- 금붕어의 눈은 어떻게 하고 있니? 움직이는 것 같니? 뜨고 있니? 감고 있니? 　- 물풀은 어떻게 움직이니? 2. 물고기들이 다양하게 물 속을 헤엄쳐 다니는 모습을 표현하도록 한다. 　- 우리가 물고기라면 어떻게 물 속을 헤엄쳐 다닐까? 　- 천천히 물 속을 다니는 모습은 어떻게 해볼까? 　- 빨리 헤엄쳐 다니는 모습은 어떨까? 　- 먹이를 발견하고 다가서서 먹는 모습을 표현해보자. 3. 유아들과 표현하고 싶은 역할을 정한다. 4. 블록으로 어항을 구성하거나 음악에 맞춰 여러 물고기가 헤엄치는 모습, 수초, 바위의 모습을 표현해본다.

참　고 ㅣ ·물고기가 낚시에 올려지거나 그물에 걸린 모습, 팔딱팔딱 뛰는 모습, 도망가려고 하는
모습 등 다양한 상황을 제시하여 유아가 창의적으로 표현하도록 돕는다.

대 · 소집단활동
손유희

두 마리 부엉이

활동목표	· 주의집중을 돕는다.
집단크기	대 · 소집단

두 마리 부엉이

두 부엉이 빨랫줄에 앉았네
한 부엉이가 말하기를
우리 뭐 할까?
다른 부엉이가 말하기를
우리 노래 부르자
두 부엉이는 즐겁게 노래를 부르다 잠이 들었대요

〈손동작의 예〉

두 손을 주먹을 쥔 상태에서 시작한다.

두 부엉이 → 두 손 엄지를 동시에 세운다.

빨랫줄에 앉았네 → 두 손 검지끝끼리 붙인다.

한 부엉이가 말하기를 → 왼손 엄지를 까닥하며 한 번 접었다 편다.

우리 뭐 할까 → 왼손 엄지를 여러 번 접었다 편다.

다른 부엉이가 말하기를 → 오른손 엄지를 까닥하며 한번 접었다 편다.

우리 노래하자 → 오른손 엄지를 여러번 접었다 편다.

두 부엉이는 → 두 손 엄지 동시에 까닥하며 한 번 접었다 편다.

즐겁게 노래를 부르다 → 두손 엄지를 번갈아서 여러 번 접었다 편다.

잠이 들었대요 → 두 손 엄지를 검지에 붙인다.

활동방법   1. 대·소집단활동에서 유아들의 주의집중을 위한 전이활동으로 계획한다.

2. 손가락 동작을 분명하게 시범을 보인다.

3. 유아들의 반응에 따라 목소리의 높낮이에 변화를 주어서 진행한다.

참　고   · 빨랫줄 대신 전깃줄, 나뭇가지 등으로 변형하여 사용할 수 있으며 상황에 따라 변형하여 사용한다.

예) 노래 부르자 →이야기 나누자, 놀이하자, 게임하자, 동화 듣자 등

즐겁게 →재미있게, 신나게, 조용히 등

실외자유선택활동

모래 속의 보물 찾기

활동목표	・모래의 촉감을 탐색한다. ・모래 속에 숨긴 물건을 기억하여 찾아본다.
집단크기	소집단
활동자료	숨길 수 있는 작은 놀잇감(플라스틱이나 고무 동물인형, 큰 구슬, 물고기 인형 등), 숟가락, 플라스틱 삽 등.
활동방법	1. 모래밭에서 구덩이를 파고 있는 유아들에게 격려와 반응을 보이며 개입한다. 　- ○○는 구덩이를 아주 깊게 파고 있구나, 선생님도 해볼까? 　- 구덩이를 파니까 그 속에서 무엇이 나왔니? 2. 교사가 준비한 자료들 중에 하나를 구덩이 속에 숨기며 찾아보게 한다. 　- 선생님이 구덩이 속에 무엇인가를 숨겨 두었거든, 찾아볼 수 있겠니? 　- 와! 찾아냈구나, 우리 같이 보물찾기 놀이 해볼까? 3. 각자 구덩이를 파서 숨기고 싶은 것을 숨기도록 한다. 이때 교사는 숨긴 곳을 교사만 알 수 있도록 표시해둔다. 　- 우리, 구덩이를 파서 자기가 좋아하는 보물을 숨겨보자, 　- 친구들이 찾아가지 못하게 하려면 숨긴 보물을 어떻게 해야지? 　　그래, 모래로 친구들 모르게 덮어두자, 　- 자기가 무엇을 숨겼는지는 생각해 두어야 해, 4. 신호와 함께 보물을 찾아본다. 　- 어디에 숨겼니? ○○는 보물을 아주 깊이 숨겼구나, 5. 누가 많이 찾았는지, 아직 찾지 못한 것은 무엇인지 알아본다. 　- 숨긴 것 중에 아직 찾지 못한 것은 무엇이니? 　- 어디를 찾으면 나올 것 같니?
참　고	・한꺼번에 많이 숨기면 찾기 어려우므로 한 번 숨길 때 수를 조절해준다. ・숨기지 않은 물건들은 바구니 속에 넣어 두었다가 사용할 수 있도록 한다.

6월 4주

주제 건강한 생활

실시기간 : 7월 1주 ~ 7월 4주

▶▶ 전개방법

「건강한 생활」은 유아가 기본적으로 갖추어야 할 조건일 뿐 아니라 유아의 일상생활과 밀접한 관련을 가지고 있다. 유아가 튼튼한 몸과 바른 마음가짐의 중요성을 알고, 이를 실천하기 위한 여러 가지 방법(바람직한 식생활, 자신과 주변의 청결한 위생, 적절한 운동과 휴식 등)에 관심을 가지고 건강에 대한 올바른 태도를 생활화하는 것을 익히게 하고자 선정되었다.

어린이집에 다니는 유아는 하루일과 대부분을 어린이집에서 보내게 된다. 따라서 「건강한 생활」 주제는 일상적으로 일어나는 일들(식사, 용변보기, 손씻기, 옷 갈아입기 등)을 통해 활동이 진행될 수 있도록 할 뿐 아니라 유아가 음식이나 운동 등에 대해 흥미를 보일 때 전개하여 몸에 좋은 음식이 있음을 알고, 바르게 먹는 태도를 익히며, 자신의 몸과 주변을 깨끗이 함으로써 건강을 유지하도록 도와준다.

유아의 건강한 생활이나 깨끗한 생활을 위해서는 위생이나 그 시기에 유행하는 질병에 대한 안내, 예방 접종 시기 등을 가정 통신문을 통하여 안내함으로써 가정에서도 유아의 건강에 유의할 수 있도록 한다.

▶▶▶ 환경구성

	쌓기놀이영역	역할놀이영역	미술영역	언어영역	탐색·조작영역	음률영역
실 내	• 놀이기구에 관한 화보 • 와플 블록 • 큰 와플 블록 • 띠 블록 • 재능 블록 • 단위 블록 • 공간 블록 • 레고 • 종이벽돌 블록 • 빈 펠트병	• 식빵 모형 • 장난감 전자레인지 • 밀가루 반죽 • 빨래판 • 비누곽 • 대야 • 양말 • 손수건 • 유아옷 • 인형 • 수건 • 빈 분첩 통 • 빈 우유병 • 빗자루 • 쓰레받기 • 걸레 • 쓰레기통 • 간식 먹은 접시 • 컵 • 수세미 • 행주 • 바구니 • 여러 가지 음식 모형 • 과일·채소 모양의 가면(유아들이 만든것)	• 먹지 • 색연필 • 펀치 • 이면지 • 모양종이 • 신문지 • 풀 • 투명 테이프 • 전지 • 길다란 종이 • 물감(밀가루 풀을 약간 섞음) • 쟁반 • 대야 • 물 • 수건 • 붓 • 야채 도장 • 과일·채소 모양 종이 • 음식 화보·잡지 • 나무젓가락 • 사인펜 • 도화지 • 얼음 • 안전 가위 • 색종이 • 크레파스	• 그림책: 「튼튼한 어린이」 「뽀글뽀글 목욕해요」 「잘 먹지 않는 아이」 「넌 너무 뚱보야」 「꿀꿀이의 아이스크림 가게」 「김치는 싫어요」 • 동시판: 「꼬마야 꼬마야」 • 운동하는 사람 그림자료 • 「언어로 표현하기」 상황카드 그림책 • 앞치마 동화: 「임금님의 호주머니」 • 생활주변의 동물· 사물그림자료 • 그림동화: 「배고픈 애벌레」 • 요리책 • 막대동화: 「욱이와 쌀희」 • 동화:「영차영차」 • 배경판·자석자료 • 자석손잡이 2개 • 동극용 머리띠 • 음식 수수께끼 자료	• 건강에 좋은 그림과 좋지않은 그림 카드 • 칫솔·치약 • 짝짓기 교구 • 무당벌레판 • 무당벌레 무늬 • 코팅자료 • 모형 치아 • 칫솔 • 뚜껑찾기 교구 • 여러 가지 음식 모양판 • 스티커 • 음식 퍼즐 • '밀크 쉐이크 만들기' 재료(요리순서표, 우 유, 바나나, 아이스크림, 묵칼, 도 마, 컵, 믹서기) • 콩나물 • 아이스크림 • 모양의 카드 • 바구니 • 여러 가지 맛보기 자료 • 여러 가지 과일과 채소 실제기 자료	• 노래 테이프 및 악보: 「모두다 높이높이」 「싹싹 닦아라」 「잉잉잉」 「그대로 멈춰라」 • 스카프 • 리본막대 • 신문지 막대 • 녹음기 • 팥주머니 • 쟁반 • '음식을 골고루 먹으려면' 자료 (막대인형, 녹음테이프) • 땅콩 • 호두 • 밤 • 음식 만들때 소리 녹음한 테이프
실 외	공, 비닐봉투, 실, 작은 욕조, 물, 분무기, 탁구공, 숟가락, 부채, 국자, 모래, 여러 용기들, 우산, 장화, 국자 낚싯대, 물고기 모형, 바닷속 생물 모형, 바구니, 물뿌리개, 색소 섞은 물, 모조 전지, 모양종이					

주간보육계획안

소주제 : 즐겁게 혼자 해요 I　　　　　　　　　　　　　　　　　　**실시 기간 : 7월 1주**

		월	화	수	목	금	토
등원 및 맞이하기		선생님과 친구에게 웃으며 인사하기					
실내자유선택활동	쌓기놀이영역	사람을 만들어주세요		놀이동산 꾸미기(놀이기구 화보 게시)			
	역할놀이영역	식빵 굽기 놀이(식빵모형, 전자레인지, 밀가루 점토 등 첨가)		빨래를 해봐요(빨래판, 비누곽, 대야 등 첨가)		◎ 빨래 정리하기	
	미술영역	◎ 먹지대고 그리기	발바닥 찍기 1)	펀치로 구멍 뚫기		신문지 찢어 구성하기	
	언어영역	그림책:「튼튼한 어린이」	무엇일까요: 운동하는 사람	◎ 상황에 따른 적절한 언어 표현하기	동시:「꼬마야 꼬마야」		
	탐색·조작영역	칫솔·치약 짝짓기	무당벌레 무늬 만들고 세어보기	내 몸을 건강하게 하는 그림카드 모으기 2)			
	음률영역		노래:「모두 다 높이높이」		신체활동: 바람이 되어보기		
대·소집단활동		새 노래:「모두 다 높이높이」 3)	융판동화:「아기사자의 머리 깍기」	전이활동: 날씨가 더워요		요리: 딸기잼 바르기	
실외자유선택활동		공 구멍 속에 빠뜨리기	신체활동: 모두 다 높이높이		◎ 비닐봉투에 실 매달아서 들고 달리기		
점심 및 낮잠		낮잠 시간에 친구 방해하지 않기					
기본생활습관		수도꼭지 잘 잠그기					
교육활동참고		1) 발바닥 찍기: 발바닥에 물감을 묻혀 커다란 종이 위에 찍어보고 친구의 발바닥과 비교해본다. 길다란 종이에 발바닥을 찍어 말린 후 발바닥 따라 걷기 활동으로도 해볼 수 있다. 2) 내 몸을 건강하게 하는 그림카드 모으기: 건강에 좋은 그림카드(골고루 먹기, 목욕하기, 일찍 자고 일찍 일어나기 등)와 그렇지 않은 그림카드를 섞어놓고 분류해본다. 3) 모두 다 높이높이:〈김성균(1996). 김성균 동요집. 제2집. 국민서관.〉					

주간보육계획안

소주제 : 즐겁게 혼자 해요 Ⅱ　　　　　　　　　　　　　　　　　　**실시 기간 : 7월 2주**

		월	화	수	목	금	토
등원 및 맞이하기		몸을 깨끗이 하고 왔는지 살펴보기					
실내자유선택활동	쌓기놀이영역	목욕탕 만들기		◎ 여행가기			
	역할놀이영역	◎ 목욕해요		청소를 해요		(빗자루, 쓰레받기, 쓰레기통, 걸레 등 소품 첨가)	
	미술영역	신문지 구겨찢기	먼지떨이 만들기		붓으로 그리기	신문지 길게 찢어 연결하기	
	언어영역	그림책:「뽀글뽀글 목욕해요」 앞치마 동화:「임금님의 호주머니」				내가 만약 1)	
	탐색·조작영역	이를 닦아요 2)	크기 순서대로 놓아보기	뚜껑을 찾아주세요 3)			
	음률영역	노래:「싹싹 닦아라」		신체표현: 그대로 멈춰라		◎ 신문지 막대 춤추기	
대·소집단활동		전이활동: 깨끗한 몸이 좋아요 신체활동: '머리어깨무릎발' 체조 야외학습: 인형극 관람			그림동화:「개구쟁이 해리」 부모참여수업: 엄마와 함께 놀이해요		
실외자유선택활동		◎ 탁구공 옮기기		모래를 용기 속에 담기 비오는 날 우산 쓰고 장화 신고			
점심 및 낮잠		좋아하지 않는 반찬 먹어보기					
기본생활습관		신문지나 더러운 물건을 만졌을 때 비누로 손씻기					
교육활동참고		1) 내가 만약: 유아들이 호기심을 갖는 생활주변의 동물 또는 사물 그림을 제시하며 '내가 만약 ~이라면!' 어떻게(무엇이) 하고(되고) 싶은지 생각을 이야기해 보게 한다. 유아들이 다양하게 생각을 말하도록 격려한다. 2) 이를 닦아요: '모형 이'와 칫솔을 준비해 주고 올바르게 이 닦는 방법에 대해 알아보고 닦아볼 수 있도록 한다. 3) 뚜껑을 찾아주세요: 여러 종류 크기의 상자나 병, 깡통, 화장품곽 등을 받침대에 붙여 두고 맞는 뚜껑을 찾아서 열고 닫아볼 수 있게 한다.					

주간보육계획안

소주제 : 우리가 먹는 음식이에요 Ⅰ　　　　　　　　　　　　**실시 기간 : 7월 3주**

		월	화	수	목	금	토
등원 및 맞이하기		아침에 먹고 온 음식 이야기해보기					
실내자유선택활동	**쌓기놀이영역**	블록으로 음식점 만들기			블록으로 의자와 식탁 만들기		
	역할놀이영역	음식점놀이		음식 배달 놀이			
		식빵 굽기 놀이(식빵 모형, 밀가루 점토, 전자레인지 등 첨가)					
	미술영역	야채 도장 찍기		음식 막대인형 만들기		◎ 얼음 문지르기	
	언어영역	그림책:「잘 먹지 않는 아이」「넌 너무 뚱보야」「꿀꿀이의 아이스크림가게」					
		무엇일까요: 음식 수수께끼			움직이는 동화:「배고픈 애벌레」		
			어떤 맛일까요				
	탐색·조작영역	내가 좋아하는 음식에 스티커 붙이기					
				여러 가지 맛을 느껴요(단맛, 신맛, 짠맛)			
		음식 퍼즐			◎ 바나나 쉐이크 만들기		
	음률영역	요리할 때 나는 소리 흉내내보기				노래:「잉잉잉」	
대·소집단활동		전이활동: 내가 좋아하는 음식은?				손유희: 커다란 수박	
		동화:「마음대로 의자」				게임: 음식 사진 떼어오기	
		견학: 수족관, 수산시장 견학					
실외자유선택활동			모래떡 만들기		◎ 물고기 건지기	◎ 그릇을 씻어요	
점심 및 낮잠		식사 후 먹은 그릇 정리하기					
기본생활습관		음식을 먹을 때는 큰 소리로 떠들지 않기					

주간보육계획안

소주제 : 우리가 먹는 음식이에요Ⅱ　　　　　　　　　**실시 기간 : 7월 4주**

		월	화	수	목	금	토
등원 및 맞이하기		친구와 아침에 먹은 음식 이야기하기					
실내자유선택활동	**쌓기놀이영역**	우리 집 부엌 만들고 꾸미기			큰 블록으로 냉장고 만들기 (냉장고 속에서 시원한 음료수 꺼내 마시기)		
	역할놀이영역		음식 모형으로 상 차리기		과일·채소 가면 놀이		
	미술영역	음식 그림 오려 상 차리기			과일·채소 가면 꾸미기		
	언어영역	그림책:「김치는 싫어요」	동극:「영차영차」	요리책 보기		막대동화:「욱이와 쌀희」	
	탐색·조작영역	내 친구를 찾아주세요		수 아이스크림	실꿰기(여러 가지 과일과 채소)		
	음률영역		노래:「음식을 골고루 먹으면」		견과류로 소리 만들기		
대·소집단활동		비디오:「영양 왕국」	전이활동: 골고루 먹어요 융판동화:「뚱뚱한 호박」 견학: 동네 음식점 견학하기		◎ 신체표현: 나는 콩	자석동화:「영차영차」	
실외자유선택활동		젖은 모래로 음식 만들기	어린이집에 있는 동물에게 먹이주기		◎ 분무기로 물 뿌리기		
점심 및 낮잠		모자라는 것이 있을 때 "선생님, ~ 더 주세요"라고 말하기					
기본생활습관		땀 흘린 후 더러워진 곳 씻기					

빨래 정리하기

활동목표	·정리하는 습관을 기른다. ·분류, 대응, 부분과 전체에 관련된 경험을 해본다.
집단크기	소집단
활동자료	양말, 손수건, 역할놀이영역의 소품들, 행거에 걸린 유아옷
활동방법	1. 자료들을 영역에 펼쳐두거나 행거에 걸린 옷가지들 그대로를 비치해둔다. 2. 영역에서 놀이를 시작하고자 하는 유아들에게 개입한다. 　－ 이 집에 들어가고 싶은데 저 옷들이 너무 많아서 들어갈 수가 없네, 　　이것을 어떻게 하면 좋을까? 　－ 그래, 우리가 정리를 해 보자, 어떻게 정리할까? 3. 같은 종류끼리 모아본다. 　－ 이 양말은 어떻게 하지?, 이건 바지네, 　－ 아~! 양말은 짝을 만들어서 정리해야 되는구나! 　－ 양말은 양말끼리, 윗옷은 윗옷끼리 정리해볼까? 4. 같은 양말의 짝을 찾아서 정리해볼 수 있게 한다. 　－ 같은 양말의 짝을 찾아볼 수 있니? 　－ 짝을 찾은 것은 어떻게 정리할 수 있을까? 5. 옷들을 바구니에 접어서 담아보고 옷걸이에도 걸어본다. 　－ 옷걸이에 걸 수 없는 옷들은 어떻게 둘 수 있을까? 　　(바구니에 담아둔다.) 　－ 바구니에 어떻게 담아두어야 할지 우리 함께 해보자, 펼쳐서 반으로 접어보자,

참　고 · 실외자유선택활동 시간에 실제로 빨래를 해보거나 실내 자유선택활동 시간에 빨래하
기 놀이를 해본 후 정리하는 활동을 계획해본다.

먹지대고 그리기

활동목표	·그림을 그리는 다양한 방법을 경험한다. ·새로운 자료의 특성을 탐색한다.
집단크기	소집단
활동자료	먹지, 인쇄용 얇은 종이, 두껍고 부드럽게 써지는 볼펜, 팔 토시 등 - 먹지와 얇은 종이를 각각의 바구니에 담아 볼펜과 함께 준비해준다.
활동방법	1. 유아들에게 먹지에 대해서 소개한다. 　- 이 종이는 부드럽고 까만 쪽에 흰 종이를 대고 반대쪽에 그림을 그리면 이렇게 똑같은 그림이 한 장 더 나온단다. 2. 먹지 위·아래로 인쇄용 종이를 깔고 종이가 움직이지 않도록 눌러서 고정시키거나 테이프를 붙여준다. 3. 유아들이 볼펜을 이용하여 자유롭게 그림을 그리도록 한다. 　- ☆☆는 무엇을 그렸니? 　- ▷▷는 자동차를 그렸구나. 4. 고정시킨 종이를 들어내고 먹지 밑에 베껴나온 종이를 들어 비교해본다. 　- ▷▷야, 이 뒤에 있는 종이에는 어떤 그림이 그려져 있을까? 　　네 말대로 네가 조금 전에 그린 자동차가 그려져 있는지 종이를 치워서 보자.
참　　고	·먹지가 유아들의 손에 묻어나면 쉽게 지워지지 않으므로 주의한다. ·먹지 그림을 그릴 때 볼펜 대신 이쑤시개나 연필, 플라스틱 칼, 포크 등의 다른 도구를 이용할 수도 있으나, 안전한 도구를 사용하도록 한다.

실내자유선택활동
언어영역

상황에 따른 적절한 언어 표현하기

활동목표	・그림을 보고 어떤 상황인지 말해본다. ・상황에 따른 적절한 도움을 언어로 요청해본다.
집단크기	개별・소집단
활동자료	상황카드 그림책(화장실에 가고 싶어요, 쉬고 싶어요, ～이 필요해요, 옷을 갈아입고 싶어요 등의 그림) - 비슷한 상황의 카드끼리는 같은 색 테이프로 가장자리를 두른다.

7월 1주

활동방법

1. 상황카드 그림책을 언어영역에 준비해둔다.

2. 관심 있어 하는 유아와 함께 그림을 살펴보고 그림카드의 친구가 어떤 말을 할지 생각해보게 한다.

3. 그림을 보며 교사와 이야기 나눈다.
   - 여기 어떤 그림들이 있니? 친구가 의자에 앉아 선생님과 이야기를 하고 있네.
   - 이 친구가 선생님께 뭐라고 이야기했을까?
   - 열심히 뛰어놀아서 땀도 나고 물도 먹고 싶었겠구나.
     이럴 때는 선생님에게 '물 먹고 싶어요' 라고 말하면 되겠구나.
   - 또 다르게 생각하는 친구 있니?
   - ○○가 좋은 생각을 했구나. 우리가 많이 놀고 나면 힘이 들 때가 있어.
     그럴 땐 '힘이 들어 쉬고 싶어요' 라고 하면 되겠구나.

4. 유아가 그림에 대해 이야기를 꾸며본다.

5. 다른 카드를 보며 상황에 대해 이야기해본 후 적절한 언어로 도움을 요청해 보도록 한다.

참　　고
- 유아들이 활동에 익숙해지면 카드를 유아가 순서대로 놓아보고 이야기를 꾸며 볼 수 있게 한다.
- 일상생활 가운데 자신에게 적절한 도움이 필요할 때 언어로 표현해보는 습관을 가지도록 도와준다.
- 그림카드의 상황에서 필요한 말을 일상생활에서 언제 쓸 수 있는지 언제 써보았는지도 생각해보게 한다.

실외자유선택활동

비닐봉투에 실 매달아서 들고 달리기

7월 1주

활동목표	• 비닐봉투를 들고 달리면서 비닐봉투의 움직임을 관찰해본다.
집단크기	개별·소집단
활동자료	유아들이 만든 비닐봉투 ① 비닐봉투 위에 유성 매직으로 그림을 그린다. ② 그림과 같이 실을 매달고 매듭을 만들어준다.

비닐봉투   매듭

활동방법

1. 사전활동으로 비닐봉투 위에 유성매직으로 꾸미는 활동을 한다.
   유아들이 꾸민 비닐봉투에 교사가 실을 매달아준다.

2. 유아들과 함께 실이 달린 비닐봉투에 대해 탐색해본다.
   - 너희들이 꾸민 비닐봉투에 실을 매달았단다.
   - 이것으로 무엇을 해볼 수 있을까?

3. 비닐봉투를 들고 달려 보면서 비닐봉투의 움직임에 대해 관찰해본다.
   - 우리가 실을 잡고 달리기를 하면 이 비닐봉투는 어떻게 될까? 뛰어가 볼까?

4. 비닐봉투의 움직임이 어떠했는지 이야기해보고 다른 물건을 들고 달리면서 비닐봉투
   와 비교해본다.
   - 비닐봉투가 어떻게 되었니?
   - 그랬구나! 선생님도 비닐봉투가 높이높이 나는 것을 보았어.
   - 옷을 들고 달리면 어떻게 될까? 옷도 비닐봉투처럼 하늘 높이 나를까?
   - 어디 한번 해보자.

5. 교사는 유아들이 비닐봉투의 움직임을 자신의 움직임과 연결시켜 생각해볼 수 있도록 언어적 격려를 계속 해준다.

　- 네가 빠르게 달리니까 비닐봉투가 비행기처럼 높이 나는구나.

참　　고 · 가능하면 공원 등 넓은 장소에서 마음껏 뛰어볼 수 있는 기회를 준다.

· 유아들의 흥미가 지속될 수 있도록 높은 곳에서 던져보거나 위로 던져 올려 떨어질 때 움직임 등도 관찰해볼 수 있다.

　- 또 다르게 놀이할 수 있는 방법은 무엇일까?

실내자유선택활동
쌓기놀이영역

여행 가기

활동목표	· 여행을 가보았던 경험을 회상한다. · 경험한 것을 놀이로 재현해본다.
집단크기	소집단
활동자료	큰 블록, 의자, 가방, 모자, 색안경 등
활동방법	1. 유아들에게 여행에 관한 이야기를 읽어주거나 자동차, 기차, 비행기 여행에 대한 그림을 보여준다. 2. 여행을 다녀온 경험에 대해서 이야기 나눈다. 　　- ♡♡는 여행을 가본 적 있니? 어디로 갔었니? 3. 여행 갈 계획을 세운다. 　　- 우리도 여행을 떠나보자, 어디로 갈까? 　　- 거기에 갈려면 무엇을 타고 갈까? 무엇을 준비해야할까? 4. 여행지에 가는데 적합한 탈것(예 : 비행기)을 만들도록 한다. 　　- 비행기 날개는 어떻게 만들까? 　　- 손님들은 어디에 앉을까? 안전띠는 무엇으로 만들까? 　　- 손님들 가방이나 짐은 어디에 싣고 가지? 5. 여행준비를 한다. 　　- 비행기를 타고 먼 거리를 가려면 가져가야할 물건이 많은데 어디에 가져갈까?, 6. 조종사, 손님 등 역할을 정하여 여행을 떠나도록 한다. 　　- 표 받는 곳은 어디인가요? 　　- 스튜어디스 언니, 멀리까지 가는 동안 심심하니까 책 좀 갖다주세요.
참　　고	· 미술영역에서 망원경이나 표 등을 만들고, 언어영역의 책을 갖다 읽기도 하고, 역할놀이영역에서 가방을 챙기는 등 여러 영역으로 확장해서 놀이를 전개할 수 있다. · 날씨가 맑은 경우는 실외놀이 공간의 놀이집이나 나무, 꽃, 잔디밭 등에서 놀이할 수 있다.

7월 2주

목욕해요

활동목표 · 인형을 목욕시키는 흉내를 낸다.
· 상황이나 물건을 가작화해 보는 기회를 갖는다.

집단크기 소집단

활동자료 인형, 비누곽, 작은 대야, 수건, 빈 분첩통, 빈 우유병

활동방법 1. 유아들이 인형을 갖고 놀이를 할 때 적절히 개입한다.
    – ○○가 아기를 잘 돌봐주는구나, 아기가 땀을 흘리고 있는 것 같은데? 옷이 젖어있네?

2. 작은 대야와 비누곽을 준비하고 인형 목욕시키는 놀이를 하도록 돕는다.
    – (놀이를 지켜보거나 놀이 속에 들어가지 못하는 유아를 보며) ○○가 목욕 준비를 하는 동안 누가 아기를 좀 봐줄 수 있을까?

3. 목욕 준비가 끝나면 인형 옷을 벗기도록 한다.
    – 야! 이제 아기가 목욕을 할 수 있겠네, 저런! 옷을 입은 채로 물 속에 들어가려고 하네!

4. 인형을 목욕시키는 흉내를 낸다.
    – (작은 대야에 손을 넣으며) 물이 너무 차갑네, 아기가 추워하지 않을까?
      뜨거운 물을 조금 타보자(물 붓는 흉내를 낸다).
    – 얼굴에 뭐가 묻어 있네(비누로 닦아준다).
    – 귀에 물이 들어가겠네, 조심조심 물을 끼얹으며 씻겨야겠어(물을 끼얹는 흉내를 낸다).
    – 와! 이제 목욕이 끝났구나, 아이쿠! 머리카락에서 물이 뚝뚝 떨어지네(수건으로 닦아준다).

5. 인형의 옷을 입힌다.
    – 목욕을 하고 나니 아기 엉덩이가 보송보송하구나, 땀띠가 나지 않게 분을 골고루 발라주자.

6. 인형에게 먹이는 흉내를 내고 재운다.
    – 아기가 시원해서 웃고 있네, 이제 아기에게 우유를 먹이고 재워 볼까?

참　　고
· 쌓기놀이영역에서 블록으로 인형 목욕탕을 만든 후 놀이를 할 수 있다.
· 실외자유선택활동시간에 실제로 인형을 목욕시키고 인형 옷을 빨아보는 경험을 갖게 한다.

신문지 막대 춤추기

7월 2주

활동목표	·자기가 생각한대로 몸을 움직여본다. ·도구를 이용하여 몸을 움직여본다.
집단크기	대·소집단

활동자료 신문지 막대, 음악 테이프(예:그대로 멈춰라, 멈춤놀이 등), 녹음기
① 신문지(생활 정보지 크기)를 둘둘 말아 투명 테이프로 고정시킨다.
② 신문지 길이의 1/3정도를 4등분 한다.
③ 가운데 부분을 손으로 잡고 위로 끌어올린다.

안쪽을 잡고
위로 살살
잡아뽑는다

활동방법 1. 신문지 막대를 유아들에게 보여주고 생각을 말하도록 한다.
　　　　　 - (신문지 막대를 봉투 속에서 조금씩 꺼내 보여주며) 이것이 무엇일까?
　　　　　 - 이것으로 무엇을 할 수 있을까?
　　　　　　 그래, 그럼 손에 이것이 있다고 생각하고 너희들 생각대로 해보자.

　　　　　 2. 신문지 막대를 유아들에게 하나씩 나누어준 후 신문지 막대와 함께 몸을 움직일 수 있는 방법에 대해 생각해본다.
　　　　　 - 신문지 막대로 엉덩이를 두들겨 보면 어떨까?
　　　　　 - ○○처럼 해 볼까?

　　　　　 3. 신문지 막대를 가지고 음악에 맞춰 춤을 춰본다. 이때 교사는 유아들이 다양한 동작을 해볼 수 있도록 계속 격려한다.
　　　　　 - ○○는 앉아서 신문지 막대를 흔드는 구나.
　　　　　 - ○○는 멈출 때 신문지 막대를 코에 대니까 코끼리 같네.
　　　　　 - ○○는 발꿈치를 들고 신문지 막대를 위로 흔들고 있네.

참　　고 ·친구를 향해 신문지 막대를 휘두르지 않도록 미리 약속을 한다.
　　　　　 ·역할놀이영역에서 먼지떨이 대신으로 비치해두고 청소하는 흉내를 내볼 수 있다.

실외자유선택활동

탁구공 옮기기

활동목표	· 물에 뜬 탁구공을 움직여본다. · 탁구공을 움직여 보는 방법을 다양하게 생각해본다.
집단크기	소집단
활동자료	작은 욕조, 물, 탁구공, 숟가락, 부채, 국자
활동방법	1. 탁구공을 어떻게 움직일 수 있는지 자유롭게 탐색해본다. 이때 교사는 유아들이 생각한 방법을 수용하고 유아가 자신의 생각대로 해볼 수 있도록 도와준다. – 여기 아주 작은 공이 있구나, 이공의 이름을 알겠니? 이 작은 공은 탁구공이란다. – 이공을 물에 넣으면 어떻게 될까? – 공이 떴구나, 이 공들을 움직이게 할 수 있겠니? – (유아들이 하는 모습을 지켜본 후) 어떻게 하면 손을 대지 않고 탁구공을 움직일 수 있을까? – 입으로 불면 움직일까? 우리 한번 해보자. 2. 여러 가지 방법으로 탁구공을 움직여보게 한다. – 탁구공이 멀리 가게 해 볼까? 어떻게 했을 때 탁구공이 멀리 갔니? – 입으로 부는 방법 말고 또 다른 방법으로 움직여볼 수 있겠니? 　손으로 물을 치면 탁구공이 어떻게 될까? 3. 숟가락, 부채, 국자 등으로 탁구공을 움직여보게 한다. – 여기 있는 것들로 탁구공을 움직여볼 수 있니? 무엇으로 했을 때 탁구공이 잘 움직였니?
참　　고	· 욕조를 적당한 높이의 책상 위에 올려놓아서 유아들이 욕조 둘레에 서서 해 볼 수 있도록 준비해준다.

얼음 문지르기

활동목표	· 물질의 변화에 관심을 가진다.
집단크기	개별 · 소집단
활동자료	사인펜, 도화지, 얼음

7월 3주

활동방법

1. 사전활동으로 수성사인펜을 이용하여 도화지에 자유롭게 그림을 그린다.

2. 유아들과 얼음을 만져보고 관찰하며 충분히 탐색해본다.
   - 얼음을 만져보니까 어떤 느낌이 드니?
   - 계속 만지고 있으니까 얼음이 어떻게 되었니?

3. 사인펜으로 그린 그림 위에 얼음을 문질러본다.
   - 오늘은 사인펜으로 그린 그림에다 얼음으로 문질러 보자.
   - 그림이 어떻게 되었니?
   - 왜 이렇게 되었을까?
   - 얼음으로 그려보니 어떠니?

4. 완성된 그림은 말린 다음 전시해준다.

참　고　· 얼음과자 만들기 요리활동으로 연결할 수 있다.

실내자유선택활동
탐색 · 조작영역

바나나 쉐이크 만들기

7월 3주

활동목표	·묵칼과 도마를 사용하여 바나나를 잘라본다.
	·믹서기에서 바나나, 우유, 아이스크림이 섞이는 것을 관찰한다.
집단크기	소집단
활동자료	요리순서표, 바나나 쉐이크 재료(우유, 바나나, 아이스크림), 묵칼, 도마, 컵, 믹서기

〈요리순서표〉

① 마닐라지(25 ×18cm) 6장에 유성매직을 이용하여 다음과 같은 내용의 글씨와 그림을 그린다.

② 하드보드지로 삼각대를 만든 후에 구멍을 내어 ①에서 만든 카드를 1장씩 넘길 수 있도록 고리로 연결한다.

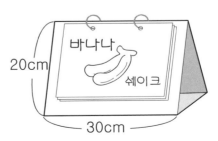

활동방법

1. 요리 순서표를 붙여 놓고 재료를 준비한다.

2. 순서표를 전체적으로 한 번 읽어주고, 활동을 진행해 나갈 때 1장씩 넘기며 읽어준다.

3. 준비된 재료들을 탐색한다.
   - 여기 무엇이 있니?
   - 그래, 바나나, 우유, 아이스크림… 많은 것들이 있네.
   - 껍질을 벗길 수 있겠니? 바나나 속은 무슨 색깔이니?
   - 우리 바나나와 아이스크림을 섞으면 어떻게 될까? 우유도 함께 섞으면 어떻게 될까?

4. 바나나를 자른 뒤 우유, 아이스크림과 함께 믹서기에 넣는다.
   - 바나나를 자른 친구는 믹서기에 넣어보자. 아이스크림은 몇 숟가락씩 넣는거니?

5. 믹서기 스위치를 누른다.
   - 믹서기를 켜면 바나나와 아이스크림은 어떻게 될 것 같니?
   - 그럼, 믹서기의 스위치를 눌러보자. 어떻게 될까?(믹서기를 작동시킨다.)
   - 바나나와 아이스크림이 우유와 섞였구나. 색깔은 어떻게 되었니?

6. 다 만들어진 쉐이크를 먹어보면서 맛과 색깔, 농도에 대해 이야기를 나누어본다.
   - 왜 우유가 차가워졌지? 우리, 숟가락으로 떨어뜨려 보자. 우유와는 어떻게 다르니?
     어떤 맛이 나니?

참　고

· 얼음처럼 차가운 아이스크림이 바나나, 우유와 섞여 차가운 쉐이크가 되는 것을 '얼음
  만져 녹여보기' 활동이나 '차가운 얼음 실험'과 연결시킬 수 있다.
· 믹서기 사용시 주의점을 안전과 관련하여 이야기한다.

실외자유선택활동

물고기 건지기

활동목표	· 도구를 이용해 목표물을 건져내본다. · 구멍을 통해 물이 빠져나오는 것을 관찰해본다. · 수세기를 한다.
집단크기	소집단
활동자료	국자 낚싯대, 물고기, 바닷속 생물 모형, 바구니

7월 3주

〈국자 낚싯대〉
① 아이스크림통 바닥에 송곳을 이용하여 구멍을 여러 개 뚫는다.
② 구멍을 뚫은 아이스크림통에 나무막대 혹은 나무젓가락을 끼운 후 고무줄을 감아 고정시킨다.

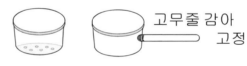

고무줄 감아
고정

〈물고기〉
① 종이에 물고기를 그려 코팅하거나 색고무로 물고기 모양을 오린 후 유성매직을 이용하여 꾸민다.

활동방법
1. 작은 욕조에 물을 절반 정도 담은 다음 꾸민 물고기를 띄워 놓는다. 물에 담궈도 괜찮은 소형 장난감 혹은 바닷속 생물 모형을 함께 넣어주어 연못을 만든다.

2. 작은 연못이 된 대야를 유아들과 함께 탐색해본다.
   - 여기에 무엇이 있니?
   - 그래, 물고기도 있고 별같이 생긴 것도 있구나.

- 이 별같이 생긴 것이 무엇인지 이름을 아는 친구 있니?
- 그래, 불가사리야.

3. 국자 낚싯대로 물고기를 건지면 어떻게 될 것인지 예측해본다.
   - (국자 낚싯대를 보여주며) 이걸로 물고기를 잡을 수 있을까? 네 생각대로 해보자.
   - ○○가 물고기를 잡았구나. 그런데 물은 어떻게 되었니?
   - 물이 어디로 빠져 나갔을까?

4. 물이 구멍으로 빠져 나가는 모습을 관찰하며 물고기 건지기를 계속한다.

5. 건져올린 바구니의 물고기를 세어본다.

실외자유선택활동

그릇을 씻어요

활동목표	·그릇 씻는 경험을 갖는다. ·그릇을 씻어서 정리해 두어야함을 안다.
집단크기	소집단
활동자료	간식 먹은 접시, 컵, 수세미, 행주, 바구니(채반), 큰 대야 3개. ① 자료들을 실외놀이 수돗가 또는 물을 사용할 수 있는 곳에 준비해둔다. ② 3개의 큰 대야에 물을 받아둔다. ③ 씻은 그릇을 엎어서 말릴 채반은 바닥에서 10cm이상 떨어지도록 엎어둔다.
활동방법	1. 역할놀이영역에서 놀잇감으로 설거지 놀이를 해본 후 실시해본다. 2. 간식 먹기 전 전이시간을 통해 간식 먹은 그릇 씻기를 제안한다. 3. 간식을 먹은 후 설거지할 준비를 한다. 　- 간식 그릇을 어디에 담아 갈 수 있을까? 　- 어떻게 옮기는 것이 떨어뜨리지 않고 잘 할 수 있는 걸까? 　　(바구니 또는 쟁반에 나누어 담아 함께 옮긴다) 4. 준비된 자료들을 살펴보며 그릇을 씻으려면 어떤 것들이 필요할지 알아본다. 　- 무엇을 할 때 쓰는 물건일까? 5. 그릇 씻는 방법을 알아본다. 　- 물을 담근 그릇을 수세미로 닦는다. 　- 두 번째 대야에서 행주로 헹군다. 　- 세 번째 대야에서 깨끗한 물로 한 번 더 헹군다. 　- 채반에 엎어서 물기를 뺀다.

6. 유아들의 그릇 씻는 모습에 긍정적인 반응을 하며 그릇을 씻을 때 주의할 것에도 세
   심한 관찰과 관심을 보인다.
   - ○○는 그릇 구석구석을 깨끗이 닦는구나,
   - 그래, 헹굴 때는 행주를 사용해서 헹구어보자,
   - 그릇을 한 번에 많이 담그면 어떻게 될까?

7. 씻은 그릇을 어떻게 말리고, 어떻게 정리하는지 해 본다.
   - 그래, 같은 그릇끼리 정리해 보자, 컵은 컵끼리 접시는 접시끼리 하는거야,

참 고   · 그릇 씻기를 한 후 유아들의 손은 비누로 깨끗이 씻도록 한다.

대 · 소집단활동
신체표현

나는 콩이예요

활동목표	·신체를 이용하여 창의적 표현을 해본다.
집단크기	대 · 소집단
활동자료	콩, 큰 북, 녹음기, 노래 테이프 (「나는 콩」 노래)

7월 4주

> **나는 콩이예요**
>
> 나는 콩 나는 콩
> 동글동글 동그래서
> 데구르르 굴러다니다
> 프라이팬에 들어갔었지
> 그런데 왠일일까 그런데 왠일일까
> 아이 뜨거워

활동방법

1. 「나는 콩」 노래를 불러본 후 노래말을 바꾸어 신체표현 활동으로 연계해본다.
   (예 : '프라이팬에' → '큰 북 속으로')

2. 큰 북위에 콩을 올려놓고 손으로 북을 치며 콩의 움직임을 관찰한다.
   – 콩이 어떻게 움직이니?
   – 손으로 북을 세게 쳐보자, 콩이 어떻게 되었니?

3. 북채로 빠르게 느리게 북을 치며 콩의 움직임을 관찰한다.
   – 빠르고 작게 북을 쳐볼게,
     콩이 어떻게 움직이니?
   – 이번에는 느리고 세게 쳐볼게,
     콩이 어떻게 되었니?

4. 자신의 몸을 콩처럼 만들어 보고 어떻게 움직여 볼지 생각해 보기로 한다.

5. 유아들이 넓은 장소에서 음악을 들으며 콩의 모습을 표현해본다.

6. 교사는 유아들의 창의적 표현에 대해 적절한 언어적 상호작용을 해주어서 유아들의 표현을 장려한다.

참　　고 ·활동이 익숙해지면 여러 상황에 따라 대상을 바꿔 표현해본다.

실외자유선택활동

분무기로 물 뿌리기

활동목표	·손의 힘을 조절해본다. ·물이 분사되어 나오는 모습을 살펴본다.
집단크기	개별·소집단
활동자료	물이 담긴 스프레이 2~3개(색소를 섞은 물 포함), 모조 전지, 모양종이
활동방법	1. 사전활동으로 스프레이에 물을 담아서 화초에 물을 주거나 마른 벽면에 뿌려보는 경험을 해본다. 2. 실외의 바닥이 반듯한 곳에 전지 크기의 종이를 붙여놓는다. 3. 유아가 색물 스프레이의 손잡이를 조작하여 종이에 뿌려보게한다. - 이것을 종이에 뿌려 볼 수 있겠니? 4. 전지 위에 작은 모양종이를 붙이고 물감을 뿌린 후 종이를 떼어내고 모양이 있던 자리를 살펴본다. - 이 오징어 모양의 종이를 떼어내면 어떻게 되어 있을까? 5. 스프레이를 조작하여 뿌려볼 수 있도록 격려한다.

참　　고

- 스프레이 통은 속이 비쳐서 어떤 색이 들어 있는지 알 수 있도록 투명한 병으로 사용한다.
- 친구들의 얼굴이나 몸에 뿌리지 않도록 사전에 알려준다.
- 전지 크기의 종이를 여러 장 준비해둔다.

주제 ● 여름

실시기간 : 8월 1주 ~ 8월 4주

▶▶▶ 전개방법

「여름」 주제는 여름철 날씨 변화에 따른 생활의 변화를 인식하여 여름의 계절적인 특징을 이해하고, 여름을 잘 보내기 위한 방법을 알 수 있도록 하기 위해 선정되었다.

더워진 날씨에 따라 옷차림이 변화되는 것을 이야기하고, 여름철의 꽃과 과일을 관찰하고 먹어보면서 여름의 계절적 특성을 경험한다. 특히 여름은 물놀이가 확장·심화될 수 있는 계절로서 물·모래 섞기, 물 웅덩이 만들기, 인형 목욕시키기, 물 페인트 칠하기 등의 활동에서부터 간이 수영장을 이용하여 배 만들어 띄우기, 수영놀이까지 물을 이용한 다양한 활동을 구체적으로 계획하여 유아가 계절적 특성을 놀이를 통해 직접 경험해볼 수 있게 한다. 또한 나무 그늘에서 이야기 듣기, 동화책보기, 간식 먹기 등과 같은 휴식 활동도 함께 실시하여 여름철 건강한 생활을 위한 안내도 함께 한다.

여름에는 가족끼리의 여행이 많아지는 시기이다. 여행 중 찍은 사진이나 수집한 물건을 어린이집으로 가져와서 친구들과 함께 보며 자신의 경험을 이야기해보고 채집해온 곤충, 돌멩이, 조개 껍데기 등을 관찰해보면서 경험을 연장시켜준다. 뿐만 아니라 여행 중 즐거웠던 경험을 놀이에 연결시켜 수영장놀이, 소풍놀이 등을 전개할 수도 있다.

▶▶▶ 환경구성

	쌓기놀이영역	역할놀이영역	미술영역	언어영역	탐색 · 조작영역	음률영역
실 내	· 인형 · 의자 · 놀잇감 우산 · 큰 와플 블록 · 놀잇감 낚싯대 · 물고기 모형 또는 그림 · 종이벽돌 블록 · 넓고 긴 나무 블록 · 공간 블록 · 단위 블록	· 튜브 · 수영복 · 물안경 · 수영모 · 모자 · 색안경 · 밀가루 반죽 · 조개 껍데기 · 소라 껍데기 등	· 부채 모양 종이 · 색 셀로판지 · 마닐라지 · 비닐 · 끈 · 펀치	· 그림책 : 「치치네 동네가 물에 잠겼어요」 · 동시:「매미」 · 물놀이 사진책 · 신발 · 동화: 「비오는 날의 물놀이」 (작은 욕조, 플라스틱 인형, 우유곽배, 흰구름, 스포이드, 우유곽 먹구름, 해님)	· 여름 관련 퍼즐 · 컵 · 주전자 · 빈 펠트병 · 돌 · 소라 · 조개 껍데기 · 바다에 사는 생물	· 노래 테이프 및 악보: 「두껍아 두껍아」 · 음악: 「쇼팽의 빗방울 전주곡」 「클라이슬러의 사랑의 기쁨」
실 외	이젤, 물감, 분무기, 풀장, 수영복, 수건, 플라스틱 그릇, 페트병, 주사기, 물뿌리개, 깔때기, 봉제인형, 인형옷, 양말, 비누, 빨래판, 큰 물통, 빨랫줄					

월간보육계획안

소주제 : 물놀이   실시 기간 : 8월 1주 ~ 8월 4주

		1주	2주	3주	4주
등원 및 맞이하기		친구들과 반갑게 인사하기			
실내자유선택활동	쌓기놀이영역	◎ 수영장 만들기	큰 와플 블록 끼우기	블록으로 바다 만들어 낚시하기	여러 가지 탈것 만들기
	역할놀이영역	◎ 수영장 놀이 (튜브, 수영복, 물안경 등)	모자, 색안경 쓰고 외출하기	해수욕장놀이	밀가루 반죽에 조개 껍데기 찍어보기 여행가기
	미술영역	부채 만들기 (달력 또는 부채 모양 종이)	색안경 만들기 (색 셀로판지, 마닐라지) 배 만들기	비닐가방 만들기 (펀치로 구멍 뚫어 끈 끼우기) 물고기 만들기	여행에서 지낸 일 그려보기
	언어영역	책보기: 신발, 여름, 반 친구들의 물놀이 하는 사진책	동화:「치치네 동네가 물에 잠겼어요」 ◎ 동시:「매미」	◎ 동화:「비 오는 날의 물놀이」	안전한 물놀이 카드, 파도 소리 녹음한 것 들어보기
	탐색·조작영역	여름 관련 퍼즐	여름 과일 맛보기 관련된 여름철 물건 짝짓기	다양한 순서로 색물병 놓기 1) 바다 생물에 관한 책보기	돌, 소라, 조개 껍데기 관찰하기 소라 껍데기에 귀 대고 소리 듣기
	음률영역	새 노래:「두껍아, 두껍아」「시냇물」		음악감상: 사랑의 기쁨(크라이슬러) 빗방울 전주곡(쇼팽) 2)	
대·소집단활동		이야기나누기: 물놀이할 때 지켜야 할 일 동화:「야! 웅덩이다」	「풍덩풍덩 신나는 물놀이」		「아기상어와 고래아저씨」
실외자유선택활동		◎ 물놀이 맨발로 모래 밟아보기	◎ 빨래를 해요 분무기놀이	이젤에 물감그림 그리기 두꺼비집 짓기	
점심 및 낮잠		흘린 음식 휴지로 닦기	세수하고 손·발 씻고 잠자기		
기본생활습관		물놀이시 뛰어다니지 않기	차가운 음식 많이 먹지 않기		

교육활동참고	1) 다양한 순서로 색물병 놓기
	  • 빈 패트병 7개에 각각 높이가 다르게 물을 붓고 각각의 물감을 탄다. 병의 입구를 봉하고 제시
	    해주어서 다양한 서열화를 해볼 수 있게 한다.
	   – 물이 많은 것부터 차례대로 놓아볼까?
	   – 높고 낮게 높고 낮게 놓아볼 수 있을까?
	   – 또 어떻게 놓아 볼 수 있을까?
	
	2) 빗방울 전주곡
	  〈활동자료〉 전분 가루, 물, 넓은 대야, 음악(조용한 음악, 경쾌한 음악)
	  • 전분가루를 바닥에 깔릴 정도로 대야에 넣고 만져보며 어떤 느낌이 드는지 이야기한다.
	   – 전분 가루를 만져보자, 어떤 느낌이 드니?
	   – 여기에다 물을 타면 어떻게 될까?
	   – 손가락으로 저어보자, 손을 넣어서 만져볼까?
	  • 음악을 들으며 물에 탄 전분가루를 이용하여 느낌을 표현해본다.
	   – 우리, 쇼팽 선생님이 만든 '빗방울 전주곡' 음악을 들으면서 느껴보자.

• 여름철에는 유아가 무리한 교육 일정에 의해 지치는 일이 없도록 활동수를 고려하여 월간보육계획안으로 작성한다.

실내자유선택활동
쌓기놀이영역

수영장 만들기

활동목표
- 블록을 이용하여 수영장을 꾸며본다.
- 수영장에서의 경험을 놀이로 표현해본다.

집단크기 소집단

활동자료 종이벽돌 블록, 넓고 긴 나무 블록, 인형, 의자, 놀잇감 우산 등

활동방법

1. 쌓기놀이영역에서 놀이하는 유아들의 행동에 반응을 보이며 수영장을 만들 것을 제안해본다.
   - ○○는 종이 벽돌을 길다랗게 늘어놓고 있구나.
   - 우리가 모두 들어갈 수 있는 커다란 수영장을 만드는 것은 어떨까?
   - 정말 커다란 수영장이네!

2. 유아들과 수영장에서 경험할 수 있는 것을 행동으로 표현해보게 한다.
   - 이 수영장에는 깨끗한 물이 가득 차 있구나.
   - 발을 살짝 담궈보자, 아이, 차가워!

3. 수영장에서 볼 수 있는 다양한 시설을 꾸며본다.
   - 수영하다가 쉬고 싶으면 어디서 쉬는 거니?
   - 시원하고 달콤한 아이스크림이 먹고 싶은데, 어디 가서 사야 하니?

4. 유아가 직접 수영을 해보거나 인형을 활용하여 수영장놀이를 해본다.

8월 1주

수영장 놀이

활동목표 · 수영장에서의 경험을 회상하고 놀이로 표현해본다.

집단크기 소집단

활동자료 튜브, 수영모, 물안경 등

활동방법 1. 쌓기놀이영역에서 수영장이 만들어지면 수영장놀이로 확장될 수 있도록 교사가 적절히 개입한다.
  - 와! 여기 멋진 수영장이 만들어졌네, 우리 수영하자!
  - 수영장에 들어가려면 무엇이 필요하지?
  - 그래, 옷을 벗고 수영복으로 갈아 입어야지! 수영 모자와 안경도 써야겠네.
    (유아가 옷을 벗는 척 해 보도록 하며 실제로 옷을 벗지않아도 좋다.)

2. 수영장에서 놀았던 경험을 놀이로 표현해보게 한다.
  - 수영장에 들어가기 전에 무엇을 해야 하니?
  - 자! 이제 물 속에 들어가볼래? 물 속에 들어오니까 어떤 느낌이 드니?
  - 물 속에서 걸어볼까? 앉아서 물장구를 쳐보자, 세게 쳐보자
  - 여기 튜브가 있구나, 튜브를 끼고 물장구를 쳐 볼 수 있니? 팔을 움직여 수영을 해 보자,
    기차도 만들어볼까?

8월 1주

참 고

- 추후 활동으로 바닷속의 풍경을 상상하고 확장된 놀이로 유도해볼 수 있다.
  - 자! 이제 우리가 더 큰 바다에 왔어. 바닷속에 들어가 보자.
  - 그런데 바닷속에서 숨을 쉴 수가 있을까?
  - 바다속 깊숙이 가려면 무엇이 필요할까?
  - 바닷속에 들어오니 무엇이 보이니?

- 유아들과 바닷속의 풍경을 몸으로 표현해본다.
  - 바닷속 물고기가 노는 모양을 몸으로 나타내 보겠니?

매미

8월 2주

활동목표	· 동시를 즐겨 듣는다. · 매미에 대해 관심을 갖는다.
집단크기	개별 · 소집단
활동자료	「매미」 융판 자료

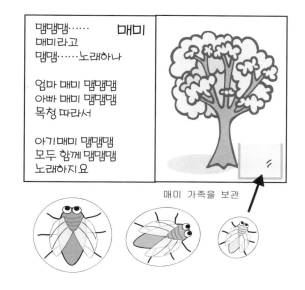

매미 가족을 보관

〈융판자료〉

① 마닐라지(8절) 2장을 책처럼 접을 수 있도록 연결한다.

② 한 면에는 동시 내용을 적는다.

③ 다른 한 면에는 부직포로 나무 모양을 잘라 붙여둔다.

④ 나무 모양이 있는 면의 밑 부분에는 폭이 5cm 정도인 비닐주머니를 달아 매미 가족을 보관해둔다.

⑤ 매미는 마닐라지나 부직포로 아빠 · 엄마 · 아기 매미를 만들어 부직포 나무에 붙일 수 있도록 뒷면에 까슬이를 붙여둔다.

활동방법

1. 동시를 천천히 들려준다.

2. 엄마, 아빠, 아기라는 말이 나오는 부분에서는 매미를 나무에 붙이면서 들려준다.

3. 매미의 울음소리 부분을 유아들이 하면서 다시 한 번 들려준다.

4. 동시 자료를 언어영역에 제시해 준다.

실내자유선택활동
언어영역

비 오는 날의 물놀이

8월 3주

활동목표	・동화를 즐겨 듣는다. ・안전한 물놀이 방법에 대해 생각할 기회를 갖는다.
집단크기	소집단
활동자료	작은 욕조, 플라스틱 인형(토끼, 거북이), 우유곽 배, 흰구름, 스포이드, 우유곽 먹구름 A B, 해님(코팅자료)

〈우유곽 배〉
- 우유팩(500ml)을 세로로 자른다.

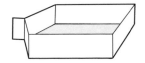

〈우유곽 먹구름〉
① 우유곽 먹구름 A는 밑면에 구멍을 5~6개 정도 뚫고, 먹구름 B는 15~20개 정도 뚫는다.
② 먹구름 그려서 코팅한 후 우유곽 뒷면에 각각 붙인다.

〈흰구름〉
・코팅한 흰 구름 그림 뒤에 스포이드를 붙인다.

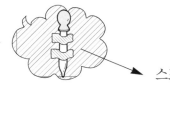

스포이드

〈해님〉
・코팅 후 나무막대를 붙인다

활동방법	1. 비닐을 씌운 낮은 책상 위에 작은 욕조를 올려놓고 물을 3/1정도 담아놓는다. 2. 유아들을 반원으로 앉게 한 후 동화를 들려준다.

3. 동화를 다 듣고 난 후 동화 내용에 대해 이야기한다.
   - 토끼와 거북이는 어디로 소풍을 갔었지?
   - 토끼와 거북이는 연못에서 무슨 놀이를 했니?
   - 배가 왜 뒤집혔을까?
   - 배가 뒤집혔을 때 토끼와 거북이는 어떤 생각을 했었니?
   - 토끼와 거북이는 어떻게 숲을 빠져 나왔지?

4. 동화를 듣고 난 후 실외로 나가 유아들이 직접 조작해 가며 이야기를 해볼 수 있도록
   제시해준다.

비 오는 날의 물놀이   글/최경애

1. 숲 속의 거북이와 토끼는 연못가
   로 소풍을 갔습니다.

2. 거북이와 토끼는 연못가에 있는
   배를 발견했습니다.
   "우리, 저 배를 타보자" "좋아"

3. 그 때 빗방울이 뚝뚝 떨어졌습니다 (흰 구름 뒤의 스포이드에서 물이 떨어지게 한다).

토끼:안되겠어. 숲으로 돌아가자.

거북:아냐, 금방 그칠거야. 조금만 더 타자.

4. 그런데 하늘이 어두워지더니 비가 내리기 시작했습니다(우유곽 먹구름 A에 물을 채워 들어올려 물이 떨어지게 한다).

토끼:이제 돌아가자.

거북:아냐, 조금만 더 타자. 뱃놀이는 너무 재미있어.

5. 비는 더 세게 내렸습니다(우유곽 먹구름 B에 물을 채워 들어올려서 물이 떨어지게 한다).

"앗! 큰일났다."

"배가 뒤집히겠어."

토끼와 거북이가 탄 배는 그만 뒤집히고 말았습니다.

거북:토끼야. 얼른 내 등에 올라타.

토끼:고마워. 거북아.

6. 토끼와 거북이는 무사히 숲으로 돌아 올 수 있었습니다.

토끼: 비오는 날의 물놀이는 위험했어.

거북: 정말로 큰일 날 뻔했어.

해님이 밝고 따스한 햇볕을 비추었습니다.

실외자유선택활동

물놀이

활동목표	・물놀이를 즐긴다. ・다양한 물놀이를 통하여 물의 성질을 경험한다.
집단크기	대・소집단
활동자료	풀장, 수영복, 수건, 모양과 크기가 다른 플라스틱 그릇들, 크고 작은 페트병들, 채반, 분무기, 주사기, 구멍 뚫은 플라스틱 병들, 물뿌리개, 깔대기

8월
1주~4주

① 페트병에 송곳으로 구멍을 뚫는다. 이때 구멍의 위치와 수를 다양하게 한다.

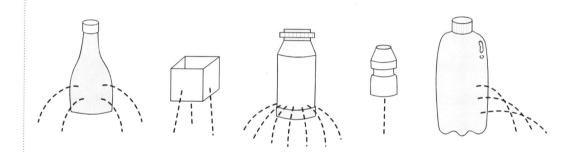

② 페트병의 윗부분을 비스듬히 또는 반듯하게 자른 후 위는 깔대기로 사용하고 아래는 색테이프를 붙여 그릇으로 사용한다.

색테이프로 마무리

③ 투명용기(페트병, 큰 간장병, 식용유병 등)를 비스듬히 자른 후, 병 입구에 빨대나 고무관을 꽂아 글루건으로 붙인다.

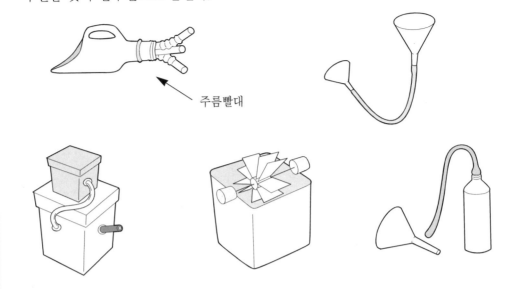

주름빨대

활동방법

1. 물을 얕게 받아서 놀이하기
(첨벙거리기, 물치기, 물에서 걷기, 물 속에서 엎드리기, 엎드려서 발차기)
1) 물에서 자유롭게 놀이하면서 물에 대한 흥미를 갖게 한다.
- 물 속에서 걸어보자.
- 첨벙거려 볼까? 물이 어떻게 움직이니?
- 물 속에서 엎드려도 볼까? 몸이 어떻게 되니?
2) 물을 첨벙거릴 때 친구의 얼굴에 물이 튀지 않도록 한다.

2. 다양한 종류의 그릇으로 놀이하기
(모양, 크기가 다른 플라스틱 그릇들, 크고 작은 페트병들, 채반, 깔때기 등)
1) 물놀이 도구들로 놀이하며 특성을 탐색해본다.
- 물을 가득 담아보자. 저쪽 그릇으로 옮겨볼까?
- (입구가 좁은 병을 잡으며) 이 병에는 물을 어떻게 담을 수 있을까?
- (깔때기를 들고) 이것은 어떻게 사용할까?
2) 채반에 물이 빠지는 것을 관찰해 본다.
- 채반에 물을 담아볼까? 어떻게 되었니?
- 물이 어디로 갔을까?

3. 분무기, 주사기, 구멍 뚫은 플라스틱 병들, 물 뿌리개 등을 첨가하여 놀이하기
1) 분무기에 물을 넣어 뿜어본다.

2) 구멍 뚫린 페트병에 물을 받아 흘러내리는 것을 관찰해본다.

3) 목표물을 겨냥하여 물 뿌리기를 해본다.

4) 빨대의 모양을 다양하게 해서 물이 나오는 것을 관찰해본다.

　- 물이 어떻게 나오니? 물 모양이 꽃 모양 같구나.

　- 흐르는 물을 다시 받을 수 있을까?

참　　고
　· 더운 여름이라 하더라도 물을 미리 받아 두어서 너무 차갑지 않게 한다.

　· 물에 들어가기 전 준비체조를 하고 몸의 아랫부분부터 물에 적시도록 한다.

　· 여름철 물은 부패하기 쉬우므로 매일 물을 교체해 준다.

실외자유선택활동

빨래를 해요

활동목표	·대근육 발달을 돕는다. ·물, 비누 등 물질의 특성을 탐색한다.
집단크기	소집단
활동자료	봉제인형, 인형옷, 양말, 비누, 빨래판, 대야(큰 물통)
활동방법	1. 물놀이 하는 곳에 자료를 제시해두고 빨랫줄을 걸어둔다. 2. 관심을 보이는 유아들에게 비누와 함께 위에 제시된 자료들을 가지고 탐색해보게 한 　다. 　- ○○야, 양말이 하얀 거품 속으로 숨어 버렸네? 어떻게 한거니? 　- 비누를 만지니까 느낌이 어떠니? 　- 우리반 친구들이 가지고 놀던 인형이 많이 더럽혀졌네, 깨끗하게 되도록 해주자! 3. 빨랫줄을 낮게 묶어 주어서 직접 빨래를 널고 걷어서 정리해볼 수 있도록 한다.

참　고	·음률영역에서 '빨래가 되어보기' 등의 놀이로 확장해본다.

8월
1주~4주

주제 동물Ⅱ

실시기간 : 8월 5주 ~ 9월 3주

▶▶ 전개방법

「동물Ⅱ」 주제는 3세 유아들이 특히 관심 있어 하는 동물을 보다 깊이 탐색하여 다양한 동물의 종류와 특징과 생활습성 등에 대해 알고, 동물과 사람과의 관계를 이해하며 아울러 동물을 사랑하는 태도를 형성하도록 한다.

동물에 대한 개념은 유아가 길러보거나 동물원 견학과 같은 직접적인 관찰을 통해서 습득되어져야 효과적이다. 이러한 직접적인 경험은 다양한 재료를 이용한 동물 만들기, 블록으로 동물원 구성하기 등의 활동을 통해 보다 세부적으로 표현될 수 있으며 동물원 구경가기와 같은 극화놀이에서는 보다 구체적으로 재현되게 한다. 이러한 직접적인 경험이 어린이집에서 불가능할 경우는 가정 통신문을 통해 견학 장소를 소개하여 휴일을 이용해 유아가 부모님과 함께 동물원을 견학할 기회를 가질 수 있도록 한다. 이 때는 공공장소에서 지켜야 할 태도와 동물 관찰시 주의사항과 동물원 견학시 부모와 유아간 상호작용 방법 등을 알려줌으로써 보다 효과적인 견학이 될 수 있도록 하며, 유아들의 이러한 개인적인 경험이 어린이집 친구들과 함께 공유될 수 있도록 활동을 준비한다.

지역 내에 동물과 관련된 기관(동물 병원, 애완동물 가게 등)이 있으면 현장 학습장으로 활용하거나 수의사, 애완동물 가게 주인 등 주변 인사를 초청하여 유아들과 이야기를 나누는 기회를 마련한다.

▶▶▶ 환경구성

	쌓기놀이영역	역할놀이영역	미술영역	언어영역	탐색·조작영역	음률영역

실
내
	· 우레탄 블록
	· 단위 블록
	· 종이벽돌 블록
	· 강아지 봉제
	· 인형
	· 강아지 먹이 그릇
	· 동물, 사람, 나무
	  등 소품
	· 동물원 견학시
	  찍은 사진
	· 동물모자 또는
	  동물 모양
	· 머리띠
	· 와플 블록
	· 도시락
	· 야외용 돗자리
	· 김밥
	· 모자
	· 배낭
		· 동물 인형
		· 병원놀이기구
		· 목욕용품
		· 동물모자·꼬리
		· 우유팩 동물인형
		· 동물 손인형
		· 밀가루 반죽
		· 코끼리 코·귀 등
		  소품
			· 도화지
			· 솜
			· 색종이
			· 가위
			· 딱풀
			· 크레파스
			· 거북이 화보 또는
			  실물
			· 동물화보, 잡지
			· 박스지
			· 마닐라지
			· 두루마리 속심
			· 색빨대
			· △ㅁㅇ모양 색종이
			· 동물우드락 판화
			  자료(우드락,
			  나무젓가락,
			  롤러, 작은 쟁반
			  또는 책받침,
			  밀가루풀 섞은
			  포스터칼라,
			  흡수가 잘 되는
			  종이)
			· 여러 가지 폐품
				· 그림책:
				「쥐박사님의
				  진찰시간」
				「흉내쟁이 찍찍이」
				「동물의 아기들」,
				「무엇을
				  낳을까요?」
				· 그림동화:
				「동물목욕탕」
				「세마리의 염소」
				「꿀꿀이 합창단」
				· 융판동화:
				「곰 세마리」
				「집을 팝니다」
				· 막대동화:
				「여기가 찍찍이네 집
				  인가요?」
				「아기하마의
				  엄마를 찾아주세요」
				「사자와 쥐」
				·「세마리의
				  아기염소」
				· 동극용 띠모자
				· 동극:
				「커다란 금방울」
				  동극자료
				  (노란색 우산,
				  신문뭉치,
				  등장인물
				  머리띠)
				· 동물 그림자 카드
					· 물고기
					· 자라
					· 거북이
					· 햄스터
					· 빨래집게 동물
					  자료(동물몸,
					  빨래집게)
					· 거북이 등에
					  숫자를 놓아요
					  (거북이 그림판,
					  숫자 조각)
					· 빠진 부분이 있는
					  동물그림
					· 동물그림·사는곳
					  연결 그림판
					· 동물 소리 녹음
					  테이프
					· 녹음기
					· 동물그림 카드
					· 여러 가지 자석
					  (말굽, 원, 막대)
					· 동물 맞추기 탑
					  교구
					· 동물 도미노 카드
						· 탬버린
						· 캐스터네츠
						· 방울
						· 봉고
						· 기로
						· 녹음기 또는 반주할
						  수 있는 악기
						  (피아노, 오르간 등)
						· 음악:
						「동물의 사육제」
						· 빠르고 느린
						  음악이 번갈아
						  녹음된 테이프
						· 노래 테이프 및
						  악보:
						「산토끼」
						「엄마돼지
						  아기 돼지」
						「밀림으로」
						「코끼리와 거미줄」
						「꼬꼬꼬 나라」
						「~처럼 해봐요」
						「할아버지 농장」

실 외	토끼, 강아지, 동물 울타리, 토끼·강아지 먹이, 토끼 바구니 2개, 팥주머니 또는 신문지공(쿠킹호일), 동물발바닥 모양					

주간보육계획안

소주제 : 동물을 사랑해요　　　　　　　　　　　　　　　**실시 기간 : 8월 5주**

		월	화	수	목	금	토
등원 및 맞이하기		어린이집 올 때 내가 본 동물 이야기하기					
실내자유선택활동	**쌓기놀이영역**	◎ 강아지집 짓기					
	역할놀이영역	애완동물 목욕시키기			동물병원놀이		
	미술영역	◎ 토끼 꾸미기　　내가 본 거북이 그리기 1)					
	언어영역	그림책:「아기돼지 삼 형제」　　「쥐박사님의 진찰시간」 ◎ 동화:「뽀글뽀글 목욕하자」　융판동화:「곰 세 마리」					
	탐색 · 조작영역	동물 관찰하기(물고기, 자라, 거북이, 햄스터 등) 빨래집게 동물 2)　　　◎ 거북이 등에 숫자를 놓아요					
	음률영역	거북이가 되어보자 3) 「산토끼」 노래에 맞춰 여러 가지 악기 연주해보기					
대 · 소집단활동		전이활동: 동물을 잘 보살피려면? 새 노래:「밀림으로」 견학: 동물 병원 견학　　◎ 게임: 호랑이 바구니에 팥주머니 던지기					
실외자유선택활동		토끼와 강아지 먹이주기, 관찰하기 4)　　　　　　모래 속의 보물찾기					
점심 및 낮잠		친구 방해하지 않기					
기본생활습관		동물 관찰이나 놀이 후 비누로 손씻기					
교육활동참고		1) 내가 본 거북이 그리기 · 3) 거북이가 되어보자 　• 거북이의 움직임, 생김새, 색깔 등에 대해 관찰한 후 관찰한 거북이를 그려 본다. 　• 유아 자신이 그린 그림을 등에 붙이고 거북이의 움직임을 몸으로 흉내내본다(앞으로 갈때, 뒤집혔을 때, 놀랬을 때 등). 2) 빨래집게 동물 　• 화보 사진 등에서 머리, 얼굴, 몸통만 오려 코팅하여 제시한다. 　• 동물 귀, 다리, 꼬리 등은 빨래집게로 구성해보도록 한다. 4) 토끼와 강아지 먹이주기, 관찰하기 　• 동물을 힘들게 하지 않고 괴롭히지 않으려면 어떻게 해야 할지 교사가 모범을 보여준다(토끼를 안고, 쓰다듬어 주고, 보살펴주는 모습 등). 　　- 토끼를 쫓아다니거나 자꾸 만지려고 하면 토끼가 어떤 마음이겠니? 　• 적당한 크기의 울타리를 만들어 그 속에서 놀게 하며 유아들은 울타리 밖에서 관찰하거나 먹이를 주도록 한다.					

주간보육계획안

소주제 : 사는 곳이 달라요   **실시 기간 : 9월 1주**

		월	화	수	목	금	토
등원 및 맞이하기		내가 좋아하는 동물 이야기해보기					
실내자유선택활동	**쌓기놀이영역**	◎ 동물원 꾸미기					
	역할놀이영역			동물 친구 초대하기			
	미술영역	동물 오뚜기 인형 만들기 1)			내가 좋아하는 동물 그려보기		
	언어영역	그림책:「흉내쟁이 찍찍이」 막대동화:「여기가 찍찍이네 집인가요?」 나는 누구일까요?(동물 그림자 보고 이름 맞히기)			동극동화:「세 마리 염소」		
	탐색 · 조작영역	동물 그림에서 빠진 부분 찾기		동물들이 사는 곳 2) 동물과 사는 곳 연결하기			
	음률영역	감상:「동물의 사육제」		◎ 악기놀이:「엄마돼지 아기돼지」			
		◎ 음악에 맞춰 움직여보기					
대 · 소집단활동		전이활동: 어디에 살까요?	신체표현: 동물 흉내내기 게임 새 노래:「엄마돼지 아기돼지」 야외학습: 동물원 견학			그림동화:「개집을 팝니다」	
실외자유선택활동		동물 소리내며 뛰어보기			동물 발바닥 모양 밟고 걷기		
점심 및 낮잠		차례대로 줄서서 식사 가져가기					
기본생활습관		견학시 질서 지키기					

교육활동참고

1) 동물 오뚝이 인형 만들기
   ① 빈상자를 펼쳐서 크고 작은 원으로 자른다.
   ② 반으로 접어 세울 수 있도록 한다.
   ③ 유아들이 동물 화보, 잡지 등에서 동물 사진을 오려 반원에 붙인 후 놀이한다.
      · 배경을 주어서 동물 인형을 조작하며 동화를 꾸며볼 수도 있다.
      · 두루마리 휴지 속대 등을 이용하여 만들 수 있다.

2) 동물들이 사는 곳
   · 하드보드지를 3장 연결한 바다·땅·하늘로 배경판을 만든 후 동물그림카드를 분류해본다.

![주간보육계획안]

주간보육계획안

소주제 : 동물원에는 여러 동물이 있어요 I   　　　　　　　　　**실시 기간 : 9월 2주**

		월	화	수	목	금	토
등원 및 맞이하기		동물원에서 보았던 동물 이야기해보기					
실내자유선택활동	쌓기놀이영역	놀이공원 꾸미기(동물원, 탈것, 아이스크림 가게, 놀이기구 등) 　　　　　　　　　　　　　　동물원 만들기					
	역할놀이영역	노래 극놀이:「코끼리의 코는 왜 길까?」			◎ 동물 흉내내기		
	미술영역	동물 콜라주(잡지에 동물 오린 것 붙이기) 　　　코끼리와 거미줄 생각한 대로 그려보기 1) 　　　　　　　　　　폐품 이용하여 동물 만들기					
	언어영역	그림동화:「꿀꿀 합창단」 막대동화:「아기하마의 엄마를 찾아주세요」 　　　막대동화:「사자와 쥐」			◎ 누구의 소리일까요		융판동화:「집을 팝니다」
	탐색·조작영역	어떤 것은 붙어요 2) 어미 동물이 새끼를 찾아요				부분 보고 전체 알기(동물)	
	음률영역	노래:「밀림으로」 손유희:「코끼리와 거미줄」					
대·소집단활동		새 노래:「코끼리와 거미줄」 　　　전이활동: 동물원에는 어떤 동물들이 있을까? 　　　　　　노래동화:「코끼리의 코는 왜 길까?」 　　◎ 신체표현: 코끼리가 되어보세요					
실외자유선택활동		◎ 여우야 여우야　　　　모래놀이(동물이 사는 곳 만들기)					
점심 및 낮잠		자기 자리에 앉아서 다 먹은 후 일어나기					
기본생활습관		친구에게 미안한 행동 했을 때 사과하기					
교육활동참고		1) 코끼리와 거미줄 생각한 대로 그려보기 　• 전이시간에 노래와 손유희를 반복해본 후 노래말을 회상해 본다. 　　– 코끼리가 왜 거미줄에 걸렸을까? 　　– 코끼리가 많아질수록 거미줄은 어떻게 되었을까? 　• 어린이집 마당에 나온 거미를 관찰하며 거미줄에 걸려 있는 코끼리의 모습을 상상해본다. 　　– 거미줄에 걸린 코끼리의 모습이 떠오르니? 그것을 그림으로 그려 볼 수 있겠니? 2) 어떤 것은 붙어요: 놀이실에 있는 물건에 다양한 자석(말굽,원,막대 등)을 대본다. 끌어당길지, 　밀어낼지를 예측해보며 어떤 것들이 자석에 끌려오는지 탐색해본다.					

주간보육계획안

소주제 : 동물원에는 여러 동물이 있어요 II　　　　　　　　　　　**실시 기간 : 9월 3주**

		월	화	수	목	금	토
등원 및 맞이하기		어린이집에 있는 동물 이야기하기					
실내자유선택활동	쌓기놀이영역	동물원으로 소풍가기		동물집 만들기			
	역할놀이영역	동물 손인형 놀이		밀가루 반죽으로 동물 먹이 만들기			
	미술영역	동물 가면 만들기	△○□모양 색종이로 동물 모양 구성하기			◎ 동물 우드락 판화	
			동물원에서 본 동물 그려보기				
	언어영역	그림책:「동물의 아기들」	무엇을 낳을까요?				
		'꿀꿀' 붙이며 이야기하기 1)					
			◎ 동극:「커다란 금방울」				
	탐색 · 조작영역	동물 도미노 카드	동물 맞추기 탑 2)				
	음률영역	신체표현: _꼬꼬꼬 나라_			신체표현: ○○처럼 해봐요		
		노래:「할아버지 농장」 3)			「숲 속 친구들」		
대 · 소집단활동		손유희: 숲 속 작은 집 창가					
		게임: 강아지처럼 네발로 가서 팥주머니 가져오기					
		새 노래:「할아버지 농장」					
		막대동화:「조그만 찍찍이」			동화:「토끼와 거북이와 늑대」		
실외자유선택활동		토끼뜀 뛰어보기　고릴라처럼 걸어보기 4)		뒤로 · 옆으로 걷기			
점심 및 낮잠		반찬 골고루 먹기					
기본생활습관		동물이 좋아하는 먹이주기					
교육활동참고		1) '꿀꿀' 붙이며 이야기하기: 이야기할 때 "꿀꿀"을 붙여 말한다(예: 우리 그네 탈까, 꿀꿀). 2) 동물 맞추기 탑: 빈 깡통 또는 다양한 크기의 블록 등에 동물 그림의 부분을 붙여 주어서 부분을 찾아서 동물그림이 완성 되도록 쌓는다. 3) 할아버지 농장 할아버지 농장에 이야이야오. 그 농장에는 오리가 있어 이야이야오. 에서 꽥꽥꽥 제서 꽥꽥꽥 예서꽥 제서 꽥 예서 제서 꽥꽥. 할아버지 농장에 이야이야오. 4) 고릴라처럼 걸어보기: 등에 옷이나 신문지 구긴 것 등을 집어넣어서 불룩하게 만든 후 어깨를 늘어뜨리고 걸어본다.					

실내자유선택활동
쌓기놀이영역

강아지집 짓기

활동목표	·다양한 종류의 강아지에 관심을 갖는다. ·여러 가지 소품을 이용하여 집을 구성해 본다.
집단크기	개별·소집단
활동자료	강아지 봉제인형, 강아지 사진, 강아지 먹이 그릇, 단위 블록, 종이벽돌 블록 등 - 여러 종류의 강아지 사진을 코팅하여 소형블록에 붙여놓는다.
활동방법	1. 여러 가지 강아지 인형을 가지고 놀이하는 유아를 관찰한 후 소형 블록과 단위 블록을 가지고 병행놀이를 하며 놀이에 개입한다. 　- 여러 종류의 강아지들이 많이 모여 있네, 아유! 이 복실강아지 예쁘다, 　　복실 강아지야! 너의 집은 어디니? 2. 유아들이 각자 원하는 강아지집을 지어볼 수 있도록 유도한다. 　- ○○야! 그 불독의 집은 어디있니? 3. 다양한 블록과 소품을 활용하여 강아지집 짓기 놀이가 확장될 수 있도록 돕는다. 　- 복실이네 집은 어떤 지붕을 해 주면 좋아할까? 　　목수 아저씨! 종이벽돌 블록으로 빨간 집을 만들어주면 어떨까요? 　- 창문도 만들어 주면 햇빛이 잘 들어와서 좋아할 거예요,
참　　고	·강아지집 짓기가 확장되면 강아지 흉내내기 놀이를 해본다. ·반죽 등을 이용하여 '강아지 먹이주기'나 '아픈 강아지 진찰하기' 등의 놀이로 연결시킬 수 있다.

토끼 꾸미기

활동목표	·여러 가지 재료를 이용하여 토끼를 꾸며본다. ·솜의 감촉을 느껴본다.
집단크기	소집단
활동자료	도화지, 솜, 색종이, 가위, 딱풀, 크레파스, ① 도화지에 토끼 모양을 그린 후 유아의 수만큼 복사한다. ② 솜을 동그랗게 뭉쳐서 눈송이 모양으로 만들어 놓는다. ③ 색종이를 여러 가지 모양으로 잘라놓는다.

〈모양 색종이〉 〈토끼 모양 그림〉 〈솜〉

활동방법	1. 토끼가 그려진 도화지를 보여주면서 활동에 관심을 유도한다.
	 - 선생님이 수수께끼를 내볼테니까 맞춰볼래?
	  음, 나는 귀가 길쭉합니다, 나는 ○○어린이집 마당에 살아요, 나는…,
	 - 금방 알아맞히는 구나, 선생님이 토끼그림을 그려 왔는데, 한번 보겠니?
	
	2. 여러 가지 재료를 탐색해보고 어떤 재료로 꾸밀 것인지 생각해보게 한다.
	 - 여기에 무엇이 있나 보자, 솜을 만져 보자, 어떤 느낌이 드니?
	  여기에 있는 여러 가지를 사용해서 토끼를 꾸며 보자,
	
	3. 유아가 솜과 색종이로 표현한 것을 언어적으로 반응해주고 격려해준다.
	 - 솜은 토끼의 어느 부분에 붙일 수 있을까? ○○는 솜을 토끼의 귀에 붙였구나,
	  ♡♡는 솜을 토끼의 몸에 붙였네, 이 동그라미 색종이는 어디에 붙일까?
	 - 우와, 이제 아주 귀여운 토끼가 되었네,
	 - 토끼 털이 아주 부드럽구나,

8월 5주

실내자유선택활동
언어영역

뽀글뽀글 목욕하자

활동목표	·동물의 생김새에 대해 관심을 갖는다. ·동화를 즐겨 듣는다.
집단크기	소집단
활동자료	그림동화 11장

① 마닐라지(8절)에 목욕탕과 동물을 그린 다음 동물 몸 적당한 곳에 보슬이를 붙인다.

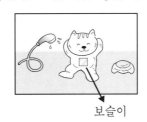

보슬이

② 마닐라지로 비누거품 모양을 그린 후 오린 다음 솜을 붙인다. 뒷면에 까슬이를 붙인다.

솜

까슬이

앞   뒤

③ 비누거품 모양을 이용하여 동물 몸을 가린다. 이때 고양이는 수염, 돼지는 코, 토끼는 귀, 너구리는 꼬리만 살짝 보이도록 한다.

활동방법

1. 동화를 들려준다. 이때 장면 ④, ⑥, ⑦, ⑩에서는 비누거품을 떼어내며 들려준다.

2. 동화의 그림을 보며 유아들과 이야기 나눈다.
   - 여기에 누가 있어? 무엇을 하는 걸까?
   - 이것은 누구의 수염일까?

3. 큰 책으로 만들어서 언어영역에 두고 유아들이 읽을 수 있도록 한다.

참　　고

·OHP 또는 실물 화상기를 이용하여 동화듣기를 해볼 수 있다.

8월 5주

뽀글뽀글 목욕하자

① 모두모두 모여서 몸을 씻고 있어요.

② 난 목욕하기 싫어.
목욕하는 게 제일 싫어.

③ 줄을 서서 등을 밀자.
하나, 둘, 셋

④ 비누거품이 보글보글 뽀글뽀글
이건 누구의 수염일까?

⑤ 쏴아 쏴아 쏴아아- 거품을 씻어내니
아, 고양이의 수염이었구나.

⑥ 비누거품이 보글보글 뽀글뽀글
이건 누구의 코일까?

⑦ 쏴아 쏴아 쏴아아- 거품을 씻어내니
아, 돼지의 코였구나.

⑧ 비누거품이 보글보글 뽀글뽀글
이건 누구의 귀일까?

⑨ 쏴아 쏴아 쏴아아- 거품을 씻어내니
아, 토끼의 귀였구나.

⑩ 비누거품이 보글보글 뽀글뽀글
이건 누구의 꼬리일까?

⑪ 쏴아 쏴아 쏴아아- 거품을 씻어내니
아, 고양이의 수염이었구나.

⑫ 목욕을 하고 나니 모두모두
깨끗해졌어요. 모두모두 예뻐졌어요.
난 목욕하는게 제일 좋다.

· 출처: 꾸러기 곰돌이. 웅진 출판사.

거북이 등에 숫자를 놓아요

활동목표	· 1~5까지 숫자 읽기를 한다. · 같은 숫자를 찾아 본다.
집단크기	개별 · 소집단
활동자료	거북판, 숫자조각

〈거북판〉
① 하드보드지에 거북이를 그린 후 등에 숫자를 적는다.
② 코팅지로 싼다.

〈숫자조각〉
① 고무나 우드락을 이용하여 거북이 등의 조각과 같은 모양으로 오린다.
② 모양 조각에 거북이 등의 숫자와 같은 숫자를 적는다.

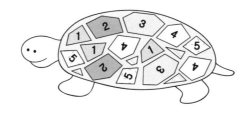

활동방법

1. 거북이판과 모양 조각을 제시하고 탐색해보게 한다.
   - 여기 거북이모양의 판이 있어, 거북이 등에 무엇이 적혀있니?
     (유아가 읽지 못한 숫자를 읽어준다.)
   - 여기는 삼, 사…,
   - 이 조각은 무슨 모양이니?
   - 그래, 거북이의 등 모양이랑 똑같네, 적혀있는 숫자도 말해보자,

2. 거북이 등에 같은 숫자를 찾아서 올려놓도록 한다.
   - 우리 여기 있는 모양 조각을 거북이등에 올려놓아보자,
   - 그래, 같은 숫자끼리 놓아주면 되겠구나,

대·소집단활동
게임

호랑이 바구니에 팥주머니 던지기

활동목표	· 감각과 신체 부분 사이의 협응력을 기른다. · 신체를 균형 있게 움직인다.
집단크기	소집단
활동자료	호랑이 바구니, 팥주머니

〈호랑이 바구니〉
① 하드보드지에 입 벌린 호랑이 얼굴을 그린
   후, 벌린 입 안을 바구니나 상자 입구 크기
   만하게 오려낸다.
② 호랑이 그림에 색칠한다.
③ 호랑이 그림 뒤쪽에 오려낸 입 안으로 바
   구니 안이 보이게 바구니나 상자를 붙인다.

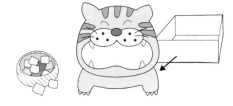

활동방법

1. 호랑이 바구니와 팥주머니를 보여주며 탐색해보게 한다.
   - 이것으로 어떤 놀이를 할 수 있을까?

2. 호랑이 바구니에 팥주머니를 넣어보게 한다.
   「해와 달이 된 오누이」 동화내용을 인용해 유아의 흥미를 유도할 수 있다.
   - 엄마의 떡을 다 빼앗아 먹은 호랑이가 여기에도 나타났네.
   - ○○아, ○○아, 팥주머니 하나 주면 안 잡아 먹지.
   - 어떻게 하면 호랑이에게 잡히지 않고 먹이를 줄 수 있을까?
   - ○○ 생각처럼 여기서 던져서 주면 되겠구나.

3. 가까운 거리에서 던지는 것이 원활해지면, 바구니와 던지는 곳의 거리를 점차 넓혀서
   던져보게 한다.

참　고
· 유아의 흥미에 따라 호랑이 외 여러 동물 모양의 바구니를 마련한다.
· 하고 싶은 유아가 많을 경우, 바구니의 수를 늘려서 준비한다.

동물원 꾸미기

활동목표	· 동물원에는 여러 종류의 동물이 있음을 안다. · 블록으로 동물원을 다양하게 꾸며본다.
집단크기	소집단
활동자료	블록류, 동물 인형 소품, 동물 및 동물원에 관한 사진 화보 - 쌓기놀이영역에 동물 및 동물원에 대한 사진이나 화보 등을 게시한다.
활동방법	1. 사전활동으로 유아들에게 동물원에 관한 이야기를 읽어주거나, 동물원에 가본 경험에 대해 이야기를 나눈다. 　- 너희들 중에 동물원에 가본 친구 있니? 　- 동물원에서 어떤 동물을 보았니? 　- 동물들은 어떤 곳에 살고 있었니? 2. 블록을 이용하여 동물원을 꾸며보도록 한다. 　- 이 동물들한테 집을 만들어 주고 동물원을 만들어 볼 수 있을까? 　- 코끼리는 몸이 커서 토끼처럼 좁은 곳에는 들어가지 못하겠다, 어떻게 해야 할까? 　- 호랑이와 사슴이 같이 있네, 호랑이가 사슴을 잡아먹으면 어떡하지? 3. 동물 우리 외에도 매표소, 매점, 주차장 등 동물원에서 볼 수 있는 다양한 시설물을 구성하여 동물원 구경가는 놀이를 한다. 　- 친구들이 만든 동물원으로 구경가보자, 부웅- 차는 어디에 세울까요? 　- 표를 내고 들어가는 곳은 어디인가요? 　- 어디에서 동물들을 보면 위험하지 않을까요?

9월 1주

실내자유선택활동
음률영역

엄마돼지 아기돼지

활동목표	·리듬악기 소리를 탐색해 본다. ·리듬에 맞춰 악기를 쳐 본다.
집단크기	개별·소집단
활동자료	탬버린, 캐스터네츠, 방울, 봉고, 기로 등 리듬악기류, 음악 테이프 또는 반주할 수 있는 악기(피아노, 오르간 등)

9월 1주

> 엄마돼지 아기돼지
>
> 토실토실 아기돼지 젖 달라고 꿀꿀꿀
> 엄마돼지 오냐 오냐 알았다고 꿀꿀꿀
> 꿀꿀꿀꿀 꿀꿀꿀꿀
> 꿀꿀꿀꿀꿀꿀꿀꿀꿀꿀꿀꿀.

활동방법
1. 리듬악기를 제시하여 각각의 악기 소리를 자유롭게 탐색해 보도록 한다.
   - 자기가 치고 싶은 악기를 가져와 보자.
   - 악기 소리를 내볼까?

2. '엄마돼지 아기돼지' 노래에 맞춰 자유롭게 악기를 소리내 본다.
   - 이번에는 노래에 맞추어 악기 소리를 내보자.
   - 노래를 부르며 악기놀이를 해볼까?

3. 노래를 빠르게 또 느리게 부르며 악기연주를 해본다.

참 고
·「엄마돼지 아기돼지」 노래를 충분히 익힌 후, 악기 연주에 활용하도록 한다.
·교사가 반주를 해주거나 미리 노래를 반복 녹음해 두어 사용한다.

음악에 맞춰 움직여보기

활동목표	·빠르거나 느린 리듬을 듣고 구별할 수 있다. ·리듬의 변화에 맞춰 움직여볼 수 있다.
집단크기	소집단
활동자료	다양한 빠르기의 음악이 번갈아 녹음된 테이프, 녹음기
활동방법	1. 자유선택활동시간 중에 빠른 곡과 느린 곡이 녹음된 테이프를 틀어준다. 2. 빠른 음악과 느린 음악의 느낌에 대해 유아와 이야기를 나눠본다. - 처음 들은 음악과 그 다음에 들은 음악이 어떻게 다르니? - 그래, 이 음악(빠른 음악)을 들으니까 어떤 느낌이 들지? - 이 음악(느린 음악)은 어떠니? 3. 빠르고 느린 움직임을 몸으로 표현해 보도록 한다. - 우리 몸을 이 음악(빠른 음악)을 따라서 움직여보자, 어떻게 할 수 있을까? - 이번에는 이 음악(느린 음악)을 따라서 움직여보자, 4. 음악을 들으며 빠르고 느린 동작을 표현해 보도록 한다. 또 유아가 자유롭게 자신의 움직임을 표현해 보도록 도와준다.
참　　고	·리본이나 부채와 같은 소도구를 첨가하여 움직임을 다양하게 표현해볼 수 있도록 도와준다.

9월 1주

실내자유선택활동
역할놀이영역

동물 흉내내기

활동목표	·동물원에서 본 것들을 놀이로 표현해본다. ·동물들의 흉내내기를 해본다.
집단크기	소집단
활동자료	다양한 종류의 동물 모자 또는 동물모양 머리띠, 동물원 견학시 찍은 사진게시, 다양한 블록.

활동방법	1. 교사는 제시된 자료들을 탐색하며 놀이하는 유아들을 충분히 관찰한다.
	
	2. 역할놀이영역에서 제각기 모자를 쓰고 돌아다니는 유아들을 극화놀이로 이끌기 위해 교사는 자연스럽게 제안하며 개입한다.
	  - 여기 있는 동물들의 집은 어디인가요?
	
	3. 교사는 상황에 따라 쌓기놀이영역과 역할놀이영역의 환경을 재구성해주어 두 영역을 통합하여 유아들의 놀이가 활발하게 이루어질 수 있도록 돕는다. 쌓기놀이영역의 다양한 블록을 이용하여 여러 동물의 집 만들기를 유도한다.
	  - 이 곳에 기린집 지으면 좋겠다, 기린 생각은 어때?
	  - (동물 모자 쓴 유아들을 보며) 너희들 집은 어디에 만들거니?
	
	4. 각자 만든 동물집에 들어가서 흉내내기를 즐기며 경험한 것들을 자유롭게 놀이로 표현해보게 한다.
	  - 얘들아! 우리 동물원 구경가자,
	    (동물놀이에 참여하고 싶어하는 다른 유아들을 놀이 속으로 이끈다.)
	  - 호랑이야! 크게 울어봐라, 와! 무섭다, 가까이 가면 위험해!
	  - 원숭아! 바나나 줄게 받아볼래?

참　　고 　·동물원에 견학 후 활동이 이루어질 경우에는 유아들의 흥미와 참여가 많이 일어나므로 영역 간의 통합이나 소품 제공 등 적합한 환경 재구성과 교사의 관찰과 개입이 민감하게 이루어져야 한다.

실내자유선택활동
언어영역

누구의 소리일까요

9월 2주

활동목표	·동물의 특징을 언어로 표현할 수 있다. ·여러 가지 동물의 소리를 구별할 수 있다.
집단크기	소집단
활동자료	동물그림카드(강아지, 고양이, 오리, 닭, 돼지, 호랑이, 말, 소, 염소 등) 각 동물의 소리가 녹음된 테이프, 녹음기

활동방법	1. 동물그림카드를 보면서 동물의 특징에 대해 이야기를 나눈다. 동물들의 소리를 흉내내 어본다.
	  - 이 동물의 이름은 무엇일까?
	  - 이 동물은 어떤 소리를 낼까?
	
	2. 동물 소리가 녹음된 테이프를 듣고, 어떤 동물의 소리인지 그림카드에서 찾아본다.
	  - 선생님이 들려주는 소리를 잘 들어보자, 어떤 소리가 나니?
	  - 똑같이 소리를 내어볼 수 있겠니?
	  - 어떤 동물의 소리일까? 카드에서 ○○를 찾아보렴.
	  - 이번에는 다른 동물의 소리를 들어보자.

참고	·동물 소리를 들어본 사전 경험이 없는 경우에는 각 동물 카드를 보며 해당하는 동물 소리를 들어보는 활동을 먼저 실시한다. ·동물 소리로 수수께끼 게임을 할 수 있다.

코끼리가 되어보세요

활동목표
· 동물의 움직임에 관심을 갖는다.
· 동물의 움직임을 표현해본다.

집단크기
소집단

활동자료
VTR, 「아기코끼리 걸음마」음악 테이프, 녹음기, 코끼리 머리띠 가면

활동방법
1. 동물원 견학을 다녀온 후 또는 사전활동으로 코끼리의 움직임이 있는 VTR 등을 보며
코끼리의 움직임을 탐색해본다.
   - 코끼리 코는 어떻게 생겼니? 코끼리 코처럼 만들어볼까?
   - 코끼리가 어떻게 움직였니?

2. 코끼리의 움직임을 교사가 적절한 언어로 개입해준다.
   - 코끼리가 물이 먹고 싶대요, 어떻게 물을 먹을까?
   - 코끼리가 과자를 받아 먹고 있어요, 과자 먹는 것처럼 해볼 수 있니?
   - 코끼리가 숲속으로 걸어가고 있어요.

3. 코끼리 머리띠 가면을 제시하고 「아기코끼리」걸음마 음악에 맞춰 표현해보도록 한다.
   - 음악 소리에 맞추어 코끼리처럼 움직여 볼까?
   - 엄마코끼리를 만나서 반가워하고 있네요.
   - 코끼리가 무거운 짐을 들고 뒤뚱뒤뚱 가고 있어요.

4. 독창적으로 표현하는 유아를 격려하며 자유롭게 활동해 보도록 한다.

9월 2주

실외자유선택활동

여우야 여우야

활동목표	·전래동요의 반복적인 운율을 즐긴다.
	·대근육 발달을 돕는다.

집단크기   소집단

활동방법

1. 전래동요를 익힌 후 실외놀이 중에 교사가 소집단으로 놀이를 유도한다.
   - (교사가 엄지손가락을 세우며) '여우야 여우야' 할 사람 여기 모여라(반복).

2. 여우를 누가 할 것인지 정한다.
   - 여우를 할 사람이 있어야 하는데 누가 할까?
   - 어떻게 정할 수 있을까?
   - 여우집은 어디로 할까?

3. 이야기를 주고 받으며 놀이를 진행한다.
   유아들: (여우를 바라보며) 여우야 여우야, 뭐 하니?
   여　우: (잠자는 흉내내며) 잠잔다.
   유아들: (놀리는 것처럼) 잠꾸러기여우야 여우야, 뭐 하니?
   여　우: (세수하는 흉내내며) 세수한다.
   유아들: (멋쟁이 처럼 자유로이 동작하며) 멋쟁이 여우야 여우야, 뭐 하니?
   여　우: (밥 먹는 흉내내며) 밥 먹는다.
   유아들: 무슨 반찬?
   여　우: 개구리 반찬
   유아들: 살았니, 죽었니?
   여　우: 살았다.
   (여우는 잡으러 가고 유아들은 도망을 간다. 잡힌 유아가 다음 여우가 된다)

4. 역할을 바꾸어 가면서 놀이를 계속한다.

참　고
- 놀이가 익숙해지면 확장된 놀이로 유도해본다.
  - 반찬은 여우가 된 친구들끼리 정해서 해보자(토끼, 다람쥐 등).
- 여우에게 잡히는 유아 모두 다음 차례대로 여우를 해보게 한다.
- 여우모양 모자나 띠를 머리에 쓰고 하면 더욱더 흥미를 북돋울 수 있다.

실내자유선택활동
미술영역

동물 우드락 판화

활동목표	・판화찍기의 경험을 해 본다.
집단크기	개별・소집단
활동자료	동물 우드락 판화(32절 크기), 작은 쟁반 또는 책받침, 포스터컬러(밀가루 풀을 약간 섞음), 롤러, 흡수가 잘되는 종이(16절 크기)

〈동물 판화〉
① 우드락에 동물 모양 밑그림을 그린다(하나의 그림을 2~3장 정도 그림).
② 뾰족하지 않을 정도로 끝을 깎아낸 나무젓가락으로 동물 모양 그림을 파낸다.
③ 물감을 쟁반에 덜어내어 밀가루 풀을 약간 섞어둔다.

〈롤러/종이〉
① 롤러 손잡이에는 물감과 같은 색의 시트지를 붙여 주어 섞어 쓰지 않도록 한다.
② 유아들이 종이를 선택하면 미리 이름을 써준다.

활동방법
1. 제시된 자료를 탐색해 본다.
 - (우드락 판화를 보며) 어떤 그림이 있니?
 - 손가락으로 그림을 따라 그려보자, 어떤 느낌이니?
 - 선생님이 또 무엇을 가지고 오셨지?
 - 이렇게 굴리는 롤러구나.

2. 동물 우드락 판화의 활동방법을 소개한다.
 - 롤러에 물감을 묻히고 판화 위에 굴려보자.
 - 어떻게 되었니? 이 위에 종이를 덮어서 찍어내 볼 거에요.
 - 우와! 판화랑 똑같은 모양이 나왔네.

3. 유아들이 자유롭게 그림과 색을 선택하여 판화를 찍어보도록 한다.

참　　고
・그림이 마르면 여백을 1㎝정도 여유를 두고 핑킹가위로 잘라 전시할 수 있다.
・우드락 판화 원판도 함께 전시하여 비교해볼 수 있도록 한다.

커다란 금방울

활동목표	· 동화를 듣고 극화해볼 수 있다. · 동극에 즐겁게 참여하는 경험을 한다.
집단크기	소집단
활동자료	막대동화 자료, 동극 소품

〈막대동화 자료〉
· 금방울 · 강아지 · 병아리 · 송아지 · 고양이 그림

〈소품〉
· 금방울 : 노란색 우산 또는 색깔 없는 우산에 노란색 시트지를 붙여 사용한다.
· 바위 : 신문지를 구겨 말아서 락카 또는 물감을 칠하여 준비해준다.
· 동물머리띠 : 동물 모양 그림을 복사하거나 본을 떠주어서 유아들이 색을 칠하거나 꾸며보게 한 후 종이띠를 붙여준다.

활동방법
1. 동화를 들려준 다음, 등장 인물의 대사 중심으로 동화의 내용을 회상해본다.
   - 누가 나왔었니?
   - 금방울을 만난 동물들은 어떻게 하면서 금방울 속으로 들어갔니?
   - 무엇에 부딪쳤니?
   - 집으로 돌아갈 때는 어떻게 하며 돌아갔니?

2. 배역을 정하고 동극을 한다. 이때 나레이터는 교사가 맡는다.
   - '나는 ○○을 맡은 ○○○입니다' 자기소개를 하고 배역에 따라 정해진 곳으로 간다.
   - 금방울 우산을 돌리는 역할은 소극적인 유아의 참여를 유도해 본다.

3. 동극이 끝나면 등장 인물들은 함께 인사하고, 배역을 바꾸어 다시 해본다.
 - 어떤 점이 재미있었니?

4. 동극에 썼던 자료들을 유아와 함께 정리한다.

참 고
· 동화를 들려줄 때 '어디 한번 들어가볼까?' 부분에 리듬을 넣어 들려주면 더욱 흥미롭게 표현된다.
· 유아들이 동화내용과 다르게 표현하는 것을 수용해주며, 자유롭게 표현할 수 있게 한다.

커다란 금방울

어느 날, 커다란 금방울이 여행을 떠나게 되었어요.
커다란 금방울에는 동그란 구멍이 나 있었어요.
커다란 금방울은 떼굴떼굴 굴러서 어느 집 앞에 도착했습니다.
대문 앞에서 집을 지키고 있던 강아지가 금방울을 보았어요.

강아지 : 어! 금방울이잖아! 어디 한번 들어가볼까? 멍멍!

커다란 금방울은 '멍멍'하며 떼굴떼굴 굴러서 마당으로 갔어요.
마당에서 모이를 찾고 있던 병아리가 금방울을 보았어요.

병아리 : 어! 금방울이잖아! 어디 한번 들어가볼까? 삐약 삐약!

커다란 금방울은 '멍멍' '삐약삐약' 하며 떼굴떼굴 굴러서 마굿간으로 갔어요.
마굿간에서 젖을 먹고 있던 송아지가 금방울을 보았어요.

송아지 : 어! 금방울이잖아! 어디 한번 들어가볼까? 음메 음메!

커다란 금방울은 '멍멍' '삐약삐약' '음메음메' 하며 떼굴떼굴 굴려서 부엌으로 갔어요.
부엌에서 졸고 있던 고양이가 금방울을 보았어요.

고양이 : 어! 금방울이잖아! 어디 한번 들어가볼까? 야옹 야옹!

커다란 금방울은 '멍멍' '삐약삐약' '음메음메' '야옹야옹' 하며 떼굴떼굴 굴러서 집 밖으로 나오다 커다란 바위에 '꽝!' 하고 부딪쳤어요.

금방울 속에 들어갔던 강아지는 '멍멍' 하며 대문앞으로 갔어요.
금방울 속에 들어갔던 병아리는 '삐약삐약' 하며 마당으로 갔어요.
금방울 속에 들어갔던 송아지는 '음메음메' 하며 마굿간으로 갔어요.
금방울 속에 들어갔던 고양이는 '야옹야옹' 하며 부엌으로 돌아갔답니다.

• 출처: 권옥자 외(1993). 유아를 위한 교수매체의 이론과 실제. 형설출판사.

우리동네

실시기간 : 9월 4주 ~ 10월 4주

▶▶ 전개방법

　유아는 성장하면서 자신을 둘러싼 주변 환경과 사람들에 대해 다양한 호기심과 관심을 나타낸다. 「우리 동네」는 유아가 일상생활에서 접할 수 있는 지역사회에 대해 관심을 가지고 사회적인 지식과 경험을 넓히는 주제로서, 이 주제를 통해 유아에게 우리 동네에 누가 살며 무엇이 있는지 여러 기관들이 하는 일과 특징을 알게 하고 우리를 위해 일하는 분들께 감사하는 마음을 가지도록 하기 위해 선정되었다.

　「우리 동네」 주제에서는 유아가 속해 있는 지역사회의 여러 가지 개념을 습득함에 있어서 유아 스스로의 흥미에서 시작된 참여와 직접적인 경험이 중요시되어야 한다. 가게에서 물건 사보기, 사진관에서 사진 찍어보기, 서점에서 책 골라보기 등 실제적인 경험은 하루종일 어린이집에 있는 것으로 인해 부족하기 쉬운 일상적인 경험들을 채워줄 뿐 아니라, 정확하고 구체적인 정보 습득으로 놀이를 보다 활발하고 흥미 있게 한다. 실제 경험을 놀이로 재현할 때 필요한 물건들을 미술영역에서 유아가 직접 만들어서 활용하거나, 유사한 소재의 노래나 동화를 부르거나 들려줌으로써 역할놀이를 좀더 자극할 수 있다.

　특히, 직업을 가진 부모님과 지역사회에서 우리에게 도움을 주는 다양한 직업인을 초대하여 지역사회 구성원의 역할을 이해하고 친근감을 느껴보는 기회를 가질 수 있다. '우리동네'는 지역적인 특성을 고려하여 소주제를 변화 있게 운영하는 것이 바람직하며, 지역사회의 주변자원을 충분히 활용할 수 있는 기회를 마련하는 것이 필요하다.

▶▶ 환경구성

	쌓기놀이영역	역할놀이영역	미술영역	언어영역	탐색 · 조작영역	음률영역
실 내	· 횡단보도 · 신호등 · 우리 동네 블록 　(목욕탕, 우체국, 　소방서, 경찰서, 　병원, 미용실 가게 　등) · 종이벽돌 블록 · 도로그림, · 나무, 사람, 　미니카 등의 소품 · 어린이집 주변 　도로와 건물 사진 · 경찰 역할에 대한 　사진 또는 그림 · 슈퍼마켓 사진 · 쇼핑 카트 · 병원에 관련된 화보 　또는 사진(소아과, 　안과, 치과) · 구급차 사진	· 색밀가루 반죽 · 장난감 다리미 · 다리미대 · 화장품 · 옷 · 핸드백 · 구두 · 경찰복 · 경찰모자 · 119구조대복 · 놀잇감 소화기 · 전화기 · 장바구니 · 종이돈 · 빈 과자봉지 · 빈 우유곽 · 요구르트병 · 음료수 · 깡통 · 모형과일류 · 모형 채소류 · 8절지 흰종이 · 브러시 · 빗 · 고장난 고데기 · 드라이기 · 모형 가위 · 빈 샴푸병 · 앞치마나 턱받이 · 리본과 머리핀 · 머리에 쓰는 망 · 수건 · 연필 · 종이 · 유아용 책(잡지) · 의사가운 · 간호사 모자 · 청진기 · 모형 주사기 · 반사경 · 약 봉투 · 간판	· 옥양목이나 가제 · 나무 망치 · 유성매직 · 여러 종류의 　꽃과 잎사귀 · 여러 가지 곡식 · 페트병 · 풍선 · 쌀 · 콩 · 전분 · 깔때기(구멍난 　야쿠르트 통 　종이로 만든 　깔때기 이용) · 숟가락 · 젓가락 · 작은 상자들 · 아세테이트 · 투명 테이프 · 다양한 모양, 크기의 　도화지 · 폐품상자 · 다양한 그림이 있는 　잡지 · 가위 · 풀 · A4 흰 종이 · 얼굴 그림이 인쇄된 　종이 · 색종이 · 신문지 · 헝겊 조각 · 털실 · 매직 · 사인펜 · 색연필 · 크레파스 · 스티로폼 본드 · 마닐라지 · 은박지 · 금박지	· 그림책 : 　「시골쥐 서울쥐」 · 그림동화 : 　「꼬마 불자동차」 　「솔이의 추석 　이야기」 　「악동이의 재미있는 　장보기」 　「동물마을의 목수 　아저씨」 　「병원은 무섭지 　않아」 　「감기 걸린 코순이」 · 융판동화: 　「돌돌이의 이상한 　선물」 · 동시: 　「고마우신 분들」 　「우리 마을」 　「꼬마 우편 비행기」 　「구멍가게」 · 여러 종류의 　상표 코팅한 것 · 주머니 혹은 상자 · 확대경 · 장판글씨 · 가게상자 · 가게 물건과 　작은 인형 · 가게에서 나누는 　인사말 그림카드	· 요리 송편 만들기 　자료(콩, 깨, 설탕, 　찹쌀 반죽) · 빨강 · 노랑 · 파랑 · 　초록색의 복주머니 　모양판 · 복주머니 색과 같은 　색의 엽전들 · 밤 · 토토리 · 집게 · 그릇 2개 · 쟁반 · 플라스틱 통 · 고무밴드 · 쌀 · 큰 붓 · '깨끗한 동네를 　만들어요' 자료 　(우리 동네 그림, 　쓰레기 그림, 　주사위) · 동네돌기 자석놀이 　(동네 그림을 붙인 　아크릴판, 　작은 모형 인형, 　아크릴 자석막대, 　사람 모형, 　모형 자동차) · '어린이집에 가요' 　자료(게임판, 세모 　주사위, 말 2개, 　우유곽으로 만든 　어린이집) · 여러 종류의 기관과 　사람 짝짓기 교구 · 짝이 될 수 있는것 　모으기 교구 · X-ray · OHP · '순서대로 　놓아보세요' 자료 　(물건그림, 가게 그림) · 우리 동네 기관 퍼즐 · 직업 퍼즐	· 노래 테이프 및 　악보: 　「추석」 　「달」 　「우리 동네」 　「동네 한바퀴」 　「그런 집 보았니」 　「가게놀이」 　「배가 아파요」 　「삐뚤빼뚤」 · 곡식 마라카스 · 주방악기(프라이팬, 　냄비, 방울 거품기, 　뒤집개, 주전자, 　길다란 줄, 　튀김용 젓가락, 　숟가락) · 「가게놀이」 노래의 　막대그림카드(사과, 　사탕, 강아지, 아기) · 리본막대 · 리듬막대
실 외	교통정리용 경찰봉, 주유기, 쓰레기 집게, 자전거, 자동차, 삼각놀이대					

주간보육계획안

소주제 : 추석이예요　　　　　　　　　　　　　　　　　　　**실시 기간 : 9월 4주**

		월	화	수	목	금	토
등원 및 맞이하기		추석에 대해 알아온 것이야기 하기			전래동요 들려주기		
실내자유선택활동	쌓기놀이영역	농장 꾸미기					
	역할놀이영역	밀가루 점토 이용하여 여러 가지 떡 만들기 떡가게 놀이				할머니께 전화해보기	
	미술영역	예쁜 꽃잎 고운 물감 1) 주물조물 재미있는 촉감 풍선 2)			곡식 마라카스 만들기		
	언어영역	장판글씨: 추석, 한복, 송편, 달 그림동화:「솔이의 추석 이야기」			확대경으로 관찰한 것 말해보기	그림책:「시골쥐, 서울쥐」	
	탐색 · 조작영역	요리: 송편 만들기 밤, 도토리 옮겨담기(집게, 그릇 2개, 쟁반)		복주머니에 같은 색깔 물건 분류하기 3) 소리의 움직임을 찾아보자 4)			
	음률영역	노래:「추석」　　　　「달」 전통악기 탐색하기			전래동요 듣기	곡식 마라카스 연주하기	
대 · 소집단활동		전이활동: 추석에 대해 알아온 것 이야기해보기 노래:「달달 무슨 달」　　　게임: 해 · 달 뒤집기 5)			동시:「송편」		
실외자유선택활동		그림자 밟기		우리 집에 왜 왔니?		투호놀이	
점심 및 낮잠		먹을 수 있는 만큼 덜어서 먹기					
기본생활습관		식사 후 휴지로 입닦기					
교육활동참고		1) 예쁜 꽃잎 고운 물감 〈활동자료〉 옥양목이나 가제, 망치, 유성매직, 다양한 꽃과 잎사귀. · 마당에 핀 꽃 또는 꽃집에서 꽃을 구입하여 색, 모양 등에 대해 탐색하는 시간을 갖는다. · 데칼코마니 하듯이 꽃잎을 천의 한 면에 놓고 다른 면으로 덮는다. · 망치로 살살 두드려서 꽃의 모양과 색이 천에 찍히도록 한다. · 줄기, 잎 등은 유성매직으로 그린다.					

교육활동참고	2) 주물조물 재미있는 촉감 풍선 　〈활동자료〉 풍선, 쌀, 콩, 전분, 유성매직, 깔때기(구멍난 요구르트 통, 종이로 만든 깔때기 등 이용), 숟가락, 젓가락 　· 풍선 속에 곡식을 어떻게 넣을 수 있는지 유아들이 생각해보게 하고 그 생각을 격려해준다. 　· 풍선에 그림을 그리고, 곡식을 넣어 묶은 후, 촉감놀이를 해본다(손으로 주물러보기, 몸에 대고 굴려보기, 풍선 늘려보기 등). 3) 복주머니에 같은 색깔 물건 분류하기 　〈활동자료〉 빨강, 노랑, 파랑, 초록색의 복주머니 모양판, 복주머니 색과 같은 색의 엽전들. 　· 복주머니색과 같은색의 엽전을 모양판 위에 붙인다. 4) 소리의 움직임을 찾아보자 　· 플라스틱 통에 비닐을 덮고 팽팽하게 잡아당긴 후 고무밴드로 묶는다. 　· 그 위에 쌀을 올려놓고, 가까이에서 큰북을 세게 쳐본다. 　· 쌀의 움직임을 관찰하며 소리의 진동을 경험해본다. 5) 해·달 뒤집기 　· 1장의 카드에 한 면은 해 그림을 다른 면은 달 그림을, 그려서 여러 장을 펼쳐둔다. 　· 편을 나누어 한 편은 해 그림, 다른 편은 달 그림이 나오게 뒤집는다.

주간보육계획안

소주제 : 어린이집 동네를 돌아보아요　　　　　　　　　**실시 기간 : 10월 1주**

		월	화	수	목	금	토
등원 및 맞이하기		유아가 사는 동네 이름 이야기해보기					
실내자유선택활동	쌓기놀이영역	어린이집 앞 도로 만들기(횡단보도, 신호등) ◎ 어린이집 동네 만들기(어린이집 동네 사진 벽면에 게시하기)					
	역할놀이영역	다림질 흉내내기 손님 초대놀이 - 친구 집 방문하기(화장, 옷입기,핸드백,구두 등)					
	미술영역	여러 가지 폐품상자로 건물 만들기 어린이집 동네 돌아본 것 그리기					
	언어영역	같은 상표 짝짓기 1) 동시:「우리 마을」		융판동화:「톨톨이의 이상한 선물」 ◎ 동화:「누가 하나요」			
	탐색 · 조작영역	깨끗한 동네를 만들어요 2) 어린이집에 가요	동네돌기 3)		자석놀이 내가 사는 동네 이름 알기		
	음률영역	노래:「우리 동네」 신체활동: 줄 따라 걸어보자	「동네 한 바퀴」		지시대로 움직여보세요		
대 · 소집단활동		이야기 나누기: 동네 돌아볼 때 지켜야 할 약속 한 바퀴 돌아서 다시 우리 집 현장학습: 어린이집 동네 한 바퀴 돌아보기					
실외자유선택활동		바깥놀이터의 쓰레기를 주워요　　어린이집 주변 청소하기					
점심 및 낮잠		조용한 음악 들으며 잠자기					
기본생활습관		이웃 어른들을 만나면 바르게 인사하기 횡단보도에서 이쪽저쪽 살피며 건너기					

교육활동참고	1) 같은 상표 짝짓기 　·여러 종류의 상표를 오려 코팅하여 제시하고 같은 상표를 찾아본다. 　·같은 상표를 넣을 수 있도록 주머니나 상자를 준비한다. 2) 깨끗한 동네를 만들어요 　·동네 그림에 쓰레기를 붙이고(찍찍이 이용), 주사위를 던져 나온 수 만큼(1~3) 쓰레기를 줍 　　는다. 3) 동네돌기 　·30×50㎝크기의 아크릴판 밑면에 동네 그림을 붙인다. 　·자동차 모형과 작은 사람 모형을 세울 수 있도록 하여 바닥에 자석을 붙인다. 　·아크릴 막대(20×3㎝) 끝에 강력 자석을 붙인다. 　·사람 모형, 자동차들을 아크릴판 위에 놓고 판 밑에서 자석막대를 조작하여 놀이한다. 

주간보육계획안

소주제 : 고마운 분들이 있어요　　　　　　　　　　　　　　**실시 기간 : 10월 2주**

		월	화	수	목	금	토
등원 및 맞이하기		아침 등원길에 누굴 만났는지 이야기해보기					
실내자유선택활동	**쌓기놀이영역**	경찰 역할에 대한 사진 그림 게시			블록으로 여러 가지 기관 만들기		
	역할놀이영역	경찰놀이(교통경찰, 길을 찾는데 도와주는 경찰, 싸움을 말리는 경찰) 119구조대 놀이/ 전화하기(인사, 자기 이름 밝히기, 집 위치 확인)					
	미술영역	아세테이트지에 그리기			폐품으로 저금통 만들기		
	언어영역	이야기 나누기: 나는 자라서 무엇이 될까? ◎ 동시:「고마운 분들」　　「꼬마 우편 비행기」 동화:「꼬마 불자동차」					
	탐색·조작영역	여러 종류의 건물과 사람 짝짓기(의사, 경찰, 우체부, 소방관, 요리사, 미용사) 우리 동네 기관 퍼즐 맞추기　　　　직업 퍼즐					
	음률영역	새 노래:「그런 집 보았니」　　　　주방 악기 1)					
대·소집단활동		◎ 이야기나누기: 누가 도와주지요?　　　　　동화:「나도 아빠처럼 될래요」 신체활동: 나는 될테야(역할 흉내내기) ◎ 그림동화:「낯선 사람을 따라가지 않아요」 경찰관 초청					
실외자유선택활동		교통 경찰 놀이(교통 정리용 경찰봉 만들어 활용) 주유소놀이　　　　　　　◎ 어디까지 왔나?					
점심 및 낮잠		조리사님께 "잘 먹겠습니다, 잘 먹었습니다" 인사하기					
기본생활습관		경찰관이나 집배원 아저씨 만나면 "안녕하세요" 인사하기 위험할 때는 "도와 주세요"라고 말하기					
교육활동참고		1) 주방 악기: 프라이팬, 냄비, 방울 거품기, 뒤집개, 주전자 등의 주방용품을 줄에 매달아 숟가락이 　나 튀김용 젓가락으로 두드려 본다.					

주간보육계획안

소주제 : 가게놀이 · 미장원 놀이를 해요　　　　　　　　　**실시 기간 : 10월 3주**

		월	화	수	목	금	토
등원 및 맞이하기		머리 모양에 대해 이야기하기					
실내자유선택활동	**쌓기놀이영역**	슈퍼마켓 만들기(쇼핑 카트 첨가)					
	역할놀이영역	◎ 슈퍼마켓놀이			◎ 미용실놀이		
	미술영역	잡지에서 가게 물건 오려 붙여보기 ◎ 인형 머리 꾸미기					
	언어영역	가게상자　　　　　　　　　가게에서 나누는 인사말 그림카드 동화:「악동이의 재미있는 장보기」「동물마을의 목수 아저씨」 동시:「구멍가게」					
	탐색 · 조작영역	◎ 짝이 될 수 있는 것 모으기 순서대로 놓아보세요(가게 그림, 물건 그림)					
	음률영역	◎ 새 노래:「가게 놀이」　　　　　　　리본 체조					
대 · 소집단활동		동화:「보글보글 라면집과 이상한 손님」 신체표현: 요술국 [1] 　　　　　　　　　현장학습: 슈퍼마켓 견학　　　　미용실 견학					
실외자유선택활동		배달놀이(자동차, 자전거 이용)					
점심 및 낮잠		실물 화상기로 동화책 읽기					
기본생활습관		가게에 들어갈 때 인사하기 모르는 사람 따라가지 않기					
교육활동참고		1) 요술국: 국을 먹으면 무엇이든 될 수 있는 요술의 국을 끓이고 젓고 먹은 후 되고 싶은 것이 되 어 움직여본다.					

주간보육계획안

소주제 : 병원놀이를 해요   실시 기간 : 10월 4주

		월	화	수	목	금	토
등원 및 맞이하기		유아의 기분, 건강 상태에 관심을 보이며 맞이하기 (가지고 온 약에 대해 이야기하기)					
실내자유선택활동	쌓기놀이영역	병원에 관련된 화보, 사진 게시(소아과, 안과, 치과) 구급차 만들기 병원놀이 (역할놀이영역과 연계)					
	역할놀이영역	◎ 병원놀이					
	미술영역	병원놀이 소품 만들기 (간호사 모자, 반사경, 약통) 구급차 만들기 1)					
	언어영역	병원에는 여러 가지 진료방이 있어요(화보 보기) 병원 수수께끼: 어느 병원으로 갈까요 동화:「병원은 무섭지 않아」 「감기 걸린 코순이」					
	탐색·조작영역	X-ray 사진 보기(OHP 이용) 기관과 물건 짝짓기(우체국, 소방서, 병원, 경찰서)					
	음률영역	노래:「배가 아파요」 삐뚤 빼뚤 리듬막대 연주하며 노래 부르기					
대·소집단활동		동시:「병원놀이」 그림동화:「마음을 돌보는 간호사」 ◎ 자석동화:「꼬니는 친구」 견학·검진: 가까운 병원 견학, 검진					
실외자유선택활동		자동차놀이 구급차놀이 다목적 놀이대 널빤지 위로 걸어가기					
점심 및 낮잠		골고루 음식 먹기					
기본생활습관		주차장이나 찻길에서 놀지 않기					
교육활동참고		1) 구급차 만들기 ·구급차 모양의 그림에 색칠을 하여 깡통이나 상자 등에 붙인다. ·쌓기놀이와 연계할 수 있다.					

어린이집 동네 만들기

활동목표	· 어린이집 동네에 있는 여러 가지 건물과 길을 표현해 본다. · 신호등과 횡단보도 등 도로 만들기를 해 본다.
집단크기	소집단
활동자료	우리 동네 블록(목욕탕, 우체국, 소방서, 경찰서, 병원, 미용실, 가게 등), 종이 블록, 단위 블록(도로 그림 코팅하여 붙임), 나무, 사람, 미니카 등 다양한 소품 - 영역에 어린이집 주변의 도로와 건물을 찍은 사진을 게시해준다.
활동방법	1. 유아가 제시된 자료나 어린이집 동네 사진에 관심을 보일 때 놀이를 시작한다. 　- 와! 여러 가지 건물들과 도로들이 있구나! 　- 이 사진 좀 봐! 어린이집 앞에는 미용실이 있네, 너희들도 본 적있니? 　- 우리 어린이집 동네 만들기를 해 보면 어떨까? 2. 유아들과 함께 준비된 소품을 살펴보며 동네를 만들어본다. 　- 어린이집은 어디쯤에 만드는 것이 좋을까? 　- 어린이집 앞에 있는 길은 뭘로 만들까? 　- 여기 긴 나무 도로도 있어요. 　- 종이벽돌도 필요하니? 3. 유아들의 놀이에 세심한 관찰과 개입을 적절히 한다. 　- 그래, ○○가 만든 것은 병원이구나, 아픈 사람은 ○○이 병원으로 오세요. 　　(병원노래를 불러준다.) 　- 여기는 자동차가 다니는 길인가요? 　- 운전사 아저씨 조심해서 운전해 주세요.

10월 1주

참　고
- 소집단으로 나누어 어린이집 동네를 돌아본다. 길과 건물, 가게 간판들을 포함해 눈에 보이는 특징적인 모습을 이야기 나누며 걷는다.
- 돌아온 후 어린이집 동네에 무엇이 있었는지 이야기해 보고 쌓기놀이영역에서 놀이가 이루어지도록 한다.
- 「동네 한 바퀴」나 「우리 동네」 등의 노래를 부르며 우리 동네를 구성해본다.

누가 하나요

활동목표	·다양한 직업을 가진 사람들에 대해 알고 있는 것을 말해본다. ·주의깊게 듣고 자신의 생각을 말한다.
집단크기	소집단
활동자료	「누가 하나요?」〈한국어린이육영회. 문학적 접근을 통한 그룹게임Ⅱ. 활용 그림책 4.〉 직업을 나타내는 그림카드와 하는 일에 대한 그림 카드. 수수께끼 책
활동방법	1. 유아와 함께 「누가 하나요」 그림책을 보며 이야기 나눈다. 　- 어떤 그림인지 한 장씩 살펴보자. 　- 이런 사람을 본 적 있니? 　- 무엇을 하고 있니? 　- 무엇을 사용하고 있니? 2. 책을 본 후 책에 나왔던 그림의 카드를 보며 직업카드와 하는 일 카드를 짝지어본다. 　- 친구에게 보내는 그림 편지는 누가 전해 줄까요? 　- 우체부 아저씨가 전해주지요. 3. 수수께끼 책을 이용해 수수께끼놀이를 한다. 　- 선생님이 수수께끼를 내 볼게, 너희들이 문제를 하나씩 맞혀볼 수 있겠니? 4. 익숙해지면 유아가 수수께끼를 내보도록 한다.
참　고	·유아에게 성에 대한 고정적인 이미지를 심어주지 않도록 그림카드의 내용을 남녀 골 　고루 한다(예:여의사, 여자 경찰관, 남자 미용사, 남자 요리사 등). ·수수께끼와 연결하여 역할놀이의 내용을 다양하게 바꿔 노래도 불러볼 수 있다.

10월 1주

실내자유선택활동
언어영역

고마운 분들

활동목표   · 동시를 즐겨 듣는다.
                · 여러 가지 직업의 소중함을 안다.

집단크기   개별 · 소집단

활동자료   동시 자료, 융판

고마우신 분들

의사 선생님이 있어서
참 좋아요
배 아플 때 찾아가면 되니까

우체부 아저씨가 있어서
참 좋아요
편지랑 엽서랑 전해주니까

소방수 아저씨 있어서
참 좋아요
불이 나면 얼른 와서 도와주니까

활동방법

1. 우리를 도와주시는 분들이 어떤 일을 하는지 이야기해보는 사전활동을 갖는다.

2. 동시 자료를 보며 유아들과 함께 이야기한다.
   - 이 아저씨는 무엇을 하고 있는 것일까?
   - 어떨 때 이분들에게 고마운 마음이 생기니?
   - 이런 분들에 대한 마음을 표현한 동시를 함께 들어보자.

3. 교사가 동시를 읊어준다.
   - 들어보니 어떠니?

4. 교사가 한 구절씩 읊으면 유아가 따라서 읊어보게 한다.

5. 교사와 유아가 한 구절씩 나눠 읊는다.

참 고

· 동시를 부분적으로 바꾸어 꾸며볼 수 있다.
  (예: 경찰 아저씨가 계셔서 참 좋아요. 길을 잃었을 때 도와주시니까)

대·소집단활동
이야기나누기

누가 도와주지요?

활동목표 · 우리를 도와주는 분들에게 감사한 마음을 갖는다.

집단크기 소집단

활동자료 그림자료

① 마닐라지(8절)에 의사 선생님이 진찰을 하는 모습을 그린다.

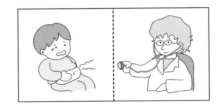

② 마닐라지(16절)에 엄마가 앉아서 무언가 묻고 있는 듯한 그림을 그린다.

③ ②를 ①에 고리로 연결하여 의사모습에 겹쳐지도록 한다.

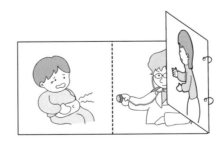

④ 다른 내용들도 이와 같은 방법으로 하여 완성한다.

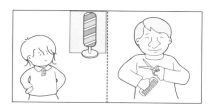

활동방법 1. 그림자료를 한 장면씩 보여준다.

2. 그림을 보며 이야기 나눈다.
　　- 어떤 그림인 것 같나요?
　　- 왜 그랬을까?
　　- 어떻게 해야 할까?
　　- 이럴 때에는 누가 도와줄까?

3. 유아들끼리 이야기 내용을 주고 받을 수 있도록 도와준다.

대 · 소집단활동
그림동화

낯선 사람을 따라가지 않아요

활동목표	· 낯선 사람을 함부로 따라가지 않는다.
집단크기	대 · 소집단
활동자료	그림동화
활동방법	1. 유아들에게 동화를 들려준다. 2. 동화를 듣고 난 후 유아와 이야기 나눈다. 　- 낯선 사람이 길을 물어 보았을 때 어떻게 해야 할까? 　과자나 먹을 것을 사준다고 따라오라고 했을 때에는 어떻게 해야 할까? 　우리 몸을 만지려 하면 우리는 어떻게 해야 할까? 어떤 사람들을 주의해야 할까?
참　고	· 자신이 잘 아는 사람과 알지 못하는 사람을 구별할 수 있는지 알아본다. · 아이를 잃어버리거나 아이가 괴롭힘을 당했을 때 엄마 아빠가 걱정을 아주 많이 하고 슬퍼하는 마음을 이야기해 준다. · 밖에 나갈 때 주의할 점을 구체적으로 이야기해 준다. · 괴롭힘이나 협박을 받았을 경우에 자신이 신뢰하는 성인에게 일어난 일을 말할 수 있도록 지도한다. · 유괴 되었을 때 어떻게 대처해야 하는지 예비상황을 설정하여 아이와 함께 문제해결 방법을 생각해 본다.

낯선 사람을 따라가지 않아요

① 민수와 지영이는 놀이터에서 신나게 뛰어 놀고 있었어요.
미끄럼도 타고, 모래놀이도 하면서 말이에요.
"민수야, 어서 집에 와서 밥 먹어야지."
민수 엄마가 민수를 불렀어요.
"지영아! 안녕, 내일 또 만나자."
"그래, 민수야 안녕! 내일 또 만나자."
지영이도 혼자 집으로 가고 있었어요.
그때였어요!

② 빨간 자동차 한 대가 다가오더니 지영이 옆에 멈춰 섰어요. 차
문이 열리고 멋있게 생긴 아저씨가 지영이에게 길을 물었어요.
"얘, 꼬마야! 너 참 예쁘구나. 이 근처에 놀이터가 어디 있니?
아저씨가 잘 몰라서 그러니까 길 좀 가르쳐 다오."
지영이는 지금 놀이터에서 신나게 놀다 왔기 때문에 자랑스
럽게 말했어요.
"이 길로 쭉 가시면 놀이터가 나와요."
"아저씨가 모르겠는데, 네가 같이 가주면 안 되겠니? 아이스
크림이랑 과자랑 많이 사줄게!"
아이스크림이랑 과자를 사준다는 아저씨의 말에 귀가 솔깃해진 지영이는 아저씨를 따라갔어요.

③ 놀이터로 가는 길에 가게에서 아저씨는 아이스크림과 과자를
사주었어요. 지영이는 맛있게 다 먹었어요.
"아저씨, 다 왔어요. 여기가 놀이터예요. 아저씨, 안녕!"
지영이가 집으로 가려는데 아저씨가 부르셨어요.
"얘, 꼬마야 잠깐만." 하시며 지영이 옆으로 가까이 다가와서는
지영이 얼굴을 만지며 "너 참 예쁘게 생겼구나. 네 이름이 뭐니?"
"지영이요."
"그래, 지영이! 이름도 예쁘네. 옷도 예쁘고 신발도 참 예쁘
구나. 어디…, 팬티도 예쁜지 볼까?" 하는 것이었어요.
"아저씨! 싫어요!"
"쉿, 조용히 하고 가만히 있어. 너 소리치거나 어른들한테 말하면 이 아저씨가 혼내줄거야."
지영이는 너무나 무서웠어요.
"엄마~!"하고 큰 소리로 엄마를 부르며 도망갔어요.

④ 집 앞에는 엄마가 나와 계셨어요.
"왜 그러니? 지영아." 엄마가 걱정스럽게 물었어요.
지영이는 엄마에게 놀이터에서 있었던 일들을 이야기해야할지 말아야 할지 생각했어요.
'어떡하지…. 엄마한테 말을 해야 하나? 말하면 그 아저씨가 혼낸다고 했는데….어떡하지?'
지영이는 잠시 망설였지만 용기를 내서 엄마에게 말씀드리기로 했어요.

⑤ 엄마는 지영이의 이야기를 끝까지 듣고 계시다가 지영이를 안아주며 이렇게 말씀하셨어요.
"저런, 그런 일이 있었구나. 우리 지영이가 얼마나 무서웠을까…. 이젠 괜찮아. 지영이는 용기 있게 소리도 지를 줄 알고 또 엄마에게 얘기해주어서 아주 잘한거야. 엄마가 그 아저씨를 찾아서 다시는 그런 나쁜 짓을 못하도록 해야겠구나."

⑥ 엄마는 경찰서에 전화를 걸었어요. 그리고 지영이이에게 있었던 일들을 경찰 아저씨께 모두 말씀드렸어요.
"네? 뭐라구요? 그런 나쁜 일이 있었다구요? 저희 경찰이 가서 그 나쁜 사람을 잡아오겠습니다."

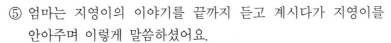

⑦ 경찰 아저씨는 빨간 차에 타려고 하는 그 나쁜 아저씨를 붙잡았어요.

· 출처: 김희자(청담유치원 원장). 월간유아 2000년 8월호. 8월 특집 유아 성교육.

어디까지 왔나?

활동목표	·전래동요를 즐긴다.
집단크기	소집단
활동자료	「어디까지 왔나?」 노래

활동방법

1. 「어디까지 왔나?」 노래를 배운 후, 실외 놀이시 교사는 유아와 손을 잡고 함께 노래를 부르며 실외놀이장을 돌아보며 묻고 답하기를 한다.
   - 어디까지 왔나? (그네 앞에 왔다)/어디까지 왔나? (미끄럼틀 앞에 왔다)

2. 익숙해지면 너무 복잡한 곳을 피하며 놀이 장소를 정한 후, 1명은 술래가 되어 눈을 감고 해본다.
   - 이번에는 물어보는 사람이 눈을 감고 해보자,
   - 손을 잡아주는 사람은 친구가 넘어지지 않도록 조심해서 데리고 가도록 하자
   - 다른 놀이를 하는 친구들과 부딪히지 않으려면 어디에서 해야 할까?

참　　고

· 실내에서는 유아들과 실외놀이 또는 우리 동네 그림지도를 보며 전래동요를 불러본다.
   - (교사가 그림지도를 하나씩 짚어가며) 어디까지 왔나?
· 유아와 교사 역할을 바꾸어서 해 본다.
· 실외놀이 후 실내로 들어오면서 또는 공간 이동시 놀이할 수 있다.
   - 어디까지 왔나? 현관 앞에 왔다./신발장 앞에 왔다./계단 앞에 왔다./교실 문 앞에 왔다.

실내자유선택활동
역할놀이영역

슈퍼마켓놀이

활동목표	·상상놀이를 한다. ·물건을 돈과 교환해야 됨을 안다.
집단크기	소집단
활동자료	장 바구니, 종이돈, 빈 과자봉지, 빈 우유곽, 요구르트병, 음료수 깡통, 모형 과일류, 모형 채소류, 흰종이(8절지)
활동방법	1. 슈퍼마켓을 꾸밀 수 있도록 공간을 만들어둔다.

10월 3주

2. 자료들을 이용하여 슈퍼마켓을 꾸며볼 수 있도록 제안한다.
   - (과자봉투, 우유통, 요구르트병 등을 바구니에 담은 후 유아들에게 보여주며) 이것들을 어디에 가면 볼 수 있을까?
   - 지난번 슈퍼마켓에 갔을 때 보았던 물건들이구나.
   - 이 물건들을 가지고 슈퍼마켓 놀이를 해보자.

3. 역할을 정한다.
   - 슈퍼마켓 놀이를 하려면 누가 있어야 할까? (손님, 주인 등)
   - 손님 할 사람?
   - 계산하는 사람은 누가 할까?

4. 역할에 필요한 것을 만든다.
   - 슈퍼마켓 주인을 하기로 한 친구들은 슈퍼마켓을 만들어보자.
   - 손님은 물건을 사려면 무엇이 있어야 하지?

5. 준비가 되면 슈퍼마켓놀이를 한다. 이때 교사는 손님과 주인 역할에 대한 모델을 보이며 유아들의 놀이가 확장될 수 있도록 적절히 개입한다.
   - 손님, 이 물건을 사실 거예요?
   - 모두 1000원입니다.
   - 고맙습니다. 또 오세요.

참　　고
- 어린이집 주변에 시장이나 가게가 있으면 슈퍼마켓놀이 외에 시장놀이나 가게놀이도 해본다.
- 소극적인 유아들을 놀이에 참여시킨다.
  - ○○야, 슈퍼마켓에 가서 요구르트 하나만 사다 줄 수 있니?
- 슈퍼마켓을 견학한 후 놀이를 전개하거나 놀이 전에 부모님과 함께 슈퍼마켓에서 물건사기를 해볼 수 있도록 가정 협조문을 보낸다.

실내자유선택활동
역할놀이영역

미용실놀이

활동목표	• 상상놀이를 한다. • 미용사, 손님의 역할을 이해한다.
집단크기	소집단
활동자료	브러시, 빗, 고장난 고데기, 드라이기, 모형 가위, 빈 샴푸병, 앞치마나 턱받이, 리본과 머리핀, 머리에 쓰는 망, 수건, 연필, 종이, 종이돈, 잡지(유아용) 등 - 역할놀이영역의 벽면에 미용실의 내부 사진과 미용사 모습 등의 그림을 붙여놓는다.

활동방법	1. 교사는 준비된 자료들을 이용하여 유아들이 활동하는 모습을 관찰한다.
	
	2. 유아가 놀이에 사용되는 도구들을 이용하지 못하는 경우는 도구의 이름과 사용방법을 이야기 해주거나 교사가 모델을 보여 소품들을 적절하게 이용하도록 도와준다.
	  - 이것을 본적 있니? 어떻게 사용하는 걸까? 이것의 이름을 아는 친구 있니?
	  - 손님, 여기 앉으세요, 머리모양을 어떻게 해드릴까요?
	  - 머리가 젖었네요, 드라이기로 머리를 말려야겠어요,
	
	3. 교사가 손님으로 미용실을 방문하여 유아들의 놀이를 확장시켜준다.
	  - 안녕하세요, 여기는 무슨 미용실인가요?
	   (미용실의 이름을 정하고 간판을 그려서 붙이도록 도와준다)
	  - 손님이 많군요, 어디에 앉아서 기다리면 되지요?
	   (쌓기놀이영역의 블록들을 이용하여 의자를 만들도록 도와준다.)
	  - 목이 말라서 주스를 마시고 싶은데요,
	
	4. 유아들이 미용사의 역할을 잘 할 수 있도록 도와준다.
	  - 손님 어서 오세요, 여기 앉으세요,
	  - 머리를 어떻게 해드릴까요?
	  - 지금 손님이 많아서 기다려야겠네요,
	  - 이 책을 보면서 기다리세요,

10월 3주

5. 유아가 손님의 역할을 할 수 있도록 도와준다.

참 고
- 미용실놀이에 사용되는 자료들을 한꺼번에 모두 제시하지 말고 유아들의 놀이 형태나 수준에 따라서 조금씩 첨가해주도록 한다.
- 미용사 역할 하기를 원하는 유아들이 많은 경우는 순서를 정하도록 한다.
- 손님역할을 맡은 유아들은 쌓기놀이영역에 블록으로 집을 만들도록 유도한다.

실내자유선택활동
미술영역

인형 머리 꾸미기

활동목표	· 소근육 발달을 돕는다. · 자신의 생각을 창의적으로 표현해본다.
집단크기	소집단
활동자료	얼굴 그림이 인쇄된 종이, 다양한 재료(색종이, 신문지, 헝겊 조각, 털실, 매직, 사인펜, 색연필, 크레파스), 스티로폼 본드(1회용 물약병에 제시)

색종이   털실

헝겊천   신문지

활동방법	1. 여러 모양의 머리를 하고 있는 사진이나 그림을 보며 이야기 나눈다.
	   – 여기에 여러 가지 머리 모양을 한 사람들이 있구나, 어떤 머리 모양이 제일 맘에 드니?
	
	 2. 활동할 자료를 보여주며 이야기 나눈다.
	   – 여기에 있는 사람들은 머리가 없네,
	     우리가 여기에 있는 사람들의 머리를 꾸며주면 어떨까?
	
	 3. 머리를 다양한 재료를 이용해서 재미있게 꾸며본다.
	   – ○○는 꼬불꼬불 펴머 머리를 해주었네,
	     ♡♡야! 너는 머리를 짧게 커트를 해주었구나, 산뜻한 느낌이 든다,

참　고	· 사람들의 얼굴 색이나, 얼굴 표정, 크기 등을 달리하여 꾸며보기를 해볼 수 있다. · 얼굴을 오려 막대를 붙인 후 막대인형을 만들어서 놀이할 수 있다.

짝이 될 수 있는 것 모으기

활동목표	· 서로 짝이 될 수 있는 것을 모아본다. · 규칙을 정하여 게임을 해본다.
집단크기	개별 · 소집단
활동자료	가게판, 그림카드

〈가게판〉

· 가게 그림을 그려 코팅한 후 보슬이를 4개씩 붙인다.

10월 3주

〈그림카드〉

· 그림카드를 각 4장씩 만든 후 뒷면에 까슬이를 붙인다.

활동방법

1. '가게에서 물건 사오기', '가게놀이' 등의 활동을 통해 가게에 대한 관심이 높아지면 가게판을 융판이나 벽에 붙여 놓고 낮은 상 위에 그림카드를 준비해준다.

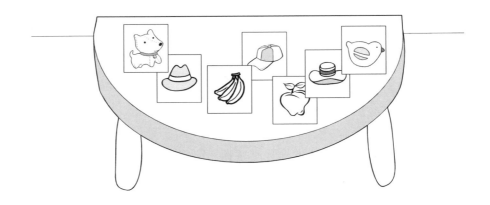

2. 그림카드 중 서로 짝이 될 수 있는 것을 찾아본다.
  - 그림카드 중 서로 짝이 될 수 있는 것을 찾아보겠니?

3. 짝이 된 그림카드를 가게에 배달해준다.
  - 이것은 어느 가게에서 팔고 있는 물건이니?
  - 이 물건들을 ○○가게에 배달해 줄 수 있겠니?

4. 익숙해지면 3~4명의 유아가 가게판을 하나씩 나누어 갖고 카드의 그림이 보이지 않도록 뒤집어놓은 후 카드를 뒤집어서 자기가 가지고 있는 가게의 물건이면 가져다 붙이고, 자기 가게의 물건이 아니면 제자리에 엎어놓는 게임을 해볼 수 있다.

참　고

· 가게와 그림카드를 다른 종류로 바꾸어 내줄 수 있다(예: 꽃가게, 문방구, 서점, 생선가게 등).
· 역할놀이영역과 쌓기놀이영역에서의 다양한 가게놀이와 연결하여 제시해준다.
· 슈퍼마켓 놀이를 하는 경우는 같은 종류의 물건 카드 모으기 놀이를 한다.

실내자유선택활동
음률영역

가게놀이

활동목표	· 노래를 즐겨 부른다. · 물건을 사고 팔 때의 인사말을 한다.
집단크기	소집단
활동자료	「가게 놀이」노래 악보, 노래말에 나오는 막대 그림카드(사과, 사탕, 강아지, 아기 등)
활동방법	1. 가게에 가서 물건을 살 때 가게 주인과 주고받는 대화 내용에 대해 이야기 나눈다. 　-가게에 가면 너희들은 무슨 말을 하니? 가게주인을 만나면 뭐라고 말하니? 　-물건을 살 때는 어떻게 해야 할까? 가게 주인은 뭐라고 대답할까? 2. 가게 주인과 물건 사는 사람의 대화 내용을 이야기식으로 리듬에 맞춰 노래 불러준다. 3. 노래말에 대해 이야기 나누고 교사와 유아가 대화 내용을 번갈아가며 노래 불러본다.
참　　고	· 역할놀이에서 가게놀이 할 때 노래를 부르며 활동 할 수 있다.

10월 3주

가게놀이

김성균 요/곡

가게 놀이 할 사람 모 두 모 여 라

사 과 한 개 주세요　백 원 입 니 다
인 형 하 나 주세요　천 원 입 니 다

귤 - 하 나 주 세 요　그 것 도 백 원 이 죠　그럼 모 두 다
자 동 차 도 주 세 요　그 것 도 천 원 이 죠　그럼 모 두 다

얼 마 입 니 까? 백 원 하 고 또 백 원　이 백 원 이 죠
얼 마 입 니 까? 천 원 하 고 또 천 원　이 천 원 이 죠

실내자유선택활동
역할놀이영역

병원놀이

활동목표	· 극놀이를 한다. · 의사, 간호사, 환자의 역할을 해본다.
집단크기	소집단
활동자료	의사 가운, 간호사 모자, 청진기, 모형 주사기, 반사경, 약 봉투, 간판 - 역할놀이영역과 쌓기놀이영역에 병원 내부 그림과 의사·간호사·환자의 모습이 있는 그림들을 붙여놓고 병원에 대한 호기심을 갖도록 한다.

활동방법	1. 역할놀이영역에 병원놀이 자료를 준비해주고 자료들을 유아들이 자유롭게 탐색하면서
	  놀이하도록 한다.
	
	2. 유아들이 놀이를 하면서 병원놀이에 사용하는 도구들의 명칭을 알고 사용할 수 있도
	  록 돕는다.
	  - 어서 오세요, 어디가 아파서 왔지요?
	    배에서 무슨 소리가 들리는지 청진기로 들어봐야겠네.
	  - 아- 하고 입을 크게 벌려 보세요,
	    목이 부었는지 반사경을 쓰고 봐야겠다,
	  - 목이 많이 부어 있네요,
	
	3. 병원 놀이가 유지·확장될 수 있도록 교사는 환자로서 놀이에 개입한다.
	  - 의사선생님, 저는 머리가 아프고 열이 나요,
	  - 이 환자는 지금 너무 아파서 집까지 걸어갈 힘이 없어요, 누워서 쉴 곳은 없나요?
	  - (인형을 가지고) 우리 아기가 주사 맞기 싫다고 막 울어요, 어떻게 하지요?

참　　고	· 집에서 갑자기 몸이 아플 경우 병원이나 119로 연락하여 병원에 갈 수 있음을 이야기
	  하고, 쌓기놀이영역에서 구급차를 만들어 병원놀이로 연결할수 있다.
	· 병원놀이를 하면서 주사 맞기를 거부하거나 두려워서 환자의 역할 수행을 잘 하지 못
	  하는 경우에는 유아 대신 인형을 이용한다.

10월 4주

대 · 소집단활동
자석 동화

꼬니는 친구

활동목표
· 동화를 즐겨 듣는다.
· 다른 점을 가진 친구들끼리 서로 돕는 마음을 갖게 한다.

집단크기 소집단

활동자료 자석동화 배경판, 동물 모형 그림(꼬니, 너구리, 토끼, 생쥐, 돼지, 다람쥐), 화이트 보드(8
절 크기), 「꼬니는 친구」 동화 내용 〈출처: 정대영 글/그림. 보림출판사.〉

① 동화 배경: 색도화지에 배경 그림을 그려서 화이트 보드에 붙인다.

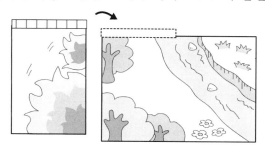

② 비닐 배경: 화이트 보드 1/3정도 크기의 비닐에 불이 난 그림을 유성매직으로 그린 후
자석판의 숲(나무) 그림과 겹치도록 자석판 윗면에 붙여 앞 · 뒤로 넘길 수 있게 한다.

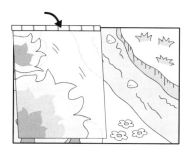

③ 동물을 종이에 그려서 오린 후 코팅하여 뒷면에 자석을 붙인다.

활동방법 | 1. 자석 배경판을 유아에게 보여준다.
- 이 곳은 어디일까? 어떤 동물들이 살고 있을 것 같니?
- 숲속에 사는 동물들에게 어떤 일이 일어났는지 보기로 하자.

2. 동화를 들려준 후 내용을 회상해본다.
- 동물 친구들은 꼬니와 왜 놀아주지 않았니?
- 꼬니의 마음이 어떠했을까?
- 숲에는 어떤 일이 생겼니? 꼬니는 친구들을 어떻게 도와주었니?
  너희들도 어려운 일이 있을 때 친구가 도와준 적 있니? 기분이 어땠니?

주제 가을

실시기간 : 11월 1주 ~ 11월 2주

▶▶ 전개방법

「가을」 주제는 유아가 자연의 변화를 관찰해보면서 내재된 호기심과 탐구심을 북돋우고 자연의 아름다움과 신비함을 느껴보는 것과 더불어 자연물에 대한 감사의 태도를 가질 수 있도록 하기 위해 선정되었다.

「가을」 주제에서는 유아가 주변환경과 생활의 변화를 깨달을 수 있도록 주변의 자연을 직접 보고 느낄 수 있는 기회를 많이 제공해주도록 한다. 실외놀이나 야외학습을 통하여 높고 푸른 하늘, 나뭇잎의 색 변화, 나뭇잎이 떨어지고 쌓이는 것, 나무와 풀들이 열매를 맺는 것 등을 관찰하고 수집해보면서 가을에 일어나는 주변 환경의 변화를 느껴보게 한다. 도토리나 낙엽 등 자연물을 이용하여 만들기를 하거나 가을에 볼 수 있는 과일과 열매로 요리를 해서 먹어봄으로써 자연과 생활의 조화를 경험하게 한다. 또한, 야외 관찰을 나가 가을 풍경을 감상하고 유아가 보고 느낀 것을 동작이나 그림, 노래 등으로 자유롭게 표현해봄으로써 유아의 관심을 활동으로 연결되게 한다. 이러한 자연 탐구와 감상의 기회를 통해 유아가 계절에 따른 변화를 자연스럽게 이해하도록 할 뿐 아니라 자연을 아끼고 보호하는 마음을 가질 수 있도록 한다. 또한 통신문을 통하여 가정에서 열매 줍기 등의 활동에 유아들이 참여해보는 경험을 가질 수 있도록 한다.

▶▶▶ 환경구성

	쌓기놀이영역	역할놀이영역	미술영역	언어영역	탐색·조작영역	음률영역
실 내	· 단위 블록 (가을 나무, 과일 모형 코팅 그림 붙임) · 색 블록 · 종이벽돌 블록 · '사과따기' 자료 (나무모형, 사과나무, 사과그림20개, 사과 따는 자석막대, 사과 담을 바구니) · 공간 블록	· 은행잎·단풍잎 바느질 자료 · 나뭇잎 왕관 · 소풍놀이 소품 (도시락, 야외용 돗자리, 물병, 모자, 베낭, 놀이용 카메라 등) · 과일 모형 · 그릇 · 바구니	· 파스텔 · 이면지(8절) · 꽃소금 · 굵은소금 · 빈 병 · 숟가락 · 앞치마 · 비닐 · 색톱밥 · 나뭇가지 · 팝콘 · 색밀가루 반죽 · 화분 · 볏짚 · 천조각 · 신문지 · 실(나무젓가락에 묶음) · 물감 · 가을 동산 모빌 자료	· 그림책: 「마음씨 고운 풀」 「개미와 베짱이」 「모두가 기른 벼」 「과일 나라 도깨비」 · 그림동화: 「꼬마 또롱이의 여행」 「옥수수」 · 융판동화: 「나는 메뚜기」 (배경 그림판, 아기메뚜기, 개구리, 달, 어른 메뚜기) · 동시: 「가랑잎 바삭바삭」 「다람다람 다람쥐」 (배경판, 조약돌, 솔방울, 알밤, 다람쥐 그림) · 가을 과일 화보 · '가을 과일과 열매' 수수께끼판	· 감 · 밤 · 도토리 · 수수 · 조 · 벼 · 고구마 · OHP · 색구슬 · 바둑 · 알 · 색단추 · 병뚜껑 · △ㅁㅇ☆ 모양 셀로판지 · '색깔집을 찾아가요' 자료 (게임판, 색깔주사위, 말) · 과일 · 칼 · 관찰지 · 색연필 · '다람쥐 먹이주기' 자료(다람쥐통, 집게, 밤, 도토리) · 밤 · 대추 · 은행 · 도토리 · 핀셋 · 나뭇잎 · 확대경 · '사과 주스 만들기' 요리 자료 (요리 순서표, 사과, 우유, 설탕, 도마, 빵칼, 믹서, 컵)	· 리본막대(긴 것, 짧은 것, 두 줄로 묶은 것 등) · 녹음기 · 노래 테이프 및 악보: 「색깔놀이」 「도토리」 「잠자리」 · 음악: 비발디의 「사계」 중 「가을」 · 마닐라지 · 다람쥐 가면 · 「잠자리」 악기놀이 융판자료 (잠자리, 사람, 산, 큰북)
실 외	감각놀이대, 여러 종류의 낙엽, 여러 가지 열매, 징검다리로 이용될 동작카드판(12장 정도), 나뭇잎					

주간보육계획안

소주제 : 산과 들이 변했어요　　　　　　　　　　실시 기간 : 11월 1주

		월	화	수	목	금	토
등원 및 맞이하기		등원하는 길에 나뭇잎의 색깔과 변화에 대해 이야기하기					
실내자유선택활동	쌓기놀이영역	여러 가지 색블록으로 구성하기 　　　　　가을 동산 만들기(가을 나무, 과일 모형 첨가)					
	역할놀이영역	은행잎, 단풍잎 바느질 놀이 　　가을 나무 되어보기(나뭇잎 왕관 제시)　　　소풍놀이					
	미술영역	나뭇가지 꾸미기 1)　색깔 톱밥 뿌리기　　◎ 색소금 만들기					
	언어영역	그림책:「마음씨 고운 풀」「개미와 베짱이」 　　　　　그림동화:「꼬마 또롱이의 여행」「나는 메뚜기」 우리가 만든 책:「낙엽들의 행진」　　동시:「가랑잎」「바사삭 바사삭」					
	탐색·조작영역	◎ 색깔집을 찾아서 가요　　　　나뭇잎 변화 관찰하기 　감, 도토리, 밤, 수수, 조, 벼, 고구마 등 가을열매 관찰하기 　색구슬 구성하고 관찰하기(OHP 이용) 2)					
	음률영역	◎ 신체표현: 나뭇잎이 되었어요　　신체표현: 색깔놀이					
대·소집단활동		새 노래:「단풍잎」「색깔놀이」　　　동화:「나뭇잎의 여행」 　나뭇잎 관찰하기(실물 화상기, 확대경 이용) 3) 　　견학: 가을 동산 돌아보기(나뭇잎, 열매줍기)　융판동화:「물감 나라 이야기」					
실외자유선택활동		단풍잎 줍기　　　　　　　　나뭇잎 관찰하기 　　◎ 나뭇잎 만져보기, 밟아보기					
점심 및 낮잠		꼭꼭 씹어서 먹기					
기본생활습관		의자에 앉아서 의자를 흔들면 친구의 손이나 발이 다쳐요					

교육활동참고	1) 나뭇가지 꾸미기 · 가정통신문을 통해 나뭇가지를 준비해 오도록 한다. · 나뭇가지를 화분에 꽂고 팝콘, 색밀가루 반죽 등으로 붙이거나 꼬아보는 등 자유롭게 꾸며보게 한다. 2) 색구슬 구성하고 관찰하기 〈활동자료〉 색구슬(투명한 것, 불투명한 것), 바둑알, 색단추, 병뚜껑, 셀로판지로 ○△□모양 오려 코팅한 자료 · OHP위에 자료들을 올려놓고 빛에 의해 만들어지는 색,모양 등을 관찰해본다. · 색구슬, 바둑알 등을 OHP위에다 구성해 보고 관찰해본다. 투명한것과 불투명한 것의 차이도 관찰해 볼 수 있다. · 셀로판지 모양카드로 구성해 보며 색과 구성물을 관찰해본다. 3) 나뭇잎 관찰하기 · 견학시 주워온 나뭇잎을 분류해본 후 실물 화상기, 확대경 등으로 관찰해본다.

주간보육계획안

소주제 : 과일과 채소들이 많아요　　　　　　　　　**실시 기간 : 11월 2주**

		월	화	수	목	금	토
등원 및 맞이하기		집에서 먹어 본 과일과 채소에 대해 이야기하기					
실내자유선택활동	쌓기놀이영역	허수아비 만들기(모자, 옷, 장갑 등 소품 제시) 허수아비 사진 또는 그림 벽면 게시			◎ 사과를 따요		
	역할놀이영역	과일가게놀이 / 배달놀이					
	미술영역	허수아비 만들기 1)		실그림	가을 동산 모빌		
	언어영역	동시:「다람 다람 다람쥐」 그림책:「모두가 기른 벼」「과일나라 도깨비」 그림동화:「옥수수」		수수께끼:「가을 과일과 열매」	가을철 과일 화보 제시		
	탐색 · 조작영역	◎ 콩나물 기르기 ◎ 다람쥐 먹이주기 여러 가지 과일과 열매 관찰하고 비교해보기, 맛보기		밤, 대추, 은행, 도토리 옮기기(핀셋 이용)		◎ 요리: 사과 주스 만들기	
	음률영역	노래:「도토리」 음악감상: 비발디의 '사계' 중「가을」	◎ 새 노래:「잠자리 꽁꽁」		도토리 발판 뛰기 2) 악기 · 신체표현: 잠자리		
대 · 소집단활동		손유희: 도토리　　전이활동: 여러 가지 열매 현장학습: 고구마 캐기			◎ 게임: 과일 잘라서 관찰해보고 맛보기 밤 줍기		
실외자유선택활동		나무의 여러 가지 열매들 관찰하기 ◎ 징검다리 건너기			나뭇잎 배 띄우기		
점심 및 낮잠		흘린 음식 스스로 치우기					
기본생활습관		바깥놀이 나갈 때 용변 보고 가기					
교육활동참고		1) 허수아비 만들기: 볏짚을 십자 모양으로 묶은 후 동그라미, 천 조각, 보자기, 신문지 등의 폐품으로 꾸며본다. 2) 도토리 발판 뛰기: 마닐라지에 도토리 모양을 그려서 바닥에 흩어놓는다. 유아들은 머리에 다람쥐 가면을 쓰고 다람쥐가 된다. 음악에 맞춰 도토리를 줍는다.					

실내자유선택활동
미술영역

색소금 만들기

활동목표	· 소금의 특성과 색의 변화를 경험해본다. · 독특한 촉감을 경험한다.
집단크기	소집단
활동자료	파스텔, 이면지(8절 크기의 달력이나 컴퓨터 용지), 꽃소금, 굵은 소금, 빈 병, 숟가락, 앞치마, 비닐 - 책상 위에 비닐을 깔고 재료들을 사용하기 편리하게 덜어서 준비해둔다.

활동방법	1. 관심을 보이는 유아와 함께 자료를 탐색한다. 유아는 앞치마를 입도록 한다.
	   - 이것이 무엇일까?
	   - (꽃소금과 굵은 소금을 살펴보며) 소금이 어떻게 다르니?
	
	2. 색소금을 만든다.
	   - 종이 위에 너희가 원하는 색의 파스텔을 칠해볼까?
	   - 소금을 숟가락으로 떠서 파스텔 칠한 곳에 놓아보자,
	     손으로 소금을 문지르면 어떻게 될 것 같니?
	
	3. 손으로 소금을 문지르며 소금의 변화를 관찰해본다.
	   - 소금이 어떻게 되었니?
	
	4. 만들어진 색소금을 빈 병에 차례로 담고 유아의 이름을 써준다.
	
	5. 병 속에 담긴 색소금을 보며 유아와 함께 감상한다.
	   - 병에 색소금을 담으니까 어떠니?
	   - 어디에 두고 보면 좋을까?

참　고	· 색소금을 큰 병에 함께 담거나 각자 개인을 위해서는 깨지지 않는 투명 플라스틱 통에 담을 수 있으며, 꽃소금과 굵은 소금을 차례로 문질러보면서 촉감의 차이를 느껴볼 수 있다. · 한번 사용한 이면지는 버리고 다른 색을 사용하고 싶을 때는 손을 닦는다. · 손에 물기가 없도록 해야 소금이 녹지 않는다.

11월 1주

색깔집을 찾아서 가요

활동목표	·색을 변별할 수 있다. ·색의 정확한 명칭을 말해본다. ·게임을 규칙에 따라 해본다.
집단크기	소집단
활동자료	게임판, 색깔 주사위, 말(노랑, 초록색의 풀 뚜껑)

〈게임판〉

① 하드보드지(40×30㎝)의 한 면과 모서리를 투명시트지로 싼다.

② 다른 면은 접을 수 있도록 아래 그림처럼 칼자국을 넣어둔다.

③ 색상지(40×30㎝)에 빨강·노랑·파랑·초록의 색상지(3×5㎝, 3×15㎝)를 아래의 그림과 같이 붙여 반으로 접어 자른다.

④ ②를 코팅하여 ①의 시트지로 싸지 않은 쪽에 본드로 붙인다.

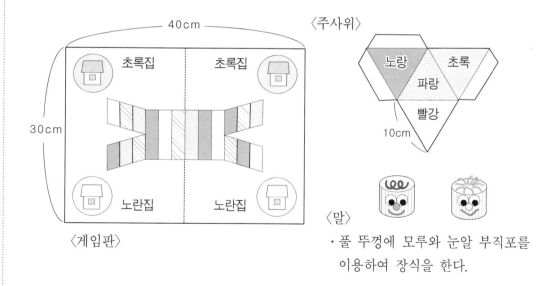

〈게임판〉

〈주사위〉

〈말〉
·풀 뚜껑에 모루와 눈알 부직포를 이용하여 장식을 한다.

11월 1주

활동방법	1. 게임자료를 살펴보며 제목을 읽어주고 게임판을 펼쳐놓는다.
	   - 색깔집이 어디에 있니? 색깔집의 지붕은 무슨 색이니?
	   - 원하는 색깔말을 골라보자, 같은 색깔집에 올려놓아보겠니?

2. 게임방법을 이야기한다.
- (색깔 주사위를 던진 후) 뒤집어보자, 무슨 색이니?
- 주사위를 던져 나오는 색깔에 말을 옮겨놓는 거야.
- 말이 건너편 색깔집에 도착하면 게임이 끝나는 거야.

3. 누가 먼저 할 것인지 순서를 정한다.
- 누가 먼저 할 것인지 순서를 어떻게 정할까?

4. 순서를 정한 후 게임을 한다.

5. 먼저 게임이 끝난 유아는 다른 친구가 끝날 때까지 기다려주도록 한다.

나뭇잎이 되었어요

활동목표	·낙엽의 움직임에 관심을 갖고 관찰해본다. ·리본막대를 이용하여 창의적으로 표현해본다.
집단크기	대·소집단
활동자료	다양한 리본막대(긴 것, 짧은 것, 두 줄로 묶은 것, 가는 리본, 넓은 리본), 녹음기, 음악테이프「낙엽」〈이은화·이순례(1985). 유아를 위한 음률활동자료집. 교문사.〉

활동방법	1. 사전활동으로 실외놀이에서 나뭇가지에 붙어 있는 나뭇잎은 바람이 불 때 어떻게 되
	는지, 떨어져 있는 나뭇잎은 바람이 불 때 어떻게 되는지 관찰해본다.
	 – 바람이 부니까 나뭇잎이 어떻게 되었니?
	 – 바닥에 떨어진 나뭇잎은 바람이 부니까 어떻게 되었니? 팔랑팔랑 날아가네,
	  우리, 나뭇잎이 날아가는 것처럼 해 볼까?
	
	2. 교사는 리본 막대를 보여주며 이야기 나눈다.
	 – 이 리본막대를 움직여서 바람에 흔들리는 나뭇잎처럼 해 볼 수 있을까?
	 – 2개의 리본으로 된 막대를 움직여서 나뭇잎처럼 해 볼 수 있겠니?
	
	3. 유아가 원하는 리본막대를 선택하여 나뭇잎의 움직임을 표현해보게 한다.
	 – 나뭇잎이 나뭇가지에 붙어 있어요,
	 – 바람이 불어요, 나뭇잎이 조금씩 흔들거리네요, 점점 바람이 세게 불고 있어요,
	  나뭇잎이 많이 흔들리고 있어요,
	 – 어머! 나뭇잎이 나무에서 떨어져요, 하늘 높이 올라가네요, 점점 내려오고 있어요,
	 – 땅 위에 떨어져서 여기저기 마구 돌아다니고 있어요,
	
	4. 교사는 「낙엽」 음악을 들려준다.
	 – 음악을 들으며 노래에 나오는 움직임을 자유롭게 표현해보자,

11월 1주

실외자유선택활동

나뭇잎 만져보기 · 밟아보기

활동목표	· 나뭇잎의 질감과 소리 등에 관심을 갖는다. · 나뭇잎의 다양한 색깔과 모양을 관찰해본다.
집단크기	개별 · 소집단
활동자료	감각놀이대(야외용 자리 또는 넓은 상자), 여러 종류의 낙엽
활동방법	1. 주말에 가족과 함께 주워온 낙엽이나 실외놀이시 주운 낙엽을 감각놀이대(야외용 자리 또는 넓은 상자)에 담아 자유롭게 탐색해본다. 2. 나뭇잎을 만져보고 눌러보고 비벼 보았을 때의 느낌을 이야기해본다. 　- 나뭇잎을 눌러보자, 어떤 느낌이 드니? 딱딱해? 푹신푹신해? 　- 두 손으로 꽉 쥐어볼까? 나뭇잎이 어떻게 되었니? 　- 두 손으로 비벼보면 어떨까? 3. 나뭇잎을 밟아보고 뿌려본다. 　- 위로 한번 뿌려볼까? 잘 뿌려지니?
참　　고	· 나뭇잎이 마르면서 달라지는 것을 관찰하고 마른 후에 만져보고 밟아보는 활동으로 추후활동을 계획할 수 있다. 　- (나뭇잎이 어느 정도 마른 것을 관찰한 후) 나뭇잎이 어떻게 되었니? 　- 우리 지난 번처럼 만져보자, 두 손으로 꽉 쥐어볼까? 　- 비벼보면 어떨까? 어! 바삭바삭 부서지네? 　- 발로 밟아 볼까, 어떻게 달라졌을까? · 낙엽 콜라주, 나뭇잎 찍기 등의 미술활동으로 활용할 수 있다. · 나뭇잎을 밟아서 가루가 되면 풀그림을 그린 후 나뭇잎 가루를 뿌려보는 미술활동을 할 수도 있다.

11월 1주

사과를 따요

활동목표	・자석의 성질을 놀이에서 이용해본다. ・수세기를 해 본다.
집단크기	소집단
활동자료	사과나무, 사과 20개, 사과 따는 막대기 3개(밑에 자석이 붙어 있는 것 2개와 자석이 붙어 있지 않은 것 1개), 속이 빈 블록, 사과 담을 바구니 2개

〈사과나무〉

① 벽면에 부착할 사과나무를 골판지나 우드락을 이용해 만들고 사과가 붙을 부분에 자석을 붙인다.

② 부직포를 이용해서 사과를 만들고 뒷면에 둥근 자석을 붙인다.

앞　　　뒤

〈사과 따는 자석 막대기〉

① 하드보드지(3×30cm)를 잘라 2개를 겹쳐 붙이고 끝 부분은 1cm정도 접히도록 가윗집을 넣은 후 마스킹 테이프로 꼼꼼하게 싼다.

② 자력이 아주 강한 자석을 막대 끝에 붙인다.

활동방법	1. 쌓기놀이영역 벽면에 사과나무 그림판을 붙이고 사과를 붙여 놓는다.

2. 유아가 관심을 보일 때 놀이를 시작한다.

　- 그래, 맛있는 사과가 주렁주렁 열려 있구나.

　- 우리가 어떻게 하면 저 사과를 딸 수 있을까?

3. 유아가 막대기를 이용해 여러 가지 방법을 시도해보면서 자석의 성질을 이용할 수 있음을 발견하도록 한다.

- 손 말고 다른 것으로 사과를 딸 수 있을까?

- 그렇구나, 왜 이 막대기에 사과가 붙었을까?

- (자석을 붙이지 않은 막대를 가리키며) 이 막대기는 사과를 딸 수 없는데?

4. 자석 막대기를 이용해서 사과를 따서 바구니에 담는다.

5. 바구니에 담은 사과를 세어본다.

참 고
 · '소풍놀이'나 '사과를 이용해 음식 만들기' 등의 활동으로 연결시켜 볼 수 있다.
 · 수·과학 영역의 '가을 과일 관찰'과 '맛보기 활동', '사과에 관한 책보기' 등의 활동으로 연결시켜 본다.

콩나물 기르기

활동목표 ·콩나물의 성장 과정을 관찰한다.

집단크기 소집단

활동자료 콩나물의 성장 과정을 볼 수 있는 그림이나 사진 자료, 불린 콩, 콩나물, 밑이 평평한 그릇, 넓은 솜, 콩나물 시루, 물 등
① 콩나물의 성장 과정을 볼 수 있는 사진 또는 그림을 코팅하여 준비해둔다.
② 콩은 2~3일 전에 미리 물에 불려놓는다.

활동방법 1. 유아들과 함께 콩나물을 먹어본 경험에 대하여 이야기한다. 활동 전 식사시간에 콩나물 요리를 식단에 첨가하면 좋다.
　　　　　 - 우리 점심때 어떤 반찬을 먹었는지 생각나니?
　　　　　 - 콩나물이 자라는 것을 본 친구 있니?
　　　　　 - 콩나물은 어디서 자랄까? 콩나물은 어떤 것을 먹고 자랄까?

　　　　　 2. 유아들에게 실제 콩과 콩나물을 보여주고 미리 준비한 그림 또는 사진자료를 보여주며 이야기를 나눈다.
　　　　　 - 이 콩을 물에 담가 놓았다가, 이 통 안에 넣어 물을 주고 키우면, 싹이 나고 점점 자라 이렇게 길다란 콩나물로 자란단다.

3. 유아들과 함께 콩나물을 심고 물을 주며 길러본다.
   - 우리가 이렇게 콩을 심고, 물을 주어서, 콩이 자라서 콩나물이 되도록 키워보자.

4. 변화하는 과정을 관심을 가지고 지켜보게 한다.
   - 오늘은 콩이 어떻게 달라졌나 보자. 어디가 달라진 것 같니?

참 고
- 매일의 생활 속에서 유아들과 함께 콩나물에 물을 주는 시간을 계획하고 꾸준히 관심을 가지며 콩나물을 기른다.
- 콩나물을 기른 후, 유아들과 함께 기른 콩나물로 요리를 하여 식사시간에 같이 먹어본다.

사과 주스 만들기

활동목표	· 사과의 변화 과정을 관찰한다. · 요리하는 즐거움을 갖는다.
집단크기	소집단
활동자료	사과 모양 요리 순서표, 사과, 우유, 설탕, 도마, 빵칼, 믹서, 컵

〈사과 모양 요리 순서표〉
① 색도화지를 사과 모양(32절보다 약간 큰 크기)으로 6장 자른다.
② 유성매직으로 사과 모양 종이에 제목과 준비물, 만드는 방법을 그린다.
③ 코팅한 후 고리로 연결한다.

활동방법	1. 요리활동에 참여하길 원하는 유아들은 손을 씻고 앞치마를 입고 앉게 한다. 2. 유아들과 주스 먹어본 경험에 대해 이야기하며 사과 모양 요리 순서표를 보며 오늘은 어떤 요리를 할지, 어떻게 만드는지 알아본다.

3. 사과를 탐색해본다.
   - 사과가 어떤 색깔이니? 어떤 모양이지?

4. 교사가 사과의 껍질을 깎은 후 유아들이 썰기 좋게 잘라준다.
   - 사과 속은 어떤 색깔일까?
   - 사과 속에는 무엇이 있을까?

5. 믹서기를 사용할 때 이용방법과 안전에 관한 유의사항에 대해 이야기 나눈다.
   - 이것이 무엇인지 아니?

6. 믹서기 안에 필요한 재료들을 유아들에게 넣게 한 후 믹서기를 돌린다.
   - 우유는 몇 컵을 넣어야지? 설탕은 몇 숟가락을 넣어야 할까?
   - 믹서기의 스위치를 누르면 이 속에 있는 것들이 어떻게 될까?
   - 믹서기 속에 있는 설탕, 우유, 사과가 어떻게 되었니?

다람쥐 먹이 주기

활동목표	· 밤, 도토리 등 가을 열매를 관찰해본다. · 밤, 도토리를 분류해본다.
집단크기	소집단
활동자료	다람쥐통 4개, 집게 4개, 밤, 도토리 ① 페트병(1.5 *l*)을 자르고 윗부분을 색테이프로 마무리한다. ② 통을 들고 있는 듯한 다람쥐 그림을 코팅한 후 페트병에 붙인다. ③ 2개의 다람쥐통에는 밤 그림을, 다른 2개에는 도토리 그림을 붙인다.

11월 2주

활동방법	1. 자료들을 살펴보며 이야기를 나눈다. 　- 펑펑펑 눈이 내리면 숲 속의 다람쥐 어떻게 사나, 　- 춥지 않을까? 배고프지 않을까? 　- 이 다람쥐들은 무엇을 먹고 살까? 2. 다람쥐 통을 나눠갖고 다람쥐 통에 붙어 있는 그림을 함께 살펴보고 그림에 맞춰 집게로 담아보게 한다. 　- 이 다람쥐들은 서로 자기가 좋아하는 먹이가 다른가 봐, 　　이 다람쥐는 무엇을 좋아하는 것 같니? 　- 여기 있는 밤과 도토리를 다람쥐에게 넣어 줄까?
참　　고	· 반쯤 벌어진 밤송이와 도토리를 준비해주어, 모양과 크기 등을 비교해볼 수도 있다. · '다람쥐, 도토리' 등에 관한 책을 준비하여 다람쥐나 밤, 도토리 등에 관심을 갖게 한다.

실내자유선택활동
음률영역

잠자리 꽁꽁

활동목표	· 전래동요를 불러본다. · 잠자리의 모양과 움직임에 관심을 갖는다.
집단크기	개별 · 소집단
활동자료	노래 악보, 그림자료, 잠자리 입체자료

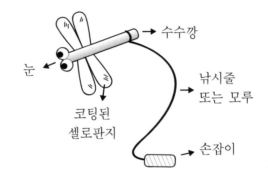

활동방법 1. 등원시간 또는 간식시간 등에 음악을 들려주어 음을 익힐 수 있도록 한다.

2. 잠자리에 대한 수수께끼를 낸다.
- 나는 가을에 많이 볼 수 있어요.
- 내 몸에는 날개가 있어요, 꼬리가 빨갛게 생긴 것도 있어요.
- 나는 누구일까요?

3. 입체자료를 조작하며 관련된 이야기를 한다.
- (잠자리를 잡고 있는 그림자료를 보며) 이 친구가 무엇을 하고 있는 것 같니?
- 옛날에는 잠자리를 잡을 때 이렇게 했단다.
- 그리고 잡은 잠자리를 줄에 매달아 돌리면서 노래를 불렀지.

4. (입체자료를 조작하며) 노래를 들려준다.

5. 유아들과 함께 노래를 불러본다.

참　고 · 노래를 충분히 익힌 후 노래를 부르며 신체표현 활동을 해본다.
　　　　　 - 자! 모두 잠자리가 되어 날아볼까?

잠자리 꽁꽁

전래동요

잠 자 리 꽁 - 꽁 꽁 자 리 꽁 - 꽁

이 리 와 라 꽁 - 꽁 저 리 가 라 꽁 - 꽁
이 리 오 면 살 - 고 저 리 가 면 죽 는 다

대 · 소집단활동
게임

과일 잘라서 관찰해보고 맛보기

활동목표	·가을에 볼 수 있는 여러 가지 과일을 안다. ·과일의 겉과 속을 관찰한다.
집단크기	소집단
활동자료	가을에 나는 과일(사과, 감, 배 등), 접시, 이쑤시개나 포크, 교사용 과도
활동방법	1. 각 과일을 보며 모양, 색, 냄새 등에 대해 이야기를 나눈다. 　- 이 과일 이름을 알고 있니? 　- 어떤 냄새가 나는지, 한번 맡아보자. 2. 과일을 자르면 그 속은 어떨지 말해보도록 한다. 　- 감 속은 어떻게 생겼을까? 사과처럼 하얀색일까? 3. 과일을 반으로 잘라 속과 겉을 관찰하고 비교해본다. 　- 사과 속은 어떻게 생겼니? 　- 중간에 있는 까만 것은 무엇일까? 4. 준비한 과일을 한 입에 먹기 좋은 크기로 잘라서 먹어본다. 　맛이 어떤지 말로 표현해보게 한다. 　- 어떤 맛이니? 　- 지금 먹는 사과 맛과 비슷한 맛이 나는 것은 또 무엇이 있을까? 5. 1명씩 눈을 감고 과일을 먹은 후에 그 과일 이름을 말해보도록 한다. 　- 어떤 맛이 나니? 무엇을 먹었는지 이름을 말해보자.

징검다리 건너기

활동목표
· 기본적인 동작기술을 익혀본다.
· 지시에 따라 움직여본다.

집단크기
소집단

활동자료
징검다리로 이용될 동작카드판(12장 정도)

걸으세요

뛰세요

앙감질
하세요

기어가세요

제자리에서
돌아요

깡충
뛰세요

활동방법
1. 동작이 담긴 카드를 보며 유아들과 이야기 나눈다.
　- 이 카드의 친구는 어떤 모습을 하고 있니?
　- ('꽝'의 카드를 보여 주며) 이 카드는 너희가 어떻게 하고 싶은지 약속을 정해보자.
　- '마음대로 움직이세요'에는 어떻게 하고 싶니?

2. 활동 방법에 대해 설명하고 둥글게 카드를 늘어놓고, 음악 소리(북소리)에 맞춰 걷다가 '멈춤' 신호에 선다.
　- 음악 소리(북소리)에 맞춰 카드 위를 밟고 지나가다가 멈춤 신호가 울리면 그 카드 위에 멈춰 서자.

11월 2주

3. 다른 악기(트라이앵글, 탬버린 등)의 소리를 내주는 동안 자기가 선 카드 그림의 지시대로 움직인다.

4. '꽝' 자리에 선 유아들은 약속된 방법대로 움직인다.
   - '꽝'은 얼음이 되어 움직이지 않기
   - 대열에서 빠져나가 구경하는 유아가 되기
   - 빠져나간 유아들은 다음 활동을 반복하는 동안 북소리에 맞춰 몸으로 소리내기를 하여 박자를 맞춰준다.

참 고
   - '꽝'의 약속 방법에 따라 방법이 다른 게임으로 확장할 수 있다.

탈것

실시기간 : 11월 3주 ~ 12월 2주

▶▶▶ 전개방법

「탈것」은 일상생활 속에서 유아가 직접 이용하거나 보게 되는 것으로 유아가 많은 관심과 흥미를 보이는 것 중 하나이다. 「탈것」 주제에서는 유아가 경험할 수 있는 여러 가지 탈것의 종류와 다니는 길 등을 알아보고, 안전하고 바르게 이용하는 방법을 익히도록 한다.

일상생활이나 먼 곳으로 여행하며 탈것을 이용했던 경험을 기초로 한 내용을 중심으로 활동을 전개한다. 어린이집에 오고 가는 길이나 동네에서 볼 수 있는 자동차나 버스 만들기, 가족과 여행갈 때 타보았던 비행기・기차・배 구성하기, 구성한 찻길을 이용한 차놀이 등을 통해 차의 특성뿐만 아니라 차를 이용하여 먼 곳에 갈 수 있다는 개념과 함께 횡단보도와 신호등 및 교통안전에 관한 것을 경험하게 한다. 특히 「탈것」 주제는 블록을 이용한 쌓기놀이가 극화놀이로 확장될 수 있는 주제이다. 블록을 이용해 자동차나 기차나 비행기 등을 만들어 여행가기, 소풍가기 등의 활동으로 연결시켜 운전사와 손님에 대한 역할이나 안전띠를 이용해야 하는 차 내에서의 안전규칙 등 차와 관련된 사회적 경험을 함께 경험할 수 있도록 전개한다.

유아가 여러 가지의 교통 수단을 직접 경험해보기 위해서는 가족의 도움이 필요하다. 뿐만 아니라 유아가 탈것을 이용할 때 지켜야 할 예절과 규칙을 습관화하는 데는 일상생활 속에서 부모가 모범적인 모습을 보이고 일관적인 안내를 해주는 것이 필요하다. 따라서 여러 가지 부모 교육을 통하여 유아가 가정에서도 탈것에 관한 직접・간접적인 경험을 충분히 할 수 있도록 한다.

▶▶▶ 환경구성

	쌓기놀이영역	역할놀이영역	미술영역	언어영역	탐색·조작영역	음률영역

실
내
	· 단위 블록
	· 우리 동네 블록
	· 모형 자동차
	· 나무 그림
	· 인형
	· 의자
	· 운전대를 붙인 의자
	· 안전띠를 붙인 의자
	· 버스 내부 화보
	· 버스타는 모습의
	  화보
	· 공간 블록
	· 종이벽돌 블록
	· 볼링공
	· 탈것 그림을 붙인
	  깡통(비행기, 자동차,
	  버스, 트럭, 배,
	  헬리콥터)
	· 여러 가지 탈것
	  화보
	· 안전 널빤지
	· 신호등
	· 교통 표지판
	· 경찰 인형
		· 탈것 모양
		· 바느질 자료
		  (돗바늘, 실)
		· 빗자루
		· 걸레
		· 먼지떨이
		· 앞치마
		· 머리수건
		· 도시락
		· 여행용 배낭
		· 교통경찰 옷
		· 교통경찰 모자
		· 교통경찰 봉
		· 호루라기
		· 물호스
		· 수건
		· 물통
		· 장난감 자동차
		· 의자
			· 여러 가지 탈것
			· 모루 도장
			· 물감
			· 물감접시
			· 도화지
			· 색연필
			· 사인펜
			· 스펀지
			· 걸레
			· 병뚜껑
			· 시트지 조각 등
			· 스티로폼 본드
			· 색종이
			· 잡지
			· 이면지
			· 롤러
			· 창호지
			· 크레파스
			· 지점토
			· 모양찍기틀
			· 스티로폼 접시
			· 면끈
			· 나무젓가락
			· 여러 가지 폐품
			· 풀
			· 가위
			· 투명 테이프
			· 수수깡
			· 우드락
			· 탈것 모양의 종이
			· 솜방망이
			· 전지
			· 건전지, 태엽, 줄을
			  당겨서 움직이는
			  장난감
			· 셀로판지
			· 마닐라지
			· 견출지
			· 먹지
			· 색연필
				· 그림책:
				「업어주는 자동차」
				「요술 자동차」
				「하하 뿡뿡 아저씨의
				  즐거운 버스」
				「미나의 자전거」
				「곰곰이의
				  빨간 자전거」
				「촌장 개구리와
				  커다란 배」
				「초록여행」
				「야! 우리 기차에서
				  내려」
				「노래하는 바퀴」
				「초록불 일때
				  건너야죠」
				「샘물 찾는
				  꼬마기차」
				· 동시:「간다간다」
				「신호등이 말해요」
				· 삼각대
				· 각종 자동차 그림
				  또는 사진
				· 여러 가지 탈것
				  글자 카드
				· 글자상자
				· 글자판
				· 녹음기
				· 바퀴그림
				· 자석손잡이
				· 탈것 소리 테이프
				· 여러 가지 탈것
				  그림카드
				· 모래 글자
				· 융판동화:
				「돌돌이와 바퀴」
				· 길을 잃고 울고
				  있는 유아 그림
				· '누구일까요' 이야기
				  꾸미기 자료
				· 그림상자
				· 탈것 그림 종류별
				  자료
					· 크고 작은 탈것
					· 모형들
					· 탈것 그림
					· 탈것 그림자판
					· 삼각대
					· '오늘 어떻게
					  어린이집에
					  왔지요?' 교구
					· 부직포 숫자 기차
					· 색연필
					· 그래프지
					· 우유곽 배
					· 여러 종류의
					  막대 동물 그림
					· 섬 그림판
					· 우유곽 집
					· 소형 장난감 자동차
					· 단위 블록을 이용한
					  도로 그림
					· '쌓아서 그림맞추기'
					  교구
					· '자동차 자석놀이'
					  교구
					· 안전 널빤지
					· 바구니
					· 여러 가지 크기의
					  탈것 그림
					· 탈것 놀이 도미노
					  카드
					· '동그란 샌드위치를
					  만들어요' 재료
					· 확대경
					· 가위·포크·연필·
					  붓 등 손잡이가 있
					  는 물건
					· 위험한 부분을
					  내 손에 잡고 건네는
					  그림
					· 쟁반
					· '식빵 위에 모양
					  꾸미기' 자료
						· 장난감 기차
						· 노래 자료(배경판,
						  아기, 언니, 사탕,
						  사과, 포도)
						· 노래 테이프 및
						  악보:
						「장난감 기차」
						「길조심」
						「간다간다」
						「자전거」
						「내가 먼저
						  가야 해요」
						「모양놀이」
						「건너가는 길」
						「이상한 기차」
						· 여러 가지 악기류
						「크시코스의
						  우편마차」음악
						· △□○모양 카드
						· 색테이프

실 외	훌라후프, 가는 밧줄, 대형·소형 타이어, 낙하산, 비눗방울, ○△□모양틀, 풍선, 옷걸이, 자전거, 자전거 승차장, 건널목, 색종이					

주간보육계획안

소주제 : 여러 가지 탈것이 있어요 I　　　　　　　　　　　　　**실시 기간 : 11월 3주**

		월	화	수	목	금	토
등원 및 맞이하기		어린이집에 올 때 무엇을 타고 왔는지 이야기하며 맞이하기					
실내자유선택활동	**쌓기놀이영역**	◎ 자동찻길 만들기					
	역할놀이영역	탈것 모양 비닐 바느질					
	미술영역	◎ 탈것 모루도장 찍어서 꾸미기 자동차 콜라주 1)					
	언어영역	그림책:「업어주는 자동차」　　「요술 자동차」　　「곰곰이의 빨간 자전거」 　　　　「하하뿡뿡 아저씨의 즐거운 버스」　　「미나의 자전거」 ◎ 움직이는 동시:「간다 간다」　　　　　　탈것 이름 부르기 2)					
	탐색·조작영역	여러 가지 탈것 크기대로 놓아보기　　　　　◎ 요리: 식빵 위에 모양 꾸미기 ◎ 나는 오늘 어떻게 어린이집에 왔지요?　　　탈것 그림자 맞추기					
	음률영역	노래:「간다 간다」　　　　　「자전거」　　악기: 내 소리 짝은 어디에? 　　　　신체표현: 운전해보세요 3)					
대·소집단활동		전이활동: 자전거는 어디에서 탈까? 　　새 노래:「자전거」　　　　　　◎ OHP 동화:「누구의 자전거?」					
실외자유선택활동		자전거놀이(자전거 승차장, 건널목 첨가)					
점심 및 낮잠		벗어놓은 옷 바르게 개기					
기본생활습관		자전거 타고 큰길로 나가지 않기					
교육활동참고		1) 자동차 콜라주: 다양한 종류의 자동차 모양을 오려서 제시해준다. 병뚜껑, 시트지 조각, 폐품을 활용하여 꾸며본다. 이때 스치로폼 본드는 물약병에 덜어서 제공한다. 2) 탈것 이름 부르기: 여러 가지 탈것 그림카드를 바닥에 펼쳐둔다. 유아가 탈것의 이름을 부르며 이름과 맞는 그림카드를 가져간다. 펼쳐진 카드가 모두 없어지면 누가 어떤 탈것 카드를 가졌는지 이야기해본다. 3) 운전해보세요: 〈교육부(1995). 유치원 교육활동 지도 자료 8: 교통기관. P88.〉					

주간보육계획안

소주제 : 여러 가지 탈것이 있어요 II　　　　　　　　　　　**실시 기간 : 11월 4주**

		월	화	수	목	금	토
등원 및 맞이하기		여러 가지 탈것에 관련된 노래 들어주기					
실내 자유 선택 활동	**쌓기놀이영역**	여러 가지 탈것 화보 게시 ◎ 버스놀이　　블록으로 비행기 만들기(비행기 타고 여행가기)					
	역할놀이영역	집안 청소하기 　　　　　여행갈 준비하기(도시락 싸기, 정리하기)					
	미술영역	비행기 접기　　　　　　배 만들기(우유곽, 수수깡, 우드락 등 이용)					
	언어영역	누가 무엇을 타고 어디에 갈까? 그림책:「촌장 개구리와 커다란 배」「초록여행」「야!우리 기차에서 내려」 　　　　듣기: 탈것 소리 듣기					
	탐색 · 조작영역	부직포 숫자 기차 연결하기(단추, 후크, 똑딱단추, 끈 이용) 배에 동물을 태워주세요					
	음률영역	노래:「장난감 기차」　　　　　신체표현: 비행기 되어보기					
대 · 소집단활동		전이활동: 탈것들은 어떤 것이 있을까? 　　　　　(화보, 각종 탈것들 제시하며 이름 말해보기) 새 노래:「장난감 기차」　　　　　견학: 교통공원					
실외자유선택활동		홀라후프 기차놀이　　　　종이 비행기 날리기　　　　낙하산놀이					
점심 및 낮잠		조용한 비디오 시청하기					
기본생활습관		자동차를 타면 의자에 바르게 앉기, 안전띠 매기 창 밖으로 머리나 손 내밀지 않기					

주간보육계획안

소주제 : 여러 가지 탈것이 있어요Ⅲ　　　　　　　　　　　　　**실시 기간 : 11월 5주**

		월	화	수	목	금	토
등원 및 맞이하기		도와주시는 선생님께 "고맙습니다" 말하기					
실내자유선택활동	쌓기놀이영역	◎ 주차장에 자동차를 세워요			세차장 만들기		
	역할놀이영역	◎ 소풍가기		교통 경찰놀이	세차장놀이		
	미술영역	탈것 모양에 솜방망이로 찍어 표현하기 　　　　　　　◎ 롤러 그림 그리기					
	언어영역	이야기 꾸미기: 누구일까요? 　　　◎ 주차장에 있는 차는 무슨 차일까?			여러 가지 탈것 소리 듣고 카드 찾기 색모래 글자		
	탐색·조작영역	◎ 주차하기			쌓아서 그림 맞추기 [1]		
	음률영역	노래: 내가 먼저 가야 해요 신체활동: 크시코스의 우편마차 [2]			감상: 크시코스의 우편마차		
대·소집단활동		◎ 이야기 나누기: 소리나는 자동차 그림동화: 운동장을 만듭시다 　　　　　　　　아빠참여수업: 아빠와 함께 놀이해요			견학: 세차장 견학가기		
실외자유선택활동		풍선 치기(옷걸이 풍선채 이용)　　◎ 여러 가지 물건 굴려보기					
점심 및 낮잠		겉옷을 벗어 스스로 개어두기					
기본생활습관		걸을 때 주머니에 손 넣고 걷지 않기					
교육활동참고		1) 쌓아서 그림 맞추기 • 같은 크기의 화장품곽, 우유곽, 투명 테이프 속대 등을 이용한다. 동물 화보나 사진을 쌓아둔 곽 크기에 맞춰 확대 또는 축소하여 붙이고 각층으로 잘라낸 후 투명 시트지를 입혀 견고하게 한다. 4면을 다 활용할 수 있도록 다양한 그림을 붙여 사용한다. • 쌓아보며 그림 맞추기를 한다. 2) 크시코스의 우편마차: 음악을 들으며 음악에 맞추어 리듬막대를 빠르게, 느리게 쳐본다.					

주간보육계획안

소주제 : 탈것들의 모양을 알아보아요   **실시 기간 : 12월 1주**

		월	화	수	목	금	토
등원 및 맞이하기		놀이실 안에서 새로운 것 찾아보기					
실내자유선택활동	**쌓기놀이영역**	단위 블록으로 △ㅁㅇ모양 꾸미기			경사로에서 △ㅁㅇ모양 단위 블록 굴려보기 (안전 널빤지 이용)		
	역할놀이영역	여행가기 놀이					
	미술영역	◎ ㅇㅁ△모양 목걸이 만들기 바퀴에 물감 묻혀 굴려보기(전지, 크고 작은 바퀴가 있는 장난감 자동차, 물감, 접시 등) 장난감이 그림을 그려요 1)					
	언어영역	그림책:「노래하는 바퀴」 그림동화:「모양 나라 이야기」 그림 보고 모양 찾기(내 몸에 △ㅁㅇ가 있어요) 같은 글자를 찾아요 바퀴책 만들기(바퀴 달린 물건이나 사진 이용)					
	탐색·조작영역	자동차 자석 놀이 2) 느낌으로 알아요 3) 요리: 동그란 샌드위치를 만들어요					
	음률영역	노래:「모양놀이」 ◎ 신체표현: 모양을 만들어요 탈것 모양 방울 악기 놀이					
대·소집단활동		전이활동: 친구들 여행사진 보여주며 이야기하기 게임: 터널 통과하기 새 노래:「꼬마 불자동차」 그림동화:「굴러가는 바퀴」					
실외자유선택활동		◎ 모양 안으로 들어가요 △ㅁㅇ모양틀로 비누방울 만들기					
점심 및 낮잠		다 먹은 그릇 제자리에 놓기					
기본생활습관		의자에 바르게 앉기					

교육활동참고	1) 장난감이 그림을 그려요 〈활동자료〉 건전지·태엽·줄을 당겨서 움직이는 장난감, 물감, 물감접시, 전지(종이 4면에 턱을 만들어 줌) · 장난감 바퀴에 물감을 묻혀 전지 위에 두고 조작한다. · 장난감이 움직이면서 나타내는 무늬를 감상한다. · 여러 명의 유아가 동시에 서로 다른 방향에서 장난감을 움직이면서 작업을 할 수 있으며 유아 들이 원하는 곳에 전시해준다. 2) 자동차 자석 놀이 · 10월1주 '동네 돌기' 자석놀이 판에 자동찻길 배경 그림을 교체하여 사용한다. · 자동차 모형 밑면에 자석을 부착한다. 3) 느낌으로 알아요 · 친구의 손바닥이나 손등 또는 등과 팔 등에 동그라미, 세모, 네모 모양 등을 손가락으로 그리 면 알아맞히기를 한다. - 눈을 감아보겠니? 네 손등에 모양을 그릴게, 알아맞혀봐,

주간보육계획안

소주제 : 지켜야 할 약속이 있어요　　　　　　　　　　　　　　**실시 기간 : 12월 2주**

		월	화	수	목	금	토
등원 및 맞이하기		어린이집 오는 길에 어떤 자동차를 보았는지 이야기해보기					
실내자유선택활동	**쌓기놀이영역**	신호등 길 꾸미기(신호등, 교통표지판, 경찰 아저씨, 사람인형 첨가) ◎ 볼링게임					
	역할놀이영역	택시운전기사놀이		심부름 가기	휴게소놀이		
	미술영역	신호등 꾸미기(셀로판지 이용)			먹지 그림		
	언어영역	그림책:「초록불일 때 건너야죠」「샘물 찾는 꼬마 기차」 융판동화:「돌돌이와 바퀴」　　　　　　　　　　자석동화:「이상한 기차」 　　　　　　동시:「신호등이 말해요」 이야기 꾸미기: 길을 잃었어요 1)					
	탐색 · 조작영역	탈것놀이 도미노		◎ 위험한 물건을 주고 받을 때는 이렇게			
	음률영역	신체표현: 뛸 수 있는 곳과 뛸 수 없는 곳 2) 노래:「건너가는 길」　　　　　　「이상한 기차」					
대 · 소집단활동		전이활동: 건너가는 길을 건널 때 　　　　새 노래:「뛸 수 있는 곳과 뛸 수 없는 곳」「길조심」 　　　　　　◎ 게임: 하늘, 땅, 바다 소방관 초청: 불조심에 대한 이야기 듣기					
실외자유선택활동		타이어 굴려보기　　　　　　　어린이집 앞에 세워진 자동차 종류 알아보기					
점심 및 낮잠		앉아서 식사를 할 때 허리를 펴고 바른 자세로 앉아 먹기					
기본생활습관		계단을 오르내릴 때 뛰지 않고 걸어가기					
교육활동참고		1) 길을 잃었어요: 백화점 등에서 길을 잃고 울고 있는 유아 그림을 제시하고 이야기 나눈다. 　- 이 친구가 무엇을 하고 있니? 　- 엄마를 잃어버렸거나 길을 잃었던 적 있니? 어떻게 해야 할까? 2) 뛸 수 있는 곳과 뛸 수 없는 곳: 〈김성균(1996). 김성균 동요집: 제2집. 국민서관.〉					

자동찻길 만들기

활동목표 · 단위 블록으로 여러 형태의 자동찻길을 만들어볼 수 있다.

집단크기 소집단

활동자료 단위 블록, 자동차 모형들, 집, 나무, 사람인형 등
- 집, 나무, 사람인형 등은 사진 또는 그림을 코팅하여 소형 단위 블록에 붙여 영역에 준비해준다.

활동방법 1. 카펫 위에서 자동차놀이를 하고 있는 유아들을 관찰한 후, 길고 짧은 단위 블록을 가지고 병행놀이를 하며 놀이에 개입한다.
  - 나는 여기에다 넓고 길다란 길을 만들어야지.
    (긴 블록으로 길을 만들며 유아들의 반응을 살핀다)
  - 이 길은 자동차만 다닐 수 있는 길입니다.
    (유아들을 자연스럽게 놀이 속에 끌어들인다)
  - 어! 길이 끝나 버렸네! 어떻게 해야 되지?
    (Y 모양, 공간적목 등 다양한 블록을 활용하여 다른 형태의 길, 굴다리 등을 만들어 보게 한다.)
  - 길 만드는 사람이 더 필요하지 않나요?

2. 유아들끼리 자동찻길 만들기를 하며 집, 나무, 인형 등 다양한 소품을 활용해본다.
  - 이 사거리에서 오른쪽으로 가면 나무랑 동네들이 있었던 것 같은데….

3. 자동찻길이 다 만들어지면 자동찻길에서 자동차놀이를 한다.

참 고 · 자유롭게 길을 만들고 놀이가 유지·확장될 수 있도록 공간을 넓혀주고 아동 수를 조절해준다.

실내자유선택활동
미술영역

탈것 모루도장 찍어서 꾸미기

활동목표	· 탈것에 관심을 갖는다. · 모루도장을 이용하여 꾸며본다.
집단크기	소집단
활동자료	탈것 모루도장(플라스틱 우유통, 모루), 물감(3~4가지 정도), 물감접시, 도화지, 크레파스, 색연필, 사인펜, 스펀지 또는 걸레

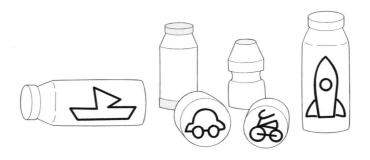

① 1가지의 교통기관을 3~4가지 색깔의 모루를 이용하여 만든 후 네모난 플라스틱병에
　 붙인다.
② 모루색과 같은 색의 물감을 각각의 접시에 덜어내어 약간의 풀을 섞어두어 물감이 흘
　 러내리지 않고 색상이 선명하도록 한다.
③ 같은 색의 모루도장과 물감을 한 쟁반에 담아두어 물감을 섞어서 사용하지 않도록 한다.

활동방법	1. 준비된 자료들을 살펴본 후 활동방법을 알아본다. 　 - (모루도장을 살펴보며) 어떤 그림들이 있니? 　 - 똑같은 그림이 여러 개가 있는데 무엇이 다르니? 　 - 파란색 물감에는 파란색 도장만, 빨간색 물감에는 빨간색 도장만을 사용하기로 약속하자. 2. 유아들이 찍어보고 싶은 도장을 선택하여 도화지 위에 찍어본다. 　 - 와! 로켓이 발사되는 것 같네. 　 - 다른 것도 찍어보자. 　 - 여러 가지 탈것이 다 모였구나.

11월 3주

3. 도장 찍은 것이 마르면 크레파스나 사인펜 등으로 꾸며보도록 한다.

   – 우리, 로켓에 누구를 태워줄까?

   – 자동차가 달릴 수 있는 길을 그려 볼까?

참   고 ・너무 많은 양일 때는 물감이 뭉쳐서 모양이 잘 나타나지 않거나 잘 마르지 않으므로 물감의 양을 잘 조절해준다.

・모루찍기 활동은 주제에 따라 알맞은 모양을 선정해 만든 후 제시해 줄 수 있다.

실내자유선택활동
언어영역

간다 간다

활동목표	·동시를 즐겨 듣는다. ·탈것들이 다니는 곳에 대해 생각해본다.
집단크기	개별·소집단
활동자료	동시판

〈동시판〉
① 8절 크기의 하드보드지의 한 면과 옆 모서리를 투명 시트지로 싼다.
② 8절 크기의 종이에 동시 내용에 맞는 배경 그림을 그리고, 동시를 써넣은 후 코팅하여 투명 시트지를 싸지 않은 하드보드 면에 붙인다.
③ 동시판의 ★과 ☆부분에 구멍을 뚫고 낚싯줄을 끼워 뒷면으로 연결하여 묶는다. 이때 낚싯줄의 매듭 부분은 ☆의 뒷면에 오게 한다.
④ 매듭 부분에 손잡이를 붙여 조작하기 쉽게 한다.
⑤ 자동차, 비행기의 사진이나 그림을 따로 코팅하여 해당 배경 그림의 낚싯줄 ★부분에 붙인다.

11월 3주

간다 간다
김성균
간다 간다 간다 간다 골목길로
간다 간다 간다 간다 넓은길로
간다 간다 간다 간다 뛰뛰빵빵
랄랄랄라 자동차

간다 간다 간다 간다 지붕위로
간다 간다 간다 간다 구름위로
간다 간다 간다 간다 하늘높이
랄랄랄라 비행기

활동방법	1. 자동차나 비행기를 타본 경험에 대해 이야기한다.
	- 어린이집에 올 때 무엇을 타고 왔니?
	- 비행기를 타 본 적이 있니?
	2. 자동차, 비행기가 다니는 곳에 대해서도 생각해본다.
	- 자동차는 어디로 다니니?
	- 비행기는 어디로 다닐까?
	3. 뒷면의 손잡이로 낚싯줄을 움직이며 동시를 듣는다.
	4. '간다 간다' 라는 반복되는 부분은 다함께 읽어본다.
참 고	・새 노래 배우기할 때 활용할 수 있다.

실내자유선택활동
탐색 · 조작영역

식빵 위에 모양 꾸미기

활동목표
· 여러 가지 재료를 이용하여 꾸며본다.
· 즐겁게 요리를 한다.

집단크기 소집단

활동자료 요리 순서표, 식빵, 땅콩 버터, 건포도, 당근, 오이, 햄, 맛살, 빵칼, 작은 도마, 개인접시, 숟가락.
- 당근은 둥근 모양·네모 모양 등으로 자르고, 오이는 길게 2등분(잘라진 단면이 반달 모양)하여 제시해준다.

〈요리순서표〉
· 32절 크기의 마닐라지 6장에 아래의 그림을 그려 색테이프로 연결하여 아코디언 모양으로 만든다.

11월 3주

활동방법

1. 요리할 준비를 한 후 재료를 탐색해본다.
   - 우리 어떤 재료들이 있는지 보자(식빵,맛살,땅콩버터,당근,오이 등)
   - 건포도를 먹어볼까? 어떤 맛이 나니?
   - 오이(당근)는 어떤 모양이니?

2. 맛살과 오이는 유아들이 원하는 크기대로 잘라보도록 한다.

3. 식빵 위에 땅콩 버터를 바른다.
   - 버터를 바르니까 어떻게 되었니?

4. 재료를 이용하여 여러 가지 모양을 꾸며보도록 하며 교사는 유아의 행동이나 꾸며진 모양에 대하여 적절하게 반응해준다.
   - 이 재료들로 무슨 모양을 만들까?
     사람을 만들어 봐야지, 머리는 무엇으로 만들지?
   - ○○는 건포도로 눈을 만들고 맛살로 귀를 만들었구나!
   - 야! 웃고 있는 토끼같네,

5. 유아들끼리 만든 것을 보여주고 소개하며 비교해보도록 한다.
   - 우리가 만든 것을 친구에게 소개해 보자,

6. 남은 재료들은 다음 친구들을 위해서 깨끗이 정돈해두고 다 꾸며진 식빵은 개인접시에 담아 주스 또는 우유와 함께 간식으로 먹는다.

실내자유선택활동
탐색 · 조작영역

나는 오늘 어떻게 어린이 집에 왔지요?

활동목표	· 그래프를 만들어보는 기회를 갖는다.
	· 많고 적음을 비교해본다.

집단크기	개별 · 소집단

활동자료	승용차 · 버스 · 택시 · 걷는 그림 그래프(반 유아수를 고려한다), 스티커,
	스티커 담는 바구니

활동방법	1. 그래프를 벽에 붙여두고 관심 있어 하는 유아들과 활동을 한다.
	– (그래프의 글씨를 읽어준 후) ○○는 오늘 어린이집에 무엇을 타고 왔니?
	– ○○는 아빠와 함께 걸어서 왔구나, 이 표에서 걸어서 오는 그림이 어디 있니?
	– 그럼 이 칸에 스티커를 붙여볼까?
	2. 그래프가 완성되면 비교해본다.
	– 승용차를 타고 온 친구와 버스를 타고 온 친구 중 어떤 친구들이 더 많니?
	– 제일 많이 타고 온 것은 무엇이니?
	– 그렇구나, 우리 친구들은 ○○을 많이 타고 오는구나.
	– 그러면 제일 적게 타고 온 것은 무엇이니?

대 · 소집단활동
OHP 동화

누구의 자전거?

활동목표	·동화를 즐겨 듣는다. ·일대일 대응으로 짝지어볼 수 있다.
집단크기	대집단
활동자료	OHP, 스크린, OHP 동화 자료 ① OHP필름에 OHP용 칼라 매직으로 자전거를 그리고, 다른 필름에 그 자전거 크기에 맞는 동물을 그린다. ② 동화 내용에 따라 오버랩시켜 사용한다.
활동방법	1. 유아들과 자전거 노래를 부른다. - 동물들은 자전거를 어떻게 탈까? - ○○의 자전거는 어떻게 생겼을까? 2. 동화를 들려준다. 3. 그림을 보면서 동화를 회상해본다. - 이것은 누구의 자전거였을까?

11월 3주

누구의 자전거?

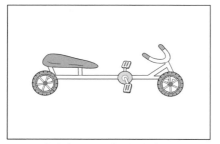

이것은 누구의 자전거지?

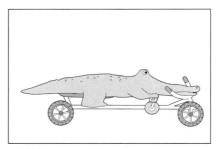

내 자전거야. 악어가 말했습니다.

저것은 누구의 자전거지?

이것은 내 자전거야. 코끼리가 말했습니다.

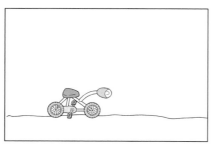

저것은 누구의 자전거지?

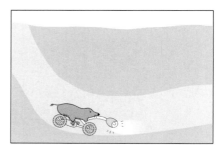

내 자전거야. 땅굴을 달리는 두더지!
전등을 켜고서 어둠 속을 달립니다.

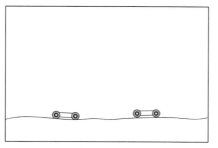

저것은 누구의 자전거지?

이것은 우리들의 자전거야. 벌레들의 자전거였어요.
언덕을 넘어서 잘도 달립니다.

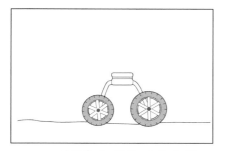

이것은 누구의 자전거지?

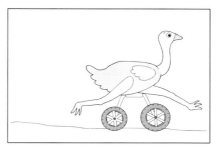

이것은 내 자전거야. 타조가 타고 달립니다.

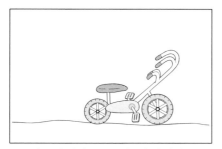

앗! 이것은 누구의 자전거지?
손잡이가 두 개나 있어!

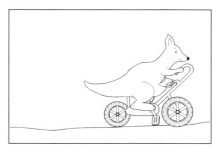

이것은 우리들의 자전거야.
엄마 캥거루와 아기 캥거루가 함께 타고 달립니다.

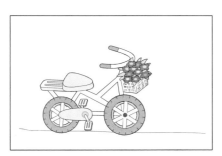

이것은 누구의 자전거지?
바구니에 담긴 빨간 꽃이 아름답구나!

이것은 내 자전거야.
순희가 타고 달립니다.

· 출처 : 한국어린이육영회(1995). 유아와 함께하는 과학활동. 교원 워크숍.

실내자유선택활동
쌓기놀이영역

버스놀이

활동목표 · 의자와 블록 등으로 버스 내부를 구성해본다.
· 버스를 타본 경험을 놀이로 표현해본다.

집단크기 소집단

활동자료 의자, 운전대를 붙인 의자, 안전띠를 붙인 의자, 버스 내부·버스타는 모습이 있는 화보,
버스 타는 곳을 표시할 공간 블록, 블록(단위 블록, 종이벽돌 블록, 공간 블록 등)

〈운전대〉
① 딱딱한 비닐호스(지름 20cm)에 길이 20cm의 PVC 막대(10cm 2개를 T자 양쪽에 끼움)
   를 묶는다.
② ①의 T자 파이프에 ㄱ자를 끼우고 50cm길이의 PVC 막대를 끼운다.
③ ②를 검정 테이프를 감아 깔끔하게 마무리한 후 의자 등받이에 묶는다.
④ 핸들 가운데 색시트지를 붙여 경적을 표시한다.

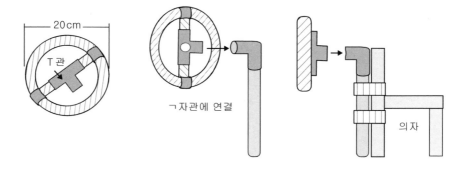

〈안전띠〉
· 천 또는 부직포를 잘라 양쪽 끝에 찍찍이를 붙여 1개는 의자에 걸쳐두고 나머지는 바
  구니에 담아 둔다.

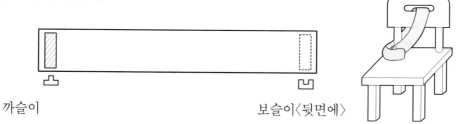

11월 4주

활동방법

1. 자료들을 제시해주어 유아들의 흥미를 유도한다.

2. 운전사 흉내를 내고 있는 유아의 모습을 관찰한 후 개입한다.
   - 기사님! 어디 가는 차예요? 타도 되나요?
   - 우리 친구들이 많이 탈 수 있는 차가 있으면 좋겠는데….

3. 의자, 블록, 운전대, 안전띠, 끈 등을 이용하여 자동차를 만든다.
   - 우리 친구들이 모두 탈 수 있는 자동차를 만들자.
   - 자동차 속에는 어떤 것들이 있지?
   - 그래, 핸들도 있고 의자도 있고….
   - 안전띠는 어디 있어?

4. 자동차가 만들어지면 자동차놀이에 참여하고 싶어하는 유아들끼리 놀이를 이끌 수 있
   도록 유도하며 교사는 관찰과 개입을 적절히 한다.
   - 손님이 많네요, 어디 가는 버스예요?

5. 자동차를 운전할 때 일어날 수 있는 여러 가지 상황을 놀이로 표현해본다(급정거를
   해야 할 경우, 방향을 바꿔야 할 경우, 후진해야 할 경우 등).
   - 어머! 저기 사람이 지나가요, 빨리 세우세요!
   - 기사님! 오른쪽으로 가야 해요, 깜박이를 켜서 신호해 주세요.

참　　고

· 버스를 타고 가면서 「간다 간다」 「길조심」등의 노래를 불러본다.
· 실외놀이에서 버스놀이와 연결하여 기차놀이를 해본다.
· 「운전기사가 되어 보세요」 신체활동으로 확장해 놀이해본다.

실내자유선택활동
쌓기놀이영역

주차장에 자동차를 세워요

활동목표	· 즐겁게 주차놀이를 한다.
집단크기	개별·소집단
활동자료	종이벽돌 블록, 단위 블록, 다양한 종류의 미니카
활동방법	1. 유아들이 종이벽돌 블록과 미니카를 이용하여 자유롭게 놀이하는 것을 살펴본 후, 교사가 주차장을 만들 것을 제안한다.

활동방법
1. 유아들이 종이벽돌 블록과 미니카를 이용하여 자유롭게 놀이하는 것을 살펴본 후, 교사가 주차장을 만들 것을 제안한다.
   - (교사가 미니카를 움직이며) 부-웅 끼익-, 어린이집에 다 왔다.
     그런데 자동차를 어디에 세우지?
   - 자동차를 세워둘 곳이 있어야겠는데….

2. 유아들이 자동차의 수를 고려하여 주차장을 만들어볼 수 있도록 교사는 질문과 상호작용을 적절히 한다.
   - 주차장에 들어가야 할 자동차들이 많이 있네.
   - 이 자동차들이 들어갈 수 있을 만큼 주차장을 만들 수 있겠니?
   - 주차장으로 들어가는 문은 어디니?

3. 주차장에 미니카 주차시키는 놀이를 즐길 수 있도록 하고, '차가 더 많다, 더 적다, 주차장을 더 만들어야 겠다' 등 수량화에 대한 문제해결의 기회도 가져본다.
   - 덜컹 덜컹 파란색 트럭이 나가야 해요, 빨간차, 노란차 빼주세요.
   - 검정 승용차는 어디에 주차하죠? 자리가 없네요.
   - 어린이들을 태워다 줘야 하는데 저 차가 길을 막고 있네요….
   - 더 이상 차가 들어갈 수 없어요, 어떡하죠?

소풍가기

활동목표 ·소풍의 경험을 놀이로 재현해본다.

집단크기 소집단

활동자료 가방, 모자, 선글라스, 카메라, 실내용 돗자리, 음식 모형, 도시락 등

활동방법 1. 역할놀이영역의 유아들 놀이에 자연스럽게 개입한다.
- 맛있는 음식 냄새가 나네, 무엇을 만들고 있니?
- 날씨가 참 좋은데, 바깥으로 소풍가서 이 과자를 먹으면 어떨까?

2. 소풍갈 계획을 세우고 필요한 물건들을 챙겨보도록 한다.
- 어디로 소풍을 갈까?
- 어떤 음식을 가져가면 좋을까?
- ○○ 생각대로 김밥을 만들기로 하자.
  누가 만들어볼까?
- ○○는 소풍가서 어떤 것들을 하고 싶니?
  그럼, 우리 책도 가져가고, 카메라도 가져가자.
- 너희들 짐은 너희가 챙겨보렴.

3. 놀이실 내 유아들이 많지 않은 공간을 소풍지로 하여 이동한다.
- 기분도 좋은데 우리 함께 노래를 부르며 갈까?
- 저기, 앉아서 김밥을 먹으면 어떨까?

4. 음식을 먹고, 사진을 찍는 등 준비해온 소품을 이용하여 놀이를 전개한다.
- 눈이 너무 부시구나.
  안경을 꺼내야겠다.
- ○○가 가져온 책도 보기로 하자.
  ○○야, 우리, 사진 좀 찍어주렴.

11월 5주

참　고　· 쌓기놀이영역에서 탈것을 구성하여 소풍갈 때 타고 가도록 한다.

롤러 그림 그리기

활동목표	·감겨진 줄 방향이나 굵기에 따라 형태가 다르게 나타남을 알 수 있다. ·롤러를 이용하여 창의적으로 표현해본다.
집단크기	개별·소집단
활동자료	롤러, 종이(도화지, 창호지 등), 물감, 물감 담을 쟁반(A4크기) ① 롤러에 굵은 실, 가느다란 실, 넓은 실, 꼬인 실, 고무줄, 점박이 모양 등을 다양한 방법으로 감거나 붙이고 끝이 풀리지 않도록 묶거나 본드로 붙인다. ② 종이는 흡수가 빠른 다양한 재질의 것으로 2~3가지 크기를 제공해주어서 유아가 선택하여 사용하게 한다. ③ 5~6가지 정도의 물감을 덜어내어 쟁반 또는 책받침에 각각 담고, 되직한 풀을 넣어 섞어둔다. ④ 롤러 손잡이에는 물감색과 같은 색의 테이프를 감아 물감을 섞어서 쓰지 않게 한다. ⑤ 책상 위에 비닐 또는 신문을 깔고 사용하기 편리한 위치에 위의 자료들을 제시해둔다.
활동방법	1. 작업용 앞치마와 팔에 토시를 하고 자리에 앉아 자료를 탐색해본다. 　- 여기 있는 자료들로 무엇을 할 수 있을까? 　- 롤러를 책상 위에서 굴려볼까? 　- 종이 위에도 굴려보자. 2. 롤러 사용방법에 대해 이야기한다. 　- 롤러가 굴러간 자욱이 나타나게 하려면 어떻게 하면 되겠니? 　- 롤러 손잡이에 어떤 색이 붙어 있니? 　- 그 색깔과 같은 색 물감만 사용하기로 하자! 3. 롤러를 물감에 굴려 종이 위에 굴리며 구성해본다. 　- △△는 여러 개의 롤러를 사용하여 재미있는 모양을 만들고 있네.

11월 5주

4. 완성된 작품은 탈것 모양으로 다양하게 오리거나 벽화처럼 작품끼리 이어붙여서 전시하고 감상해본다.
- △△의 그림은 꼭 얼룩말 무늬같구나.
- 여러 가지 색깔과 무늬가 꼬여 있는것이 참 재미있게 되었네.

참   고 · 롤러에 실을 감을 때 같은 모양을 2~3개 정도 준비해주어서 같은 무늬로 여러 색을 구성해 볼 수 있도록 해준다.

주차장에 있는 차는 무슨 차일까?

활동목표	・사물을 주의깊게 보는 태도를 기른다. ・부분을 보고 전체를 파악하는 능력을 기른다.
집단크기	개별・소집단
활동자료	그림상자(32×26×2,5cm), 그림자료 10장(30×20cm-병원차, 버스, 승용차, 봉고, 레미콘, 트랙터, 견인차, 트럭, 소방차, 포크레인)

〈그림상자〉   〈그림자료〉

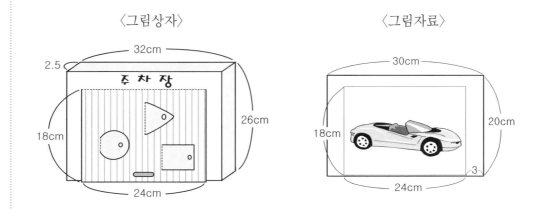

〈그림상자〉

① 그림상자 앞면은 32×26cm 크기의 하드보드지를 위와 같이 잘라 가로선의 안쪽에 가윗집을 넣는다.

② 24×18cm크기의 주차장 문에 크고 작은 도형을 만들어 자르되, 한쪽 모서리는 가윗집을 넣어 열고 닫을 수 있게 한다.

③ 주차장 문과 각 도형의 가윗집 넣은 곳을 튼튼하게 마무리하고 손잡이를 달아 조작하기 쉽게 한다.

〈그림자료〉

① 자동차 대리점에서 제공하는 카탈로그의 자동차 그림을 색지에 붙여 코팅한다.

② 그림자료 뒷면에 자동차 이름을 적는다.

활동방법

1. 자료에 관심을 보이는 유아들과 그림의 주차장 문을 보며 이야기 나눈다.
    - 무슨 문일까?
    - 큰 문에 작은 창문들도 달려 있구나,
    - 어떤 모양의 창문들이 있니?

2. 작은 창문을 하나씩 열면서 안에 있는 차의 이름을 생각해보게 한다.
    - 이 안에 무엇이 있는지 어떻게 알 수 있을까?
    - 그래, 창문을 열어보면 조금씩 보이겠네,
    - 먼저 어떤 창문부터 열어볼까?
    - (하나를 열고) 어떤 차일까?

3. 답을 확인할 때에는 주차장의 큰 문을 위로 열어보며 확인한다.
    - 너희들이 말한대로 정말 ○○차인지 큰 문을 열어보자,

주차하기

활동목표	· 일대일 대응을 할 수 있다. · 주차장을 구성해본다.
집단크기	소집단
활동자료	우유곽 주차장 10개, 소형 장난감 자동차(다양한 종류) 10개 이상, 단위 블록을 이용한 도로 그림.

〈우유곽 주차장〉
- 500㎖ 우유팩 입구에 본드를 붙이거나 스테이플러로 찍어 지붕모양을 만들고 옆면 중한 면을 칼로 오려낸 후 안팎을 시트지로 싸서 견고하게 한다.

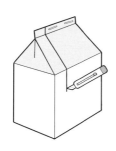 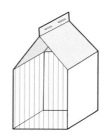 

11월 5주

활동방법	1. 놀이자료에 관심을 보이는 유아들과 탐색해본다. 　- 작은 집들이 많이 모여있네. 　- 이 집에 누가 들어갔으면 좋겠니? 　- 이 자동차들을 주차시켜 주면 어떨까? 2. 주차장과 단위 블록으로 자동찻길을 구성해 본다. 　- 이 주차장을 어디다 만들 수 있을까? 　- 주차장으로 가는 길은 어디있니?

3. 자동차 주차놀이를 한다.
 - 빠앙~ 아빠 차가 도착했어요, 어디가 아빠 차의 집인가요?
 - 한 집에는 한 대의 자동차만 주차시키기로 해보자.
 - 여기 있는 집 숫자만큼 자동차를 주차시켜 보겠니?

참　고
 · 수를 세며 숫자의 개념을 알려줄 수 있다.
 · 차의 종류를 봉고차, 승용차, 화물차 등으로 다양하게 준비할 수 있다.
 · 우유곽 주차장을 하나씩 준비하여 여러 가지 위치에 구성해볼 수 있다.

소리나는 자동차

활동목표	·자신의 경험이나 생각을 말로 표현해본다. ·자동차가 우리에게 주는 이로움에 대해 알아본다. ·자동차의 종류와 용도에 대해 알아본다.
집단크기	대·소집단
활동자료	소리나는 모형 자동차들(경찰차, 119구조대차, 소방차, 병원차), 사진자료, 보조 책상, 융판 또는 자석 이젤(사진 자료 이용시). ① 모형 자동차, 사진자료 등은 바구니에 담아 보자기를 덮어 사용한다. ② 모형 자동차를 제시할 때 보조 책상 위에 올려놓으며 이야기 나눈다.
활동방법	1. 특별한 소리를 내며 달리는 자동차는 어떤 것들이 있는지, 왜 소리를 내며 달리는지 이야기 나눈다. 　- 소리를 내며 달리는 자동차는 어떤 것들이 있을까? 　- 그렇구나, ○○자동차들이 있구나, 　　(모형 자동차를 상황에 따라 보조 책상 위에 올려놓는다) 　- 이런 자동차들은 왜 소리를 내며 달릴까?(위급함을 알리려고) 　- 이런 차들이 소리를 낼때는 다른 차들은 어떻게 해야 할까?(비켜줘야 함) 2. 소방차, 119구조대차, 병원차, 경찰차들은 우리에게 어떤 도움을 주는지 이야기 나눈다. 　- 소방차는 어떻게 우리를 도와줄까?(불을 꺼 줘요) 　- 경찰차는 어떻게 도와줄까?(도둑을 잡아요, 길을 잃으면 찾아줘요) 3. 도움을 주는 분들께 감사하는 마음을 갖는다.
참　고	·이야기 나누기 시간이 길어지지 않도록 하며, 경험이나 생각을 자유롭게 말해 보도록 한다. ·상황 그림 또는 사진을 보여주고, 그 상황에는 어떤 자동차를 이용하는지 자동차 찾기 놀이를 확장하여 해볼 수 있다.

11월 5주

실외자유선택활동

여러 가지 물건 굴려보기

활동목표	・물체의 움직임을 관찰해본다.

・잘 굴러가는 것과 잘 굴러가지 않는 것을 분류해본다.

집단크기 소집단

활동자료 여러 가지 실외 놀잇감, 안전 널빤지, 바구니 3개

활동방법

1. 유아들이 여러 가지 모양의 성질에 대해 탐색해보고 굴리기에 관심을 모은 후 실외에서 놀이해본다.

2. 유아와 함께 안전 널빤지를 이용해 경사로를 만들고 굴려보고 싶은 여러 가지 모양을 모아본다. 어떤 모양이 잘 굴러갈지 예측해본다.
   - 우리가 여러 가지 모양을 모았구나, 길다란 것, 넓적한 것, 둥근 것이 많네.
   - 어떤 것이 잘 굴러갈 것 같니?

3. 경사로에서 굴려본 후 잘 굴러가는 것과 잘 구르지 않는 것을 바구니에 나누어본다.
   - 우리가 모은 여러 가지 중에서 어떤 것이 잘 굴러갔니?
   - 그래, 돌멩이와 공은 잘 굴러갔고, 그릇은 잘 안 굴러갔구나. 그럼, 잘 굴러간 것과 잘 굴러가지 않은 것끼리 모아볼까?

4. 잘 굴러가는 것과 잘 굴러가지 않는 것을 비교해본다.
   - 잘 굴러가는 것은 어떤 모양을 하고 있니?
   - 잘 굴러가지 않는 것은 어떤 모양들이니?
   - 왜 공과 트럭이 멀리 굴러갔을까?

11월 5주

5. 여러 날에 걸쳐 충분히 놀이한 후 경사로의 높이를 조정하여 굴려본다.

    - 경사로를 높였더니 어떻게 됐니?

참　　고　　· 바닥에서 굴려보기, 미끄럼틀에서 굴려보기 등 다양한 곳에서 굴리기를 해본다.

                 · 비탈길에서 바퀴 굴리기와 연결하여 여러 가지 모양의 구르는 성질을 탐색해볼 수 있다.

실내자유선택활동
미술영역

○□△ 모양 목걸이 만들기

활동목표	·도형의 이름을 말해본다. ·만드는 경험을 통해 심미감을 기른다.
집단크기	소집단
활동자료	지점토, 모양찍기틀, 스티로폼 접시(견출지에 유아 이름을 적어 붙여놓음), 물감, 면끈. 나무젓가락(절반으로 잘라 끝이 날카롭지 않게 깎아둠)
활동방법	1. 책상에 비닐을 깔고 재료들을 책상 가운데에 나누어 담아둔다. 지점토는 유아들이 사용하기 편리하도록 쟁반에 담아 몇 군데 나누어 준비해두고, 유아들은 작업용 앞치마를 입도록 한다. 2. 지점토를 주무르고 눌러보고 길게 당겨보는 등 충분히 탐색해본다. 　－ 이건 밀가루 점토와는 다른 것 같네, 이게 뭘까? 　－ ○○가 꾹꾹 누르고 있구나, 어떤 느낌이 드니? 　－ 뱀처럼 길게 길게 만들 수도 있네, 누가 가장 길게 만들었니? 3. 지점토로 ○□△ 모양을 만들며 준비된 재료들을 이용하여 목걸이를 만들어 보도록 한다. 만드는 모양이나 행동에 대해 언어적인 반응을 나타내준다. 　－ 지점토를 가지고 ○□△ 모양을 만들어 보자. 　－ 여기 있는 모양찍기틀로 찍어보자. 　－ ○○는 찍기틀로 찍지 않았는데도 동그란 모양이 되었구나. 　－ 목에다 걸 수 있으려면 어떻게 해야 할까? 　－ 그래, 구멍을 뚫어서 끈을 끼워야겠구나. 4. 나무젓가락을 이용하여 구멍을 뚫어보도록 하며, 유아의 이름이 붙은 접시에 담아 말리도록 한다. 　－ 이것을 접시에 담아두면 어떻게 될까?

12월 1주

참   고
　　　 · 하루 또는 이틀이 지난 후 다 마르면 물감으로 칠한 다음 끈을 끼워 목에 걸고 모양놀이, 색깔놀이 등 확장하여 놀이해 본다.

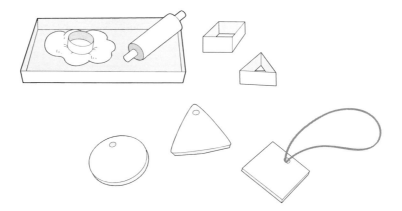

실내자유선택활동
음률영역

모양을 만들어요

활동목표	· 모양의 형태를 인식한다.
	· 모양을 신체로 표현해본다.
집단크기	소집단
활동자료	모양카드

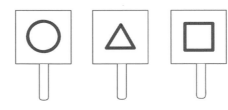

활동방법

1. 모양카드를 보고 모양의 이름을 말해보며 모양을 공중에 그려본다.
   - 이것이 무슨 모양이니? 우리, 손가락으로 동그라미를 크게 그려 볼까?
     이번에는 아주 작은 동그라미를 그려볼 수 있겠니?

2. 신체로 모양을 표현해보도록 격려한다.
   - 우리 몸으로 동그라미를 만들어볼 수 있을까?
   - 선생님은 두 팔로 동그라미를 이렇게 만들었단다.
   - ○○는 몸을 구부려서 동그라미를 만들었구나.
   - △△는 두 손을 모아서 동그라미를 만들었네.

3. 다양한 방법으로 모양을 만들어보도록 자극한다.
   - 동그라미를 또 다른 방법으로 만들어 볼 수 있니?
   - 우리가 앉아서 만들었는데 이번에는 누워서(서서) 만들어 볼까?

12월 1주

모양 안으로 들어가요

활동목표	· 민첩하게 행동한다. · 모양의 이름을 안다.
집단크기	대 · 소집단

활동자료 훌라후프 2개, 가는 밧줄, 대형 · 소형 타이어, 굵은 철사, 신호를 위한 악기, 경쾌하고 속도감이 있는 음악, 녹음기

① 가는 밧줄과 철사를 이용하여 유아 5명, 10명이 들어갈 수 있도록 사각형, 삼각형 모양을 만든다.

② 훌라후프 2개와 타이어는 빈 공간에 배치한다.

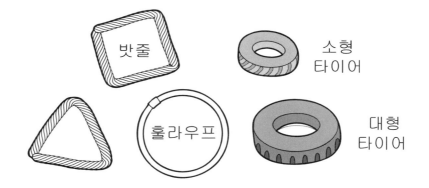

활동방법

1. 유아들이 활동자료를 자유롭게 탐색할 수 있도록 돕는다.
   - 어떤 모양들이 놓여있니?
   - 동그란 훌라후프 안에 들어가 볼까?

2. 타이어와 밧줄 등 모양 위를 따라서 걸어보게 한다.
   - 이 밧줄은 세모 모양이네! 따라서 걸어볼까?
   - 타이어 위로도 걸어볼 수 있겠니?

3. 활동에 익숙해지면 교사가 음악을 틀어주고 모양 안에 들어가는 놀이를 제안한다.
  - 자! 모양 주위를 돌다가 탬버린을 치면 선생님이 부르는 모양에 들어가는 거야.
  - (탬버린을 치며) 동그라미에 들어가 보자.
  - (탬버린을 치며) 이번에는 세모에 들어가보자.

4. 놀이가 익숙해지면 유아가 탬버린을 치며 모양 이름을 불러준다.

참　고
  ・유아들이 지치지 않도록 활동시간을 고려한다.
  ・교사가 악기로 신호를 하고 모양 이름을 이야기할 때는 음악 소리를 멈춰서 유아들이 모양의 이름을 명확하게 알아듣도록 한다.

볼링게임

활동목표   · 공을 굴려 목표물을 맞혀본다.
　　　　　　· 넘어진 깡통의 개수를 세어본다.

집단크기   소집단

활동자료   볼링공, 탈것 그림이 붙여진 플라스틱 통 6개(비행기, 자동차, 버스, 트럭, 배, 헬리콥터)
　　　　　　- 플라스틱 통의 겉면을 시트지로 싸고 탈것 그림을 투명 테이프로 붙인다.

12월 2주

활동방법   1. 쌓기놀이영역에 볼링공과 탈것 그림이 붙여진 플라스틱 통을 제시한다.
　　　　　　　참여하고 싶어하는 유아와 함께 게임 방법에 대해 이야기를 나눈다.
　　　　　　　- 여기 볼링공과 여러 가지 그림이 그려진 플라스틱 통이 있구나,
　　　　　　　 어떤 그림이 그려져 있는지 볼까?(자동차, 비행기, 버스, 트럭, 배, 헬리콥터)
　　　　　　　- 너희들이 잘 알고 있구나, 우리 이것을 가지고 어떤 놀이를 해볼 수 있을까?
　　　　　　　- 그래, 다른 공은 던지거나 차기도 하지만 볼링공은 이렇게 굴리는 거란다,
　　　　　　　 그럼, 플라스틱 통을 어떻게 놓으면 좋을까?

2. 볼링 게임을 한다. 이때 넘어진 플라스틱 통의 개수와 탈것의 이름을 말해 본다.
   - 선생님이 테이프로 여기에 선을 그어 줄게, 이 선 위에서 공을 굴려 플라스틱 통을 쓰러뜨려
     보자.
   - ○○는 트럭과 비행기를 쓰러뜨렸구나.
   - 그래! 그럼, 다음 선수 ○○ 나오세요.
   - ○○도 2개를 쓰러트렸네, 트럭이랑 헬리콥터, 버스는 그냥 있구나.
   - 누가 공을 주워주기로 할까?

3. 유아가 원할 경우 순서와 역할을 바꾸어 해볼 수 있다.

참　　고
· 탈것의 종류를 알아보는 활동시 혹은 교통기관 탐색 후 함께 제시해 줄 수 있다.
· 유아들이 원으로 앉고 원 안에 플라스틱 통을 세운 후 볼링공을 굴려 원하는 탈것 플
  라스틱 통을 넘어뜨릴 수 있다.

실내자유선택활동
탐색·조작영역

위험한 물건을 주고 받을 때는 이렇게

활동목표 여러 가지 물건을 안전하고 바르게 주고 받을 수 있다.

집단크기 개별·소집단

활동자료 상황그림자료, 묵칼, 가위, 확대경, 포크, 연필, 붓, 쟁반

① 손잡이가 있는 물건이나 위험한 부분이 있는 물건을 다른 사람에게 건넬 때는 위험한
   부분을 내 쪽으로 잡고 건네는 그림을 벽면에 게시한다.

② 묵칼, 가위, 확대경, 포크, 연필, 붓 등을 쟁반에 담아 제시한다.

활동방법 1. 게시된 그림과 제시된 자료를 살펴본다.
   - 무엇을 할 때 쓰는 물건일까?
   - (가위를 가리키며) ○○야! 가위 좀 집어주겠니?
   - 뾰족한 가위가 나를 찌를 것만 같네.
   - (그림을 보며) 그림에 있는 친구들은 물건을 어떻게 잡고 건네주니?

2. 위험한 물건이나 손잡이가 있는 물건을 건넬 때 위험한 쪽은 내 손으로 잡고 건네도
   록 한다는 것을 알려준다.
   - (묵칼 끝을 교사가 잡고) ○○야! 묵칼 좀 제자리에 놓아둘 수 있니?
   - ○○가 바르게 건네주어 보겠니?

3. 2명씩 짝을 지어 서로 주고 받기를 해본다.

참   고 ·실내·외에서 손잡이가 있는 물건을 찾아 건네보기 놀이로 확장해본다.

12월 2주

대·소집단활동
게임

하늘, 땅, 바다

활동목표　·지시를 기억하여 따라 해볼 수 있다.
　　　　　　·주의력을 기른다.

집단크기　대·소집단

활동방법　1. 신체활동실 또는 넓은 공간에 둥글게 또는 자유롭게 모여 앉아 놀이를 위한 도입활동
　　　　　　　을 한다.
　　　　　　　- 일어 서보자, 바닥에 앉아볼까?
　　　　　　　- 이번에는 선생님이 "하늘" 하고 말하면 일어서 보자.
　　　　　　　- "땅" 하고 말하면 바닥에 앉아보자.

　　　　　　2. 놀이를 소개하며 교사의 언어적인 지시에 따라 해볼 수 있도록 한다.
　　　　　　　- 오늘은 하늘땅 놀이를 할거야. 선생님이 "하늘" 하면 일어 서고, "땅" 하면 바닥에 앉는거야.

　　　　　　3. 교사가 천천히 언어적인 지시를 하며 놀이를 흥미롭게 끌어가도록 한다.
　　　　　　　유아들이 지시어를 말할 수도 있다.

　　　　　　4. 유아들이 지시에 익숙해지면 지시어를 하나 더 첨가하여 해본다.
　　　　　　　- '바다' 하면 어떻게 해 볼 수 있을까?
　　　　　　　　그러자, 바닥에 엎드려보자.

참　고　·놀이를 진행하는 시간이 길
　　　　　　지 않도록 하며 흥미가 남아
　　　　　　있을 때 끝내도록 한다.

12월 2주

주제 **겨울**

실시기간 : 12월 3주 ~ 1월 4주

▶▶ 전개방법

　눈이 내리고 얼음이 어는 겨울의 자연 현상은 유아에게 다른 계절에서 경험하는 것과는 다른 자연의 신비함을 경험하게 한다. 「겨울」 주제는 날씨 변화의 특징을 다른 계절과 비교하여 이해하고, 동·식물의 변화 모습을 느껴보며, 사람들이 따뜻하게 지낼 수 있는 방법을 알게 한다. 더불어 성탄절을 맞아 성탄 축하의 의미를 알고, 서로 사랑을 나누는 경험을 가지도록 한다.

　겨울바람 느껴보기, 차가운 실외 놀잇감 만져보기, 얼음 어는 것 관찰하기 등 날씨 변화에 관한 구체적인 경험과 눈 위에 그림 그리기, 눈 모양 관찰하기 등 겨울에만 독특하게 볼 수 있는 눈을 소재로 한 활동을 계획하여 겨울철 놀이를 즐길 수 있도록 한다. 또한 짚으로 싸준 식물 관찰, 기르는 동물의 집을 따뜻하게 해준 모습을 살펴보고, 겉옷과 목도리, 모자, 장갑 등을 스스로 해보도록 하여 겨울철 생활의 변화를 이해하도록 한다.

　날씨로 인해 유아들이 춥다고 웅크릴 뿐 아니라 실외놀이 시간 또한 단축 운영될 수 있으므로 신체 활동을 할 기회가 적어질 수 있다. 따라서 실내의 여유 공간을 이용하여 유아에게 줄어들 수 있는 대근육 활동을 계획하여 실시한다.

　겨울은 계절적인 놀이가 풍부하기도 하지만 건강과 안전에도 주의를 기울여야 하는 계절이다. 가정 통신문을 통하여 겨울에 할 수 있는 운동이나 놀이에 관한 소개와 유의점 등을 알려주어 가족과 함께 즐겁고 건강하게 겨울을 보내도록 안내한다.

▶▶▶ 환경구성

	쌓기놀이영역	역할놀이영역	미술영역	언어영역	탐색·조작영역	음률영역
실내	· 흰종이로 싼 종이벽돌 블록 · 공간 블록 · 에스키모 집과 생활 화보 · 에스키모인 · 산타와 루돌프 사슴이 그려진 그림이나 화보 · 스펀지 블록 · 큰 와플 블록 · 사슴 그림 카드 · 코팅한 물고기 그림 · 물고기 담을 바구니 3개 · 자석낚싯대 2개	· 인형과 겨울옷 · 장갑 · 목도리 · 외투 · 군고구마 통 · 고구마 · 코코아 · 따뜻한 우유 · 숟가락 · 요리 순서표	· 크리스마스 트리 장식 (짙은색 종이, 솜, 색솜, 별그림, 계란판, 아크릴 물감, 반짝이 등) · 색깔 얼음 · 도화지 · 털실 · 스티로폼 본드 · 안전가위 · 스케치북 · 크레파스 · 색연필 · 양말 · 신문지 · 휴지 · 크고 작은 스티로폼 · 이쑤시게 · 작게 자른 수수깡 · 선인장 화분 · 반짝이 · 모루 · 빈 작은 화분 · 여러 가지 헝겊 · 투명 테이프	· 그림책: 「겨울이 왔어요」 「눈사람을 만들어요」 「감기에 걸려 버릴거야」 「눈사람」 「메리 크리스마스」 「아기예수님 탄생」 「겨울을 싫어하는 밤나무」 「눈사람이 된 풍선」 · 동시: 「꼬마눈사람」 「겨울」 · 그림동화: 「도깨비를 빨아 버린 엄마」 「바바 아빠의 크리스마스」 · 융판동화: 「솔이의 털 오버」 · 동화 테이프: 「성냥팔이 소녀」 · 겨울연상카드	· 온도계 2개 · 얼음 · 뜨거운 물 · 큰 비커 2개 · 장갑 짝짓기 교구 · '크다 작다' 분류하기 교구 · 부직포나 천으로 만든 양말 또는 큰 양말 · 양말 속에 들어갈 물건 · 겨울 옷차림 · 끈끼우기 자료 (사람그림 교구판, 조각그림, 끈) · '눈무늬 맞추기' 교구 · '같은 눈사람 찾기' 교구 · 성탄 나무와 장식용품 · 불끄기 자료 (게임판 소방대원, 말 2개, 다람쥐, 토끼, 사슴, 곰모형), · 삼각 주사위	· 노래테이프 및 악보: 「겨울바람」 「꼬마 눈사람」 「울면 안돼」 「하얀나라」 「괜찮아요」 「춥지 않을까 배고프지 않을까」 「산타할아버지」 · 「나는 눈송이예요」 자료(눈송이 구름 머리띠, 눈송이, 구름아저씨, 남·여 어린이) · 작은 종 · 녹음기
실외	눈, 초 모양의 막대, 놀이용 낙하산 또는 커다란 보자기(5~6명의 유아를 덮을 수 있는 크기)					

주간보육계획안

소주제 : 추워요　　　　　　　　　　　　　　　　　　　　　　　**실시 기간 : 12월 3주**

		월	화	수	목	금	토
등원 및 맞이하기		모자, 장갑, 외투 등에 관심보이며 맞이하기					
실내자유선택활동	**쌓기놀이영역**	에스키모집과 생활 화보 첨가 ◎ 얼음집 짓기			눈썰매장 만들기		
	역할놀이영역	인형에게 겨울옷 입히기			장갑·목도리·외투 정리하기		
	미술영역	크리스마스 트리 장식하기 털실 구성		눈사람 만들기			
	언어영역	그림책:「겨울이 왔어요」 ◎ 동시:「꼬마 눈사람」 첫소리가 다른 것은?		「눈사람을 만들어요」 그림동화:「도깨비를 빨아버린 엄마」	「감기에 걸려버릴거야」 동화테이프:「성냥팔이 소녀」		
	탐색·조작영역	겨울 옷차림 끈끼우기 1) 같은 눈사람 찾기 ◎ 온도계가 움직여요		눈 무늬 맞추기 2) 얼음이 어는 것, 녹는 것 관찰하기 3)	◎ 장갑 짝짓기		
	음률영역	노래:「겨울 바람」「꼬마 눈사람」 ◎ 신체표현: 나는 눈송이에요					
대·소집단활동		전이활동: 우리의 옷이 두꺼워져요 　　　　　게임: 눈을 굴려요(큰 공 굴려 반환점 돌아오기) 새 노래:「꼬마 눈사람」					
실외자유선택활동		얼음 언 곳 찾아보기, 창 밖의 성에 관찰			눈을 밟아봐요		
점심 및 낮잠		VTR시청:「성냥팔이 소녀」					
기본생활습관		계절에 맞는 옷 바르게 입기					
교육활동참고		1) 겨울 옷차림 끈끼우기: 밑그림(사람)이 있는 교구판에 조각 그림(옷)을 놓고 끈으로 끼워본다. 2) 눈 무늬 맞추기: 삼각뿔 형태의 눈무늬가 그려진 도미노 카드를 같은 모양의 무늬가 마주보도록 맞춰보거나 2명이 카드를 나눠가지고 무늬 맞춰보기를 해볼 수 있다. 3) 얼음이 어는 것, 녹는 것 관찰하기: 여러 가지 모양 그릇에 물을 채워 얼음을 얼린 다음 녹는 모습을 관찰해본다.					

주간보육계획안

소주제 : 크리스마스　　　　　　　　　　　　　　　　　　**실시 기간 : 12월 4주**

		월	화	수	목	금	토
등원 및 맞이하기		차가운 손, 얼굴에 관심 갖기		크리스마스 캐롤 들려주기			
실내자유선택활동	**쌓기놀이영역**	◎ 산타 썰매 만들기		종이벽돌 블록으로 굴뚝 만들기			
	역할놀이영역		산타 루돌프 놀이		◎ 크리스마스 장식물 바느질하기		
	미술영역	산타 할아버지에게 받고 싶은 선물 그려보기 스티로폼으로 구성하기 [2]				양말공 만들기 [1]	
	언어영역	글자 놓아보기(겨울 연상 카드) 그림책:「눈사람」 그림동화:「바바 아빠의 크리스마스」		「메리 크리스마스」 「겨울을 싫어하는 밤나무」	동시:「겨울」	「아기예수님 탄생」	
	탐색 · 조작영역	◎ 크다-작다 분류하기 성탄나무 장식하기			◎ 양말 속에는 무엇이 있을까?		
	음률영역	노래:「산타할아버지」		「울면 안돼」			
대 · 소집단활동		동화:「산타의 사슴」			OHP동화:「멋진 크리스마스」		
실외자유선택활동		양말 공 던져넣기		겨울바람 느껴보기		◎ 눈으로 놀아요	
점심 및 낮잠		이불 꼭 덮고 자기					
기본생활습관		바깥에 나갈 때 스스로 옷입기					
교육활동참고		1) 양말공 만들기 　· 헌 양말을 이용하여 양말 속에 신문지나 휴지를 구겨 넣어 동그랗게 말아 양말공을 만든다. 2) 스티로폼으로 구성하기 　〈활동자료〉 이쑤시개, 둥근 모양의 크고 작은 스티로폼, 선인장 화분, 반짝이, 모루, 수수깡, 　　　　　　　빈 작은 화분 　· 선인장의 특징을 탐색해본다(둥글다, 납짝하다, 따갑다 등). 　· 재료들을 이용하여 선인장 화분 만들기를 해본다. 　· 자유롭게 유아가 원하는 것을 구성해보게 한다.					

월간보육계획안

소주제 : **겨울철 놀이를 즐겨요**   실시 기간 : **1월 1주 ~ 1월 4주**

		1주	2주	3주	4주
등원 및 맞이하기		눈·얼음에 대해 이야기하며 맞이하기			
실내자유선택활동	쌓기놀이영역	얼음낚시놀이	동물 겨울집 지어주기	얼음집 지어 놀이하기	눈송이 블록으로 꾸미기
	역할놀이영역	겨울여행놀이 (집안에 불 끄기, 따뜻한 옷, 문 잠그기 등)	인형에게 겨울옷 입히기 (장갑, 목도리,외투 등)	군고구마 가게놀이	
	미술영역	눈송이 모빌 (스티로폼 공, 요지, 반짝이 등)		헝겊 콜라주	
	언어영역	그림책:「눈사람이 된 풍선」	겨울이 왔어요		융판동화: 솔이의 털오버
	탐색·조작영역		많다, 적다 1)		◎ 코코아 타기 얼음 얼리기·녹여보기
	음률영역	노래:「하얀나라」	노래:「괜찮아요」 게임: 신문지 구겨 눈싸움해 보기		노래:「춥지 않을까」 「배고프지 않을까」
대·소집단활동		막대동화:「잃어버린 장갑」 그림동화:「추워 추워 아이 추워」			
실외자유선택활동		◎ 신체활동실: 낙하산 얼음놀이 눈 위에 발자국내기 눈사람 만들기			
점심 및 낮잠		동화 듣기, VTR시청			
기본생활습관		흘리지 않고 식사하기, 흘렸을 때는 자기 스스로 치우기			
교육활동참고		1) 많다, 적다 · 묶음으로 묶여 있는 그림들을 분류해보고 "많다, 적다"라는 어휘를 말해볼 수 있도록 한다.			

실내자유선택활동
쌓기놀이영역

얼음집 짓기

활동목표 · 블록으로 구성해본다.

집단크기 소집단

활동자료 흰 모조지로 싼 단위 블록과 벽돌 블록, 화보(에스키모 집, 에스키모인의 생활모습 등),
세우는 사람(에스키모인)

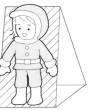

활동방법 1. 화보의 그림을 보며 이야기한다.
  - 이 사람은 지금 무엇을 하고 있니?
  - 왜 옷을 두껍게 입었을까?
  - 이 사람이 사는 집은 무엇으로 만들어졌을까?

2. 유아들에게 얼음집을 지을 것을 제안한다.
  - (에스키모인을 움직이며) 아이 졸려, 얘들아, 내가 잠잘 수 있는 집을 만들어 줄 수 있니?

3. 유아들이 단위 블록과 종이벽돌 블록을 이용하여 얼음집을 마음대로 짓게 한다.

4. 얼음집을 완성한 후 에스키모인을 갖고 극놀이를 하도록 도와준다.

종이벽돌 이글루

단위블록
얼음낚시터

12월 3주

꼬마 눈사람

활동목표	·동시 듣기를 즐긴다. ·겨울철 놀이를 한다.
집단크기	소집단

활동자료 동시 배경판, 동시자료
① 하드보드에 배경 그림을 그린다.
② 밀짚모자, 거울, 눈, 코를 부직포로
　만들어 뒷면에 찍찍이를 붙인다.

12월 3주

> 꼬마 눈사람　강소천
> 한겨울에 밀짚모자 꼬마눈사람
> 눈썹이 우습구나 코도 삐뚤고
> 거울을 보여 줄까 꼬마 눈사람

→ 모자를 눈사람에 붙인다.
→ 눈썹과 코를 눈사람에 붙인다.
→ 거울을 눈사람 손에 붙인다.

활동방법　1. 유아들과 눈 굴리기 노래를 부른다.

2. 유아들에게 눈으로 무엇을 할 수 있는지 물어보며 이야기를 나눈다.

3. 동시를 들려준다.
　- 눈이 펑펑 내리는 추운 겨울날 어떤 친구가 꼬마 눈사람을 만들었단다,
　　그 친구가 어떤 눈사람을 만들었는지 강소천이라는 분이 글로 쓰신 것이 있어,
　　그 글을 선생님이 읽어줄게!

4. 유아와 함께 자료를 조작하며 동시를 읊어본다.

참　　고　·「꼬마 눈사람」 노래를 들려주어 자연스럽게 노래배우기 활동으로 연계되도록 한다.

실내자유선택활동
탐색 · 조작영역

장갑 짝짓기

활동목표 · 사물을 변별하는 능력을 기른다.
· 일대일 대응을 해본다.

집단크기 개별

활동자료 장갑 그림자료, 교구판

12월 3주

활동방법 1. 교구판에 장갑을 한 짝씩 붙이며 이야기 나눈다.
  – 여기 여러 종류의 장갑이 많이 있구나.
  – 그런데 장갑들의 그림이 다르네?
  – 이 장갑을 한 짝씩만 붙여보자.
  – 그 다음은 어떻게 하지?

2. 나머지 장갑들을 늘어놓고 짝을 찾아 붙여보게 한다.
  – 장갑의 짝을 찾아 줄 수 있겠니?
  – 어떤 것과 짝을 지을 수 있을까?

3. 다 찾아준 후에 떼어내서 제자리에 정리한다.

참   고 · 양말 또는 신발 등 짝을 이루는 물건을 활용해서 할 수 있다.

온도계가 움직여요

활동목표	· 온도의 변화에 관심을 가진다. · 온도계를 탐색해본다.
집단크기	개별
활동자료	온도계 2개(수은주의 변화가 잘 보이는 큰 것), 얼음, 뜨거운 물, 큰 비커 2개

활동방법

1. 활동자료를 제시하고 탐색해보며 유아들의 호기심과 관심을 자극시킨다.
   - (얼음과 물을 가리키며) 여기 무엇이 있니?
   - 얼음을 만져볼까? 어떤 느낌이니?
   - 뜨거운 물이 든 비커도 만져보자, 어떠니?
   - (온도계를 들고) 이것을 본 적이 있니?
   - 이건 온도계라고 하는데 자기 몸에 어떤 것이 닿으면 빨간 기둥이 올라가기도 하고 내려가기도 하면서 움직인단다.
   - 이 온도계가 어떨 때 움직이는지 알아보자.

2. 각각의 비커 또는 유리컵에 얼음과 뜨거운 물을 담고 온도계를 넣어 변화를 관찰한다.
   - 똑같은 온도계 두 개를 하나는 뜨거운 물에 넣고 하나는 차가운 얼음에 넣어보자,
   - 어떻게 될 것 같니? 조금만 기다려 보자, 어떻게 변했니?
   - 정말? 빨간 기둥이 올라갔네?
   - ◇◇야! 얼음에 있는 온도계는 어떻게 되었니?
   - 그래, 빨간 기둥이 쑥 내려갔구나!

3. 다른 유아와 함께 온도계를 관찰하며 비교해본다.
   - ○○가 가진 온도계는 어떻게 변했니?
   - ○○가 가진 온도계도 뜨거운 물에서는 올라가고 차가운 얼음에서는 내려가는구나,

참　고
- 뜨거운 물이 식거나 얼음이 녹으면 새 것으로 바꿔준다.
- 온도계를 실외에 두었을 때와 실내 라디에이터 주변에 두었을 때의 변화를 관찰해볼 수 있다.

실내자유선택활동
음률영역

나는 눈송이에요

활동목표	·이야기를 들으면서 신체로 표현해본다.
집단크기	소집단
활동자료	음악 테이프(조용한 음악), 눈송이 구름 머리띠, 막대자료(눈송이, 구름 아저씨, 남여 어린이), 동화자료(눈송이)

활동방법	1. 눈이 오는 날 눈이 내리는 모습을 관찰한다.
	2. 음악을 틀어놓고 막대자료를 이용하여 「눈송이」 이야기를 들려준다.
	3. 「눈송이」 이야기에 나오는 눈송이처럼 움직여보자고 제안한다.
	- 눈송이들이 구름 위에서 내려와서 어떻게 했니?
	- 그래, 빙글빙글 돌고, 가볍게 날고, 바람에 날아가고, 그러면서 춤을 추었구나.
	- 우리도 눈송이처럼 해 볼 수 있을까?
	4. 모든 유아가 눈송이가 되었다고 상상하고, 교사가 들려주는 「눈송이」이야기와 음악에 맞춰서 신체 표현을 해본다.

눈송이

이은화 옮김

하늘 높은 곳에 눈송이들이 살고 있었습니다.

어느 날, 어여쁜 눈송이들은 구름 아저씨를 졸랐습니다.

"구름 아저씨, 우리를 저 땅으로 데려다 주세요."

구름 아저씨는 아무 말 없이 한참 생각하시더니,

"그래, 땅에 사는 아이들도 너희들을 만나면 무척 기뻐할거야."라고 말씀하셨습니다.

구름 아저씨는, "모두 나를 꼭 붙잡아! 지금부터 저 땅으로 내려간다."라고 크게 소리쳤습니다.

눈송이들을 가득 실은 구름은 서서히 땅으로 내려옵니다. 눈송이들은 가볍게 하나 둘씩 구름에서 뛰어내립니다.

빙글빙글 돌면서, 가볍게 날면서, 바람에 날리면서, 눈송이들은 춤을 추듯이 떨어집니다.

"야! 눈이 온다."

땅 위의 어린이들은 집 밖으로 뛰어 나옵니다.

외투를 입으면서, 모자를 쓰고, 장갑을 끼면서….

눈송이들과 아이들은 함께 춤을 추기 시작합니다.

아이들은 눈송이를 손으로 잡으려고 하면서, 눈송이같이 가볍게 날면서 춤을 춥니다.

춤추는 잔치가 벌어졌습니다.

땅을 내려다 보고 계신 구름 아저씨는,

"눈송이들이 정말 어린이들을 기쁘게 해 주는구나!"하시면서 빙그레 웃으셨습니다.

실내자유선택활동
쌓기놀이영역

산타 썰매 만들기

활동목표	・썰매를 구성해 본다. ・구성놀이를 즐긴다.
집단크기	소집단
활동자료	산타와 루돌프 사슴이 그려진 그림이나 화보 영역에 게시, 스펀지 블록, 속이 빈 블록, 벽돌 블록, 와플 블록, 사슴그림카드
활동방법	1. 사전활동으로 크리스마스에 산타로부터 선물을 받은 경험에 대해 유아와 이야기를 나눈다. 2. 영역에서 화보에 관심을 보이는 유아들에게 놀이를 제안한다. 　- 우리 ○○반에는 산타 할아버지가 왜 안 오실까? 　- 썰매가 없어서 못 오실까? 우리가 썰매를 만들어 드리면 오실까? 3. 어떤 썰매를 만들 것인지 유아와 이야기 하며 구성해 본다. 　- 산타 할아버지가 타실 썰매를 어떻게 만들까? 　- 난 큰 와플 블록으로 마차 모양을 만들어야겠다. 4. 유아의 구성놀이에 긍정적으로 반응하고 격려한다. 　- ○○는 자동차 썰매를 만들고 있구나, 멋진 생각인데? 　- ○○가 만든 썰매는 아주 크구나, 선물을 많이 실을 수 있겠는걸! 　- 와! ○○썰매는 굉장히 빨리 달릴 수 있겠다. 5. 썰매가 만들어지면 각자 산타 할아버지가 되어 선물을 나누어 주는 놀이도 해 본다. 　- 자! 썰매를 타고 선물을 주러 가 볼까? 　- 우리 ◇◇반 친구들이 어떤 선물을 좋아할까?

크리스마스 장식물 바느질하기

활동목표 · 성탄 축하의 의미를 안다.
· 크리스마스를 위한 장식물을 만들어 꾸며본다.

집단크기 소집단

활동자료 종, 양말, 장갑 모양의 부직포, 굵은 플라스틱 돗바늘, 다양한 색의 털실
① 종, 양말, 장갑 모양대로 부직포를 오려낸다.
② 각 모양의 가장자리에 펀치를 이용해 3~4cm 간격으로 구멍을 뚫는다.
③ 각 모양의 첫 구멍에 바느질할 털실을 묶어둔다. 이때 털실 길이는 충분하게 한다.

활동방법 1. 유아들과 함께 크리스마스에 대해 이야기를 나눈다.
– 크리스마스는 어떤 날일까?
– 크리스마스에는 어떤 일들을 할까?

2. 준비한 재료를 이용하여 크리스마스를 위한 꾸미기를 제안한다.
– 우리 ○○○반에도 크리스마스 장식을 해볼까?

3. 돗바늘과 털실을 이용해 모양 부직포를 바느질한다.
– 바늘 구멍에 실을 넣어보자, 어떤 색 실로 바느질하고 싶니?
– 바늘을 구멍에 넣어보자, 실도 같이 구멍으로 들어가는구나, 이번에는 위로 올려볼까?

4. 바느질이 끝난 장식물로 역할놀이영역을 자유롭게 꾸며보게 한다.
– ○○가 만든 것은 어디에 달아볼까?
– 너희들이 만든 것을 이렇게 같이 달아두니까 크리스마스 트리 같구나.

5. 밀가루 반죽으로 케이크, 과자 등을 만들고 친구들을 초대하여 크리스마스 잔치를 한다.

12월 4주

실내자유선택활동
탐색 · 조작영역

크다-작다 분류하기

활동목표	·크기에 따라 분류해본다. ·크다-작다에 대한 어휘를 이해한다.
집단크기	개별

활동자료   크다-작다 교구판,
                   - 모양이 같고 크기가 다른 그림 1쌍씩

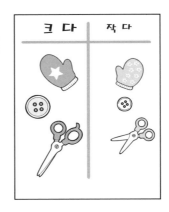

12월 4주

활동방법   1. 조각 그림을 수수께끼처럼 소개한다.
          - 나는 겨울에 찾아오는 하얀 손님이에요. 나는 누구일까요?

          2. 교구를 탐색해보고 같은 것끼리 모아본다.
          - 여기에 여러 가지 장난감들이 있어, 이 장난감들을 같은 것끼리 모아볼 수 있겠니?

          3. 크기에 따라 판 위에 올려놓아 본다.
          - 같은 것 끼리 모아 보니까 무엇이 다르니?
          - 그렇구나, 크기가 다르네, 우리, 이것을 어떻게 나누어볼 수 있을까?
          - 그러자, 큰 것끼리 작은 것끼리 놓아보자,

          4. 분류한 것들에 대해 이야기해본다.
          - 이쪽에 있는 것들은 모두다 어떠니? 저쪽에 있는 것들은 어떠니?
          - 그래, 한쪽은 모두 큰 것이고 다른 한쪽은 작은 것들이 모아졌구나,

          5. 유아 혼자서 큰 것과 작은 것을 분류하여 판 위에 올려놓아 보게 한다.

실내자유선택활동
탐색 · 조작영역

양말 속에는 무엇이 있을까?

활동목표	· 감각 능력을 기른다. · 사물을 만져보고 이름을 맞혀본다.
집단크기	개별 · 소집단
활동자료	부직포나 천으로 만든 양말(또는 큰 양말), 양말 속에 들어갈 물건들
활동방법	1. 양말을 보여주며 이야기한다. - 오늘 선생님이 좀 색다른 양말을 준비 했단다. - 너희들이 신고 있는 양말과 무엇이 다르니? - 그래, 크고 모양도 다르지….

2. 놀이 방법을 알아본다.
 - 양말 목으로 손을 한번 넣어 보겠니?
 - 뭐가 잡히니?(아무것도 없음)
 - 그래, 아무것도 없구나.
 - 여기에 어떤 것을 집어넣으려고 해.
 - 그러면 너희들이 양말 속에 손을 넣어서 만져보고 뭐가 있는지 말해보는 거야.

3. 유아들이 보지 못하도록 물건을 집어 넣고 놀이를 한다.
 - ○○야, 네가 먼저 해 볼래?
 - 자! 손을 넣어서… 뭐가 만져지니?
 - 느낌이 어떠니?
 - 그게 뭐라고 생각하니?

4. 물건을 꺼내어 확인한다.
 - 그래, 네 생각이 맞았구나.
 - 다음에는 다른 것들로 바꾸어서 해 볼까?

5. 유아를 지정하여 물건을 넣어 오도록 한 다음 활동을 한다.

12월 4주

참　고 ｜ ·처음부터 너무 많은 물건을 넣지 않도록 한다(3～4가지 정도가 적당).

·손으로 만졌을 경우 다칠 위험이 있는 물건은 피한다.

눈으로 놀아요

활동목표	·눈놀이를 즐긴다
집단크기	대·소집단
활동자료	눈, 초 모양의 막대
활동방법	1. 눈이 내린 후 마당에서 눈을 만져보고 탐색해본다.

1. 눈이 내린 후 마당에서 눈을 만져보고 탐색해본다.
 - 와! 마당에 나무랑 지붕이랑 모래밭이 하얗게 변했네.
 - 우리, 눈 좀 만져보자, 손으로 뭉쳐볼까?
 - 어떤 느낌이니?
 - ○○는 꼭꼭 누르고 굴려서 커다랗게 공처럼 만들었네.

2. 눈길 위를 걸어다니며 눈 위를 걷는 느낌을 느껴본다.
 - 이번에는 눈 위를 걸어보자.
 - ○○이 발자국이 눈 위에 있네.
 - △△가 걸어간 길에 길다란 줄이 생겼네.

3. 숟가락과 그릇을 제시해주고 그릇에 담아보는 놀이를 한다.
 - 맛있는 눈 음식도 만들어보자.
 - ○○는 숟가락으로 눈을 그릇에 가득 담았구나.

12월 4주

실내자유선택활동
탐색 · 조작영역

코코아 타기

활동목표 · 물질의 변화를 경험한다.

집단크기 소집단

활동자료 코코아, 따뜻한 우유, 숟가락, 요리 순서표

〈요리 순서표〉

1월 4주

활동방법 1. 준비된 재료를 탐색하며 이야기한다.
- 얘들아! 여기에 무엇이 있니?
- 그래! 코코아 가루, 우유, 설탕, 컵…, 또 요리 순서표도 있네.
- 어떤 맛이 날까? 우리 맛을 한번 볼까? 어때?
- 이런 것들로 무엇을 만들 수 있을까?

2. 요리 순서표를 살펴본다.
- 무엇을 만드는 재료인지 어떤 걸 보면 알 수 있을까?
- 그렇구나 요리 순서표를 보면 알 수 있겠구나.

3. 요리 방법을 알아보며 요리를 한다.
- 컵에 우유를 먼저 부어보자. 얼마만큼 부어야 할까?
- 컵의 표시된 부분까지 부으면 되는구나.
- 다음은 코코아를 숟가락으로 떠서 우유에 넣고 어떻게 되나 지켜보자!
- 어떻게 되었니? 잘 저어볼래?
- 조금만 맛을 볼까? 어떤 맛이 나니?

- 무엇을 넣으면 더 맛이 있을까?

- 그래, 설탕을 넣어보자, 1스푼만 넣어볼까? 이번에는 어떤 맛이 날까?

4. 다 만든 코코아를 다른 간식과 함께 먹는다.

참　고
- 코코아를 뜨는 숟가락과 젓는 숟가락을 따로 마련해준다.
- 찬 우유에 탈 때와 따뜻한 우유에 탈 때 코코아가 녹는 과정이 어떻게 다른지 비교해 볼 수 있다.

실외자유선택활동

낙하산 얼음놀이

활동목표 · 신체를 움직여 나타난 모양에 흥미를 갖는다

집단크기 소집단

활동자료 놀이용 낙하산 또는 커다란 보자기(5~6명의 아이를 덮을 수 있는 크기), 노래 「그대로 멈춰라」 외

활동방법 1. 노래에 맞춰 몸을 구부리거나 쭉 펴기, 앉기 등의 동작을 해볼 수 있도록 하며 유아들의 나타난 동작에 반응해주고 격려한다.
  - ○○는 하늘에 닿을 만큼 쭉! 펴고 멈췄네.
  - ◇◇는 비행기처럼 하고 멈추었구나.
  - 어! 몸을 아주 작게 만든 친구도 있네?

2. 놀이에 흥미가 더해지면 교사가 멈춰 있는 유아들 위에 낙하산을 덮고 나타난 모양을 언어적으로 표현해준다.
  - 친구들이 멈춘 모습위로 낙하산이 내려왔어요.
  - 재미있는 모양이 만들어졌네? 울퉁불퉁 바위산 같지 않니?
  - (낙하산 밖에 있는 유아에게) 무슨 모양 같은지 ♡♡가 말해 주겠니?

3. 낙하산 밑에 들어가서 몸을 자유롭게 움직여볼 수 있도록 한다.
  - 자! 우리, 이번에는 낙하산 속에서 마음대로 움직여보기로 하자.
  선생님이 "얼음" 하면 마음대로 모양을 만들어 멈추는 거야(이때 음악도 같이 멈춘다).

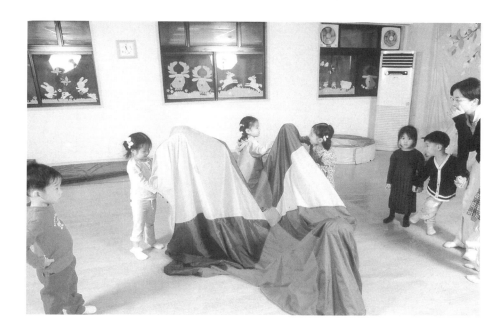

4. 멈춘 유아들의 모습을 보고 연상되는 모습을 이야기해본다.
 - 낙하산 속에 친구들이 모두 꽁꽁 얼어버렸네.
 - 어떤 모습으로 얼어 있니?

5. 다양한 모습을 만들어보게 한다.
 - 자! 일어서 보자, 무릎을 굽히고 앉아볼래?(누워 보자, 엎드려 보자 등)

주제 우리나라

실시기간 : 1월 5주 ~ 2월 2주

▶▶▶ 전개방법

    우리나라의 전통문화나 풍습에 관한 「우리나라」 주제는 추상적인 개념을 포함하고 있어 유아들에게 다소 어려울 수 있으나 유아가 생활 속에서 직접·간접적으로 접하고 있으므로 관심을 가질 수 있는 내용이다. 따라서 이 주제는 구체적이면서 현실적인 경험이 되도록 활동을 전개한다.

    우리나라 고유의 물건을 이용해 놀이실 환경을 구성하여 유아가 직접 보고, 만져보면서 익숙해 질 수 있도록 하고 그 외에도 책, 사진, 그림자료 등을 통해 관심을 구체화시킨다. 한복, 족두리 등을 이용한 전통 혼례 놀이, 한삼과 탈 쓰고 춤추기, 장고·북·소고 등 전통악기 소리 들어보기, 전통악기 연주하기, 경단 만들기, 떡살무늬 찍어보기 등 우리나라의 생활상을 놀이로 재현해보며 국악과 사물놀이를 직접 감상해볼 기회를 마련함으로써 우리 고유의 문화를 직접 체험해 볼 수 있게 한다. 또한 설 명절 동안 가족과 함께 전통놀이나 명절 풍습에 대해 경험해볼 수 있도록 안내하여 우리의 문화를 느껴보게 한다. 할머니·할아버지와 옛날노래 불러보기, 옛날 물건 가져와서 친구들과 함께 보기 등 가정과 연계된 활동도 계획할 수 있다.

▶▶ 환경구성

	쌓기놀이영역	역할놀이영역	미술영역	언어영역	탐색 · 조작영역	음률영역
실내	· 우리나라 집 · 탑 등이 있는 사진 　또는 화보 · 단위 블록 · 종이벽돌 블록	· 전통음식 화보 · 전통의상 　(남 · 여 한복, 　족두리, 망건 등) · 옛날 물건(키, 절구, 　맷돌 등)	· 한지 · 먹물 · 분무기 · 붓 · ○△□모양의 　마닐라지 · 성냥 또는 　나무 젓가락 · 칼라펜 · 꽃문양 사진 카드 · 물감 · 물감접시 · 문양 도장 · 종이 · 사인펜 · 크레파스 · 면봉 · 우드락 · 짙은 색 종이 · 흰색 분필 · 크레파스	· 그림책: 「두껍아 두껍아」 「참나무 뽕나무」 「대나무」 「꼬마야 꼬마야」 「여우야 여우야」 「동대문」 「팽이치기」 「설날」 「우리 집에 　왜 왔니?」 「무지개 물고기」 「나도 아프고 싶어」 「곰을 잡으러 가자」 · 그림동화: 「흥부와 놀부」 「콩쥐팥쥐」 · 악기 그림 카드 　맞히기 　(게임판 2개, 　악기그림 카드) · 동시:「연」 　(배경판, 연, 　손잡이 있는 자석) · 삼각대 · 동물 손인형 · 손가락인형(엄마, 　아빠, 선생님, 친구, 　나) · VTR · 옛날 물건들에 대한 　수수께끼 자료 · 모래종이 글씨 카드 · 테이블 동화: 「호랑이와 곶감」 · 「금도끼 은도끼」	· 무궁화꽃(조화)과 　화병 · 우리나라 놀이 화보 · '잘못된 부분 찾기' 　교구 · '무궁화꽃이 　피었습니다' 교구 　(우리나라 지도, 　모양판, 무궁화) · 밀가루 반죽 · 빵칼 · 떡살찍기틀 · 연 도미노 카드	· 한삼 · 녹음기 · 노래 테이프: 　(아리랑, 종달새 등 　전통음악) · 「기차」 · 융판자료(원숭이 · 　사과 · 바나나 · 　기차 · 비행기 · 　백두산 그림) · 소고 · 여러 종류의 인형 · 전래동요 테이프 · 장구 · 전통악기 소리 　테이프 · 노래테이프 및 　악보: 「태극기」 「설날」
실외	투호, 투호 항아리, 딱지, 팽이, 끈 달린 제기, 사물놀이 악기(북, 장구, 징, 꽹과리), 사방치기(판, 말)					

주간보육계획안

소주제 : 우리나라 음식과 옷이 있어요 　　　　　　　　　　　**실시 기간 : 1월 5주**

		월	화	수	목	금	토
등원 및 맞이하기		유아의 옷차림에 대해 이야기하기					
실내자유선택활동	**쌓기놀이영역**	우리나라 집·탑 등이 있는 사진 화보 벽면 게시 　　　　　　　　　가마 만들기					
	역할놀이영역	전통음식 화보 게시 　　　　전통의상 입어보기(남녀 한복, 족두리, 망건 등)					
	미술영역	◎ 한지 물들이기　　　　　　　버선 꾸미기　　꽃문양 찍기 1)					
	언어영역	그림책:「두껍아 두껍아」　　　　「참나무 뽕나무 대나무」　　　　「꼬마야 꼬마야」 　　　　　「여우야 여우야」　　　　　「동대문」 그림동화:「흥부와 놀부, 콩쥐 팥쥐」 수수께끼: 옛날 물건들　　　　　　　　손가락으로 글씨를 써요 2)					
	탐색·조작영역	옛날 물건 관찰하기　　　　　　요리: 떡산적 만들기 　　　　　무궁화 꽃을 꽂아요					
	음률영역	노래:「우리나라 꽃」　　　전래동요 들으며 자유롭게 춤추기 　　　　　　　◎ 신체표현: 한삼춤					
대·소집단활동		전이활동: 우리나라의 물건(옷, 고무신, 짚신, 나막신 등 첨가) 살펴보기 　　　　우리나라의 음식(불고기, 김치, 떡국, 식혜 등) 살펴보기					
실외자유선택활동		쌀밥 보리밥 3)					
점심 및 낮잠		낮잠 후 이부자리 정돈하기, 내가 제일 좋아하는 우리나라 음식 말하기					
기본생활습관		어른들께 존댓말 하기					

교육활동참고	1) 꽃문양 찍기 〈활동자료〉 꽃문양 사진 카드, 물감, 문양 도장, 종이, 사인펜, 크레파스 ① 꽃사진과 꽃문양으로 카드를 만든다. ② 2cm두께의 우뢰탄을 지름 5cm크기로 잘라 꽃모양 문양을 판(볼록판화) 다음 윗면에 필름통을 엎어 붙인 문양 도장을 만든다. ③ 필름통 윗면에는 문양과 같은 그림을 붙여둔다. ④ 접시에 솜을 깔고 물감을 타서 제시한다. ⑤ 문양찍기를 한 후에는 줄기나 잎 등을 사인펜과 크레파스 등으로 그려본다. 2) 손가락으로 글씨를 써요 ・모래종이 글씨카드를 만들어 주고 유아가 손가락으로 모래종이 위에 글씨를 써보게 한다. 3) 쌀밥 보리밥 ・2명의 유아가 마주앉아 한 유아가 두 손을 공 잡는 모습으로 손을 벌리고 있으면 다른 유아가 주먹을 쥐고 친구 손 안에 넣었다 빼며 "쌀밥", "보리밥"을 한다. ・빠르게 느리게 말과 동작을 하다가 "쌀밥"이라고 할때 벌린 손으로 잡으면 된다. ・상대편 유아는 잡히지 않기 위해 주먹을 빨리 빼내야 하며, 잡히면 역할을 바꾸어서 놀이한다.

주간보육계획안

소주제 : **전통놀이는 재미있어요**　　　　　　　　　　실시 기간 : **2월 1주**

		월	화	수	목	금	토
등원 및 맞이하기		전래동요 들어보기					
실내자유선택활동	쌓기놀이영역	전통마을 구성하기　　　　　　　◎ 탑쌓기					
	역할놀이영역	옛날 물건으로 놀이해요 1)　　　　◎ 옛날 결혼식 놀이					
	미술영역	먹물 그림 그리기 2)　　　　　　　　　◎ 색팽이 만들기					
	언어영역	그림책:「팽이치기」　　　　테이블 동화:「호랑이와 곶감」 막대동화:「금도끼 은도끼」					
	탐색 · 조작영역	우리나라 놀이 화보 벽면 게시　　　잘못된 부분 찾기 3) 무궁화 꽃이 피었습니다 4)　　　◎ 악기그림카드 맞추기					
	음률영역	노래:「태극기」　　　　　전통 악기놀이: 장구치기 　　　　　　　　음악감상:「도라지」「아리랑」 　　　　전통악기 소리 들어보기					
대 · 소집단활동		전이활동: 옛날에는 어떤 놀이가 있었을까? 　　　　　　그림동화:「비석치기 이야기」　　게임: 재미있는 윷놀이					
실외자유선택활동		엉덩이 씨름　　　　　　◎ 투호놀이　　　　　　　딱지치기 전통 놀잇감으로 놀이하기(팽이 돌리기, 끈 달린 제기차기 등)					
점심 및 낮잠		컵, 포크로 장난치지 않기					
기본생활습관		내 것과 내 것이 아닌 물건 구별하여 쓰기					
교육활동참고		1) 옛날 물건으로 놀이해요: 옛날 물건들을 직접 입거나 조작해 보며 상황에 적절한 동작 또는 놀이를 해본다. 2) 먹물 그림 그리기: 면봉이나 붓으로 물감대신 먹물을 이용하여 그림을 그려본다. 3) 잘못된 부분 찾기: 그림을 보여주고 그림의 상황 중에서 잘못된 부분을 찾아보게 한다. 4) 무궁화 꽃이 피었습니다: 주사위를 던져 나온 수만큼 우리나라 지도 모양판에 무궁화를 붙인다.					

주간보육계획안

소주제 : 설날이예요   실시 기간 : 2월 2주

		월	화	수	목	금	토
등원 및 맞이하기		설날을 어떻게 보낼 것인지 이야기하며 맞이하기					
실내자유선택활동	쌓기놀이영역	눈썰매장 놀이					
	역할놀이영역	손님 맞이하기 놀이 설날 상차리기 한복 입고 절하기					
	미술영역	스티로폼 판화(연무늬 판화) 1) 병풍 모양 종이 꾸며보기 짙은색 종이에 하얀색으로 그리기(분필, 크레파스 이용)					
	언어영역	그림책:「설날」 「우리 집에 왜 왔니?」 융판동화:「동물들의 나이자랑」 ◎ 동시:「연」 새해 인사 녹음하고 들어보기					
	탐색 · 조작영역	떡살 무늬 찍어보기 연 도미노 밀가루 반죽 떡 썰기					
	음률영역	◎ 기차 새 노래:「설날」 ◎ 인형춤 ◎ 악기: 소고로 장단 만들어보기					
대 · 소집단활동		전이활동: 즐거운 설날 전통노래:「둥개 둥개 둥개야」					
실외자유선택활동		사물놀이 사방치기 우리 집에 왜 왔니? 여우야 여우야					
점심 및 낮잠		감사하는 마음으로 먹기					
기본생활습관		자기 물건은 스스로 정리하기					
교육활동참고		1) 스티로폼 판화: 9월3주 '동물 우드락 판화' 활동방법 참고 〈우리나라 연〉 별 꼭지 연 발 연 치마 연 가오리연 초 연					

실내자유선택활동
미술영역

한지 물 들이기

활동목표	· 한지에 염색을 해본다. · 번지는 모양을 보고 즐거움을 느낀다.
집단크기	개별 · 소집단
활동자료	한지, 먹물, 분무기, 붓
활동방법	1. 제시된 자료를 탐색해본다. 　　- (한지를 보며) 손으로 만져 보니까 느낌이 어떠니? 　　- 얼굴에 비벼 볼까? 느낌이 어떠니? 　　- 한번 구겨 볼까? 　　- 이것은 무엇이니? (분무기) 2. 활동방법을 알아본다. 　　- 한지를 자기가 원하는 대로 놓아보자, 펼쳐도 되고 구긴 채로 두어도 되는거야, 　　- 분무기로 한지에 물을 뿌려보겠니? 　　- 그 위에 먹물을 떨어뜨려보자, 3. 한지 위에 떨어뜨린 먹물의 변화를 관찰한다. 　　- 먹물이 어떻게 되었니? 　　- 왜 이렇게 되었을까? 　　- 여기저기 한 방울씩 떨어뜨려 보자, 4. 활동이 끝난 후 유아들과 함께 정리정돈을 한다. 5. 완성된 작품은 전시대나 건조대에 걸어 말린 다음 전시한다.

1월 5주

참　　고　　·한지 외에 다른 종이를 사용하여 한지와 비교해본다.
　　　　　　·먹물 외에 염색용 물감을 이용하여 색깔의 변화를 경험하게 한다.

실내자유선택활동
음률영역

한삼춤

활동목표	• 한삼을 손에 끼고 여러 가지 동작을 만들어본다. • 리듬에 맞춰서 한삼춤을 춘다. • 우리 가락에 친숙해진다.
집단크기	소집단
활동자료	한삼, 녹음기, 음악 테이프(예:아리랑, 종달새 등 전통음악)
활동방법	1. 미술영역에서 만든 한삼을 이용하여 표현해본다. 2. 준비된 전통음악 테이프를 2~3일 동안 듣게 하여 리듬에 익숙해지도록 한다. 3. 전통음악을 들으면서 알고 있는 노래나 반복되는 후렴구를 따라 불러보도록 도움을 준다. 4. 음악에 맞춰서 자유롭게 움직여본다. 5. 한삼을 유아들에게 보여주고 이름과 용도를 이야기해준다. 　- 이것의 이름은 무엇인지 아니? 이것은 무엇을 하는 걸까? 　- 한삼을 갖고 춤을 추는데 어디에 끼고 추는 걸까? 6. 한삼을 두 손에 끼고 여러 가지 동작을 해본다. 　- 너희들 모두 손에 한삼을 꼈구나, 이제부터 우리가 어떻게 움직일 수 있을까? 　- ○○는 팔을 옆으로 흔드는구나, 우리 다같이 ○○처럼 해볼까? 　- XX는 한삼을 위에서 아래로 흔드네, XX처럼 해 보자, 위에서 아래로. 　- 이번에는 아래에서 위로, △△는 뒤(어깨 뒤)로 앞으로 흔드는구나. 　- △△처럼 해 보자, 서서만 하지 말고 앉거나 누워서도 움직여볼까?

7. 음악을 들으면서 리듬(가락)에 맞춰서 한삼춤을 춰본다.

실내자유선택활동
쌓기놀이영역

탑쌓기

활동목표	· 블록을 이용하여 창의적으로 표현한다. · 구성 능력을 기른다.
집단크기	소집단
활동자료	단위 블록이나 종이벽돌 블록, 여러 형태의 탑 사진
활동방법	1. 쌓기놀이영역에 붙은 탑 사진을 보며 이야기를 나눈다. 　– 이 탑은 무슨 모양이니? 　– 이 탑과 저 탑은 어떤 것이 다르니? 2. 유아들이 블록을 쌓아보게 한후 쉽게 무너지는 탑과 튼튼한 탑을 비교해보게 한다. 　– 무너지지 않고 튼튼한 탑을 쌓으려면 어떻게 해야 할까? 　– ○○이 탑은 아주 튼튼하구나, ○○야, 어떻게 탑을 쌓았니? 　– 저 탑은 밑이 네모 모양이구나, 3. 다양한 형태의 탑을 쌓을 수 있도록 격려한다. 　– 옆에 세모 블록을 놓으니 날개가 달린 탑 같구나, 위는 어떤 모양을 만들어볼까? 4. 유아들이 쌓은 탑에 이름을 지어보게 한다. 　– ○○가 만든 탑은 어떻게 보이니? 탑에 이름을 만들어주자, 　– 얘들아, ○○가 만든 탑은 '팽이 탑' 이래, 정말 팽이처럼 뱅뱅 돌아가는 모양이구나,
참　고	· 충분히 공간을 넓혀주어 쌓아올리던 탑이 무너질 때 다른 유아들과 부딪히는 일이 없도록 한다.

2월 1주

옛날 결혼식 놀이

활동목표	·전통적인 결혼에 관심을 갖고 경험해본다.
집단크기	소집단
활동자료	전통혼례에 필요한 소품(족두리, 큰 상, 혼례복, 음식 그림 등)
활동방법	1. 역할놀이영역에 전통혼례에 관련된 각종 소품, 화보 등 환경을 구성해준다.
	2. 결혼식에 대해 유아들과 이야기해본다. 　- 결혼식을 본 적 있니? 　- 어디서 하니? 　- 어떤 것들이 필요할까? 　- 옛날에는 결혼식을 어떻게 했을까?
	3. 한복을 입고 결혼식놀이를 해본다. 　- 옛날에는 이렇게 음식을 차려놓고 한복을 입고 결혼식을 했어요. 　- 우리도 한복을 입고 결혼식을 해보자.
참　고	·신랑·신부 입장, 맞절하기, 퇴장하기의 순서 약식 결혼식을 진행시킨다.

2월 1주

실내자유선택활동
미술영역

색팽이 만들기

활동목표 · 팽이를 돌려보는 즐거움을 갖는다.
· 팽이의 색 · 모양의 변화에 관심을 갖는다.

집단크기 소집단

활동자료 원 · 네모 · 세모(10cm정도의 크기)모양으로 자른 마닐라지, 성냥 또는 나무젓가락, 칼라펜
① 원 · 네모 · 세모 모양으로 자른 마닐라지 중앙에 성냥 또는 나무젓가락을 끼울 수 있도록 ×모양으로 뚫어둔다.
② 나무젓가락을 10cm정도의 길이로 잘라 끝을 약간만 뾰족하게 깎아 제시한다.

활동방법 1. 마닐라지에 색을 칠하거나 모양을 그려서 꾸민 후 구멍에 성냥(또는 나무젓가락)을 꽂도록 한다.
- 무슨 색(모양)을 칠했니?
- 성냥(나무젓가락)을 꽂으니까 무엇처럼 보이니?

2. 팽이를 돌려보도록 한다.
- 이 팽이를 돌아가게 할 수 있을까?

3. 팽이가 돌아갈 때와 멈추었을 때의 변화를 탐색해본다.
- 팽이가 돌아갈 때는 어떤 색(모양)으로 보이니?
  팽이가 멈추었을 때는 어떤 색(모양)들이 보이지?

악기그림카드 맞추기

활동목표	· 여러 가지 악의 형태에 관심을 가진다. · 그림을 타내 글자에 관심을 가진다.
집단크기	소집단
활동자료	임판 2개, 악그림 카드 12장

〈임판〉

· 하드보드지(20cm×28cm)에 6칸을 누 그리고, 각각의 칸에 악 그림을 그린 후 악
  름을 적다.

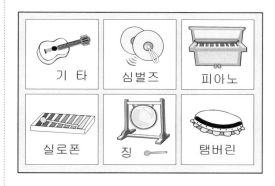

〈악그림카드〉

· 하드보드지(7cm×7cm)에 각각 악 그림을 그리고 악 름을 적다.

활동방법   1. 게임판과 악기그림카드를 보며 악기의 모양과 이름을 알아본다.
- (게임판을 보며) 이 그림에 있는 악기 이름을 맞혀볼 수 있겠니?
- 게임판에 있는 악기 그림과 같은 그림을 찾을 수 있니?

2. 게임방법에 대해 알아본다.
- 자기가 갖고 싶은 게임판을 가져가 보자.
- 이 카드들을 바닥에 펼쳐서 뒤집어놓을 거야.
- 카드 한 장을 뒤집어 악기 이름을 말해 보는거야.
- 자기 게임판에 같은 악기 그림이 있으면 그림 위에 카드를 놓을 수 있어.
- 자기 게임판에 없는 악기일 경우는 어떻게 할까?
  (다시 엎어두거나 친구에게 주는 등의 규칙은 유아가 정하도록 한다.)

3. 순서를 정하고 게임을 한다.

참   고   · 악기그림카드를 나누어주는 유아를 정하거나, 비밀 상자에 넣어두고 한 장씩 카드를 꺼내는 등 다양한 방법으로 놀이할 수 있다.
· 자신이 가진 게임판에 악기그림이 모두 채워지면 "빙고"하고 외쳐보는 '빙고' 게임으로 할 수 있다.

투호놀이

활동목표	·우리나라 고유 놀이에 관심을 갖는다. ·눈과 손의 협응력을 기른다.
집단크기	소집단
활동자료	항아리 또는 바구니, 종이 화살

활동방법	1. 화살과 바구니를 보여주며 놀이 방법을 생각해본다.
	  - 이것으로 어떤 놀이를 할 수 있을까?
	
	2. 유아들이 생각한 방법대로 놀이를 해본다.
	
	3. 바구니에 화살을 넣을 수 있는 다양한 방법을 생각해본다.
	  - 화살을 바구니에 어떻게 넣을 수 있을까?
	  - 바구니 위에서 화살을 떨어뜨릴 수 있겠구나.
	    조금 멀리서 화살을 던져넣을 수도 있구나.
	
	4. 가까운 거리에서 던지는 것이 원활해지면 바구니와 던지는 곳의 간격을 점차 넓혀서
	  던져보게 한다.

참　　고	·종이 화살은 유아 수에 맞춰 넉넉히 준비한다. ·유아 흥미에 따라 유아가 직접 화살을 만들어 사용하여도 좋다.

2월 1주

실내자유선택활동
언어영역

연

활동목표	·동시를 즐겨 듣는다. ·연에 관심을 갖는다.
집단크기	소집단
활동자료	움직이는 동시자료(배경판, 연, 자석 손잡이), 받침대

〈움직이는 동시자료〉
① 하드보드지(4절)에 배경 그림을 그린다.

② 종이에 연을 그려 오려서 코팅한 후
   뒷면에 자석을 붙인다.

뒷 면 에
자 석

③ 연에 실을 매어 배경판 사람의 손에 실의 끝부분을 고정시킨다.

④ 필름통에 자석을 붙여 손잡이를 2개 만든다.
   이때 자석은 연에 붙인 자석과 반대극끼리
   만나도록 한다.

필름통

2월 2주

연   최혜영

연을 띄우자, 바람 타고 두둥실
구름까지 닿게 하늘까지
누구 연이 잘 뜨나 내기해보자

→ 연을 천천히 움직이게 한다.

→ 연을 구름까지 올라가게 한다.

→ 양 손으로 연을 움직인다.

활동방법

1. 받침대에 배경판을 끼운다.

2. 자석 손잡이로 연을 움직이며 동시를 들려준다.

3. 연을 날려본 유아들의 경험을 듣는다.

4. 동시를 다시 한 번 들려주고 유아들이 읊을 수 있도록 도와준다.

참   고

· 사후활동으로 연을 만들어 날려본다.

실내자유선택활동
음률영역

기차

활동목표	·끝말 이어가기를 해본다.
집단크기	소집단
활동자료	융판, 융판 자료(원숭이, 사과, 바나나, 기차, 비행기, 백두산)

2월 2주

활동방법 1. 융판 자료를 융판에 붙여가며 교사가 노래를 불러 준다.

2. 융판에 붙은 자료를 손으로 짚어 가며 교사와 유아가 불러본다.

3. 유아들끼리 불러본다.

참　　고 ·다른 노래말을 만들어서 불러본다.

원숭이 엉덩이

구전동요/서연상 곡

원숭이엉덩이는 빨-게 빨간것은 사 과

사 과 는 맛 있 어 맛있는것은바나나 바 나 나 는 길 어

긴 것 은 기 차 기 차 는 빨 라 빠른것은비행기

비 행 기 는 높 아 높 은 것 은 백 두 산

실내자유선택활동
음률영역

인형춤

활동목표 · 전래동요를 부르며 인형을 이용한 춤추기를 즐긴다.

집단크기 소집단

활동자료 악보, 다양한 인형들

활동방법 1. 전래동요를 익힌 후 영역에 다양한 인형들을 제시해두고 활동을 제안한다.
  – 얘들아! '둥개둥개 둥개야' 하면 무엇이 생각나니?
  – 아기를 달랠 때 할머니께서 하시던 말씀이란다.
  – 우리도 할머니처럼 노래하면서 아기 돌보기를 해볼까?
  – 아기는 무엇으로 할까?

2. 인형을 가지고 노래말에 맞춰 자유롭게 표현해보게 한다.
  – ○○는 아기를 업어주며 왔다갔다 하는구나.
  – ○○가 아기를 자장자장 재워주니까 아기가 아주 편안해보이는걸.
  – 아기가 아주 피곤한가 봐. 바닥에 뉘어볼까? 토닥토닥 두드려 주자.

둥 개 둥 개 둥 개 야 – 두 둥 둥 개 둥 개 야
날 아 가 는 학 선 아 – 구 름 밑 에 신 선 아
얼 음 밑 에 수 달 피 – 썩 은 나무에 부 엉 이
둥 개 둥 개 둥 개 야 – 두 둥 둥 개 둥 개 야

· 출처: 김신자(1989). 노래하며 춤추며 6집. 보육사. p175.

2월 2주

소고로 장단 만들어보기

활동목표	·소고로 장단을 만들어 본다.
집단크기	소집단
활동자료	소고, 소고 채
활동방법	1. 소고를 보여주며 탐색해본다.

1. 소고를 보여주며 탐색해본다.
   - 이것의 이름이 뭔지 아니?
   - 음률영역에 있던 악기지? 이름은 '소고'라고 한단다.

2. 소고 소리를 들려준다.
   - 어떤 소리가 나니? 북소리하고 비슷하지?

3. 유아에게 소고를 주고 마음대로 소리를 내어보게 한다.
   - ○○가 소고를 쳐 보겠니?

4. 유아가 치는 소고 소리에 맞춰 다른 유아들이 몸을 움직여보게 한다.
   - 이제는 네가 소리를 내는 대로 우리가 움직여볼게.
   - 빠르게 쳐보자.
   - 세게 쳐보자.
   - 느리게 쳐보자.
   - 이번에는 약하게 쳐볼 수 있겠니?
   - 다른 방법으로 쳐볼 수 있을까?

2월 2주

 형·언니가 되어요

실시기간 : 2월 3주 ~ 2월 4주

▶▶▶ 전개방법

「형·언니가 되어요」는 지난 1년간의 어린이집 생활을 마무리하고 새로운 변화를 맞이하면서 유아가 잘할 수 있다고 생각하는 것과 긍정적으로 변화해가는 모습을 함께 찾아보고 격려해줌으로써 유아 스스로가 성장에 대한 만족감과 자아존중감을 느낄 수 있도록 돕기 위해 주제로 선정되었다.

이 기간 동안에는 유아가 어린이집 생활을 돌아보고 그 동안 자신이 변화하고 성장한 모습을 발견할 수 있도록 도와주며 새롭게 변화하게 될 어린이집 생활에 관심을 갖고 잘 적응할 수 있도록 도와준다.

지난 1년 동안의 사진들을 보면서 즐거웠던 일이나 기억나는 일들을 이야기해보고 놀이로 표현해보며, 좋아하는 친구들에게 카드나 선물을 만들어줌으로써 함께 지냈던 친구들과 더욱 사이좋게 지낼 수 있도록 한다. 또한 형·언니가 되면 달라지는 것들이나 더 잘할 수 있는 일들에 대한 이야기를 녹화하여 함께 보기, 형·언니 놀이, 어린이집 놀이 등을 통해 표현해 보거나 새로운 반을 견학해봄으로써 유아가 새로운 변화와 성장에 대해 자신감과 긍정적인 느낌을 가질 수 있도록 도와준다.

▶▶▶ 환경구성

	쌓기놀이영역	역할놀이영역	미술영역	언어영역	탐색·조작영역	음률영역
실 내	· 단위 블록 · 종이벽돌 블록	· 동물 손인형 · 거울 포대기 · 아기인형 · 아기옷 · 기저귀 · 우유병 · 역할놀이 의상	· 밀가루풀 · 사용한 달력 · 빗 · 색종이 · '찢거나 모양종이 붙여 꾸미기' 자료 · 잡지 · 화보 · 이면지 · 신문 · '카드 만들기' 자료	· 융판동화:「동물들의 나이 자랑」 · 녹음기 · 공 테이프 · 자석 그림판 · 자석 · 철가루 · 1년간 행사 사진 앨범 · 동시:「많이 컸어요」 · TV동화: 「이상한 나라의 숫자들」 · A4 크기 도화지 · 동물그림 · VTR · 그림책: 「무지개 물고기」 「나도 아프고 싶어」 「곰을 잡으러 가자」	· 1학기 키재기 그래프 · 거울 · 'ㅇ△ㅁ모양 순서대로 놓기' 교구 · 숫자퍼즐 · 냄새맡기(식초, 비누, 참기름, 오렌지 등)	· 노래:「겨울바람」 · 리듬악기(탬버린, 캐스터네츠, 방울, 리듬막대) · 녹음기 · 노래테이프: 「친구하고 손잡고」
실 외	나뭇가지, 안전사다리, 공					

주간보육계획안

소주제 : 형·언니가 되어요　　　　　　　　　　　　　실시 기간 : 2월 3주

		월	화	수	목	금	토
등원 및 맞이하기		친구들, 선생님과 아침 인사하기					
실내자유선택활동	쌓기놀이영역	단위 블록으로 탑 쌓기					
	역할놀이영역	거울 보고 여러 가지 표정 짓기 아기 돌보기 놀이					
	미술영역	풀그림 그리기(빗으로 그리기) 찢거나 모양종이 붙여 꾸미기(장갑, 양말, 목도리, 모자)					
	언어영역	◎ 동물인형놀이　　　자석 그림판에 그림 그리기　　　　　앨범 보며 이야기하기 1) ◎ 동시:「많이 컸어요」　　　그림책:「무지개 물고기」 누구의 목소리일까?(친구 목소리 녹음한 후 들어보기)					
	탐색·조작영역	얼마만큼 자랐을까?(1학기 그래프로 비교- 키재기) 거울놀이(반쪽 그림, 비춰보기, 각도를 다르게 해서 물건 비춰보기) △○□모양 순서대로 놓기					
	음률영역	노래:「겨울 바람」 악기 연주하며 노래 부르기(재미있었던 연주해보기)					
대·소집단활동		이야기 나누기: 자란 만큼 내가 더 잘할 수 있는 일들					
실외자유선택활동		모래 위에 나뭇가지로 그림 그리기　　　　　　　　　　　　얼음땡놀이 ◎ 동대문을 열어라					
점심 및 낮잠		음식 골고루 먹기					
기본생활습관		자리에 앉을 때에는 허리를 쭉 펴고 바른 자세로 앉기					
교육활동참고		1) 앨범 보며 이야기하기 　·1년 동안 지냈던 놀이와 행사 등의 사진이 담긴 앨범을 보며 회상해 본다.					

주간보육계획안

소주제 : **형·언니가 되어요**   실시 기간 : **2월 4주**

		월	화	수	목	금	토
등원 및 맞이하기		부모님과 헤어질 때 바르게 인사하기					
실내자유선택활동	쌓기놀이영역	단위 블록으로 꾸미기 ◎ 동화 듣고 블록으로 표현해보기		친구 키만큼 종이벽돌 쌓기			
	역할놀이영역	어린이집 놀이		형, 언니 놀이			
	미술영역	딱지접기	좋아하는 친구에게 선물		카드 만들어 주기		
	언어영역	그림책:「나도 아프고 싶어」「곰을 잡으러 가자」 TV동화:「이상한 나라의 숫자들」 작은 책 만들기 1)		◎ 언니, 오빠가 되어요			
	탐색·조작영역	혼자 입을 수 있어요 냄새 맡기(식초, 비누, 참기름, 오렌지 등)			숫자 퍼즐,		
	음률영역	신체표현: 친구하고 손 잡고			좋아하는 노래 부르기		
대·소집단활동		융판동화:「동물들의 나이 자랑」 게임: 굴 빠져나가기				언니, 형 반 견학	
실외자유선택활동		우리 집에 왜 왔니?		안전사다리 건너기		공 던지고 받기	
점심 및 낮잠		낮잠 후 이부자리 정리하기					
기본생활습관		벗은 옷을 옷걸이에 바르게 걸거나 접어서 사물함에 넣기					
교육활동참고		1) 작은 책 만들기 · A4 크기의 도화지를 1/2로 접어 작은 책을 만든다. · 작은 책에 동물 그림을 붙여 그림책을 만든다.					

실내자유선택활동
언어영역

동물 인형 놀이

활동목표 · 동물 손인형을 이용하여 극화놀이를 즐긴다.

집단크기 소집단

활동자료 동물 손인형

〈동물 손인형〉
① 부직포로 얼굴과 몸통 부분을 각각 2겹씩 오린다. 이때 얼굴(지름 7~8cm)과 몸통(길이 8cm, 폭 7~8cm)은 유아들의 크기를 고려한다.
② 다른 색의 부직포와 눈알, 솜, 헝겊 등을 이용하여 얼굴과 몸을 꾸민다.
솜을 얼굴 부분에 약간 넣어주면 입체감이 나게 할 수 있다.
③ 동물의 몸통은 유아의 손이 들어갈 부분을 남기고 꿰맨다.
④ 완성된 얼굴과 몸통을 균형을 맞춰서 꿰맨다.

15~16cm

7~8cm

2월 3주

활동방법 1. 동물 손인형을 언어영역에 놓는다.

2. 유아들끼리 동물 손인형을 갖고 이야기를 꾸미며 놀이하게 한다.

3. 교사는 관람자나 참여자가 되어서 유아들의 극화놀이가 확장되도록 도움을 준다.

  - 음머, 아함! 잘 잤다. 찍찍아, 너는 어느 어린이집에 다니니?

  - 무슨 반이야?

  - 나는 이제 형님 반이 된단다. 형님 반에 가면 친구들과 사이좋게 놀아야지?

  - 사자 선생님 안녕하세요? 찍찍아, 어서 와라.

| 참 고 | • 교사가 동물 손인형을 이용하여 동화를 들려준 후 유아들에게 제공하면 극화놀이가 더욱 활성화될 수 있다.
• 낮은 책상에 인형극틀을 올려놓고 벽면에 거울을 달아 주면 활동하는 유아들이 인형의 움직임을 거울로 보게 되어서 더욱 흥미있는 활동이 될 수 있다.
• 유아들이 극놀이가 활성화 되면 다른 유아들도 관람할 수 있도록 한다. |

실내자유선택활동
언어영역

많이 컸어요

활동목표 ┆ ・동시를 즐겨 듣는다.

집단크기 ┆ 소집단

활동자료 ┆ 손가락 인형(엄마, 아빠, 선생님, 친구, 나)

〈손가락 인형〉

많이 컸어요 최혜영	
많이 배우고 많이 컸어요	→ '내'가 말한다.
아버지, 어머니 고맙습니다	→ '내'가 아빠, 엄마 인형에게 인사한다.
선생님, 고맙습니다	→ '내'가 선생님께 인사한다.
친구야, 형님반에서 다시 만나자	→ '내'가 친구와 어깨동무하는 것처럼 한다.

・출처: 유아를 위한 동시활동자료집. 한국어린이육영회.

2월 3주

활동방법 ┆ 1. 교사가 손가락 인형(나)을 끼고 이야기한다.
- 얘들아, 안녕, 내 이름은 민희야. 그 동안 ○○반에서 즐겁게 지냈는데 이제 몇 밤만 자면 우리는 모두 형님 반이 되는구나. ○○반에서 우리가 어떤 것들을 배웠니?
- 우리가 처음 ○○반에 왔을 때 키가 어땠니? 지금은 우리의 몸이 어떻니?
- 우리가 이렇게 배우고 클 수 있도록 도와주신 분들은 누구일까?
- 아빠, 엄마, 선생님께 어떤 마음이 드니?
- 친구들과 무슨 반에서 만나지? ○○반은 어떤 반이니?

2. 왼손 손가락에 '나'를 끼고 오른손 손가락에 아빠・엄마・선생님・친구 손가락 인형을 낀 후 동시를 들려준다.

동대문을 열어라

활동목표	·우리 나라 고유 놀이에 관심을 갖는다. ·신체를 원활히 움직여본다.
집단크기	소집단
활동방법	1. 실외에서「동대문」노래를 부르며 유아들의 관심을 모은다. 　－ 동동 동대문을 열어라~ 남남 남대문을 열어라, ~12시가 되면은 문을 닫는다~! 2. 유아 2명이 손을 맞잡고 두 팔을 올려 문을 만들게 한다. 　－ 너희가 동대문을 만들어보자, 어디를 들어가는 곳이라고 할까 3. 다른 유아들은 한 줄로 서서「동대문」노래가 시작되면 문을 통과하여 지나간다. 　－ 동대문 지나갈 친구들 오세요, 12시가 되면 문을 닫습니다, 빨리빨리 오세요 　－ 동대문은 지나가는 곳이 좁으니 한 줄로 서서 한 명씩 들어갑시다. 4. 노래 중에 '12시가 되-면 문을 닫는다'의 '닫는다'에서 문 모양을 한 2명의 유아가 손을 내린다. 그때 문에 들어간 유아가 문이 되었던 유아 1명과 교대한다. 교대한 유아는 줄 맨 뒤에 서고 다시 놀이를 시작한다. 　－ 12시에 문에 갇힌 손님이 있네요, 이번에는 이 손님이 문을 만들어주세요. 　－ 자, 동대문 다시 문 열었어요, 동대문 지나갈 손님 어서 오세요, 12시가 되기 전에 빨리 지나갑시다.
참　　고	·문 역할을 하고 싶어하는 유아가 많을 경우에는 문을 여러 개 만들어 놀이하게 한다. ·문으로 들어가는 방향과 나오는 방향을 분명히 알려주어 부딪히는 일이 없도록 한다.

2월 3주

실내자유선택활동
쌓기놀이영역

동화 듣고 블록으로 표현해보기

활동목표 · 블록을 이용하여 구성 능력을 기른다.

집단크기 소집단

활동자료 단위 블록이나 종이벽돌 블록

활동방법

1. 그 동안 유아들이 좋아했고 내용이 익숙한 동화나 언어영역에서 소개되고 있는 동화 중 하나를 선정하여 들려준다.

2. 동화 내용을 상기하며 블록으로 구성해보게 한다(예:해와 달이 된 오누이).
   - 오빠와 여동생이 살았던 집을 우리들이 만들 수 있을까?
     무엇으로 집을 지을 수 있을까?
   - 호랑이가 들어가려면 어디로 들어가지?
   - 오빠와 동생이 올라간 나무도 있었는데, ○○가 나무를 만들 수 있니?
   - 산에서 집까지 오는 길은 어떻게 만들까?
     엄마가 호랑이를 만났던 고개는 무엇으로 하면 좋을까?

3. 여러 유아들이 함께 집과 우물 등을 만들어보거나 각자가 만들어 서로 구경해 볼 수 있다.

4. 함께 만들었을 경우에는 서로 도와 협동하여 만든 것을 격려해주며, 서로 다른 것을 만든 경우에는 유아 각자의 재미있는 구성방법과 창의적인 표현을 격려해준다.
   - 너희가 함께 만드니까 길이 금방 만들어졌구나.
   - ○○는 우물을 아주 커다랗게 만들었구나. 호랑이가 쏙 빠져버리겠는걸.

참　　고 · 만든 것을 이용해 역할을 정하고 동극으로 연결해본다.

2월 4주

언니, 오빠가 되어요

활동목표	· 언니, 오빠가 되면 하고 싶은 일들을 말로 표현해본다. · 다른 사람의 이야기를 주의깊게 듣는다.
집단크기	개별·소집단
활동자료	VTR, 캠코더

활동방법	1. 유아와 함께 언니·오빠가 되면 어떤 일들을 하고 싶은지에 대해 이야기 나눈다.
	  - 우리 반에 동생들이 올라오면 우린 어떻게 될까?
	  - 너희들이 언니, 오빠가 되면 무엇을 하고 싶니?
	  - 참 좋은 생각들이구나.
	
	2. 유아들이 말하는 모습을 캠코더로 녹화한다.
	  - 선생님은 너희들의 이런 생각들을 오랫동안 간직하고 싶은데 어떤 방법이 있을까?
	  - 너희들의 모습을 캠코더로 녹화해서 다음에 다시 보면 어떨까?
	
	3. 녹화된 것을 유아들과 함께 본다.
	  - ○○가 말한 것을 형(언니)반에 가서 꼭 해보면 좋겠구나.

참　　고	· 녹화한 자료를 형반에 가서 다시 볼 수 있도록 담임교사에게 전달해준다.

2월 4주

■ 참고문헌 ■

곽동경(1995). 유아를 위한 영양과 식단. 서울 : 양서원.

교육부(1993). 유치원 교육과정. 서울 : 교육부.

교육부(1995). 5차유치원교육과정 지도자료집. 교육부.

교육부(1996). 유아의 인성지도를 위한 동시자료. 서울 : 교육부.

교육부(2000). 6차유치원교육과정 집단활동 동시자료집. 교육부.

권옥자 외(1993). 교수매체의 이론과 실제. 형설출판사.

김경희(1992). 아동심리학. 서울 : 박영사.

김명순 외(2000). 유아를 위한 창의적 표현 프로그램. 보건복지부.

김정규 외(1999). 교과교재 연구 및 지도법. 정민사.

김정혜, 엄태식, 이수경, 이영근(1992). 유아건강교육. 서울 : 청구문화사.

덕성여대 유아교육 연구소(1993). 상호작용이론에 기초한 유아교육과정. 서울 : 창지사.

삼성복지재단(1998). 유아를 위한 동작교육의 이론과 실제. 다음세대.

삼성복지재단(1998). 삼성어린이집 유아프로그램 II. 교육과학사.

연세대학교 어린이생활지도 연구원(1995). 연세개방주의 유아교육과정. 서울 : 창지사.

이기숙(1992). 유아교육과정(개정판). 서울 : 교육사.

이대균, 송정원(1999). 교재·교구연구 및 지도. 양서원.

이순형, 서봉연(1998). 발달심리학 : 아동발달. 서울 : 중앙적성출판사.

이영, 김미령(1990). 발달적 접근방법에 의한 종일제 영·유아교육프로그램. 서울 : 양서원.

이영, 조연순(공역, 1988). 영유아 발달. 서울 : 양서원.

이영심(2000). 손동작과 동작놀이. 창지사.

이용일, 현중순(1992). 유아를 위한 건강지도. 서울 : 창지사.

임한영(1988). 존 듀이의 생애와 사상. 서울 : 백영사.

최혜영(1995). 유아를 위한 동시활동 자료집. 서울 : 한국어린이육영회.

한국어린이육영회(1995). 유아와 함께하는 과학활동(교원 워크샵 자료). 한국어린이육영회 연수원.

한국어린이육영회(2001). 자연·전통문화와 함께하는 과학과 탐구. 한국어린이육영회 연수원.

한국행동과학연구소(1992). 영·유아 보육 프로그램 실무 I. 서울 : 삼성복지재단.

한국행동과학연구소(1992). 어린이집 보육교사를 위한 영유아 보육프로그램 I. 서울 : 보건사회부.

Biehler, R. F.(1978). *Psychology Applied to Teaching(3rd ed.)*. Boston, MA : Houghton Mittlin Co.

Bredekamp, S.(ED). (1987). *Developmintally Appropriate Practice in Early Childhood Programs Serving Children from Birth through Age 8*. Washington, D.C : NAEYC.

Cole, M. & Cole, S. R.(1993). *The Development of Children*. New York : Sceintific American Books.

Deitch, M.(1994). *Keeping Kids Healthy in Child Care*. Early Childhood Education. 23, p.123~125.

Jeffrey, T. S.(1994). 놀이지도 : 아이들을 사로잡는 상호작용. 송혜린 외 역(2001). 서울 : 다음세대.

Kendrick, A. S., Kaufmann, R. & Messenger, K. P.(1991). *Healthy Young Children.* Washington, D.C. : NAEYC.

Marhoefer, P. E. & Vadnais, L. A.(1992). *Caring for the Developing Child.* New York : Delmar Publishers Inc.

Marotz L. R., Coss, M. Z., & Rush, J. M.(1993). *Health, Safety & Nutuition for The Young Children.* New York. : Delmar Publishers Inc.

Vogel, S. & Manhoff, D.(1984). *Emergency Medical Treatment : Infants, Children.* Wilmette : EMTINC.

찾아보기

주제	월/주	활동명	페이지
동물 I	6월 2주	동물집 만들기	165
		밀가루 반죽으로 동물모형 찍어보기	166
		무엇일까요?	167
		악기놀이	168
	6월 3주	동물원으로 소풍가기	169
		크레파스 묶음 그림	170
		후프 뛰어넘기	171
	6월 4주	어항 속 여행	172
		두마리 부엉이	174
		모래 속의 보물 찾기	176
건강한 생활	7월 1주	빨래 정리하기	183
		먹지대고 그리기	185
		상황에 따른 적절한 언어 표현하기	186
		비닐봉투에 실 매달아서 들고 달리기	188
	7월 2주	여행가기	190
		목욕해요	191
		신문지 막대 춤추기	193
		탁구공 옮기기	194
	7월 3주	얼음 문지르기	195
		바나나 쉐이크 만들기	196
		물고기 건지기	198
		그릇을 씻어요	200
	7월 4주	나는 콩이에요	202
		분무기로 물 뿌리기	204
여름	8월 1주	수영장 만들기	210
		수영장 놀이	211
	8월 2주	매미	213
	8월 3주	비오는 날의 물놀이	214
	8월 1~4주	물놀이	217
		빨래를 해요	220

책임 연구원	유애열 (어린이개발센터 수석 연구원)
공동 연구원	김명순 (연세대학교 아동학과 교수)
집필진 팀장	손순복 (쌍문 삼성어린이집 원장)
집 필 진	박귀엽 (사하 삼성어린이집 원장)
	한인순 (덕진 삼성어린이집 원장)
	김현희 (前 양정 삼성어린이집 원장)
	송혜린 (선릉 삼성어린이집 원장)
	우현경 (연세대학교 어린이생활연구원 교사)
	신은주 (연세대학교 어린이생활연구원 교사)
보조 연구원	고동섭 (어린이개발센터 연구원)
삽화 / 표지	장지영 (성남 중앙 보육원 강사)

삼성어린이개발센터 새책 32

삼성 어린이집 유아 프로그램
3세

초판 10쇄 · 2013. 9. 16.

저　자 · 삼성복지재단
발행인 · 김요섭
발행처 · 다음세대

서울 동대문구 신설동 89-83　㉴130-110
전화 · 927-2121~5 (본　사)
928-3390~1 (출판부)
928-6663~5 (영업부)
팩스 · 928-0698 (출판부)
922-1391 (영업부)

http:// www.boyuksa.co.kr

등록 · 2005. 6. 14.　제5-443호

ⓒ재단법인 삼성복지재단
서울시 용산구 한남동 747-2번지
전화 · 2014-6834

ISBN-89-5723-005-X

값 21,000원